U0605830

失控的
互联网企业

[英] **马丁·摩尔**（Martin Moore）

[英] **达米安·坦比尼**（Damian Tambini）

————————————————— 编著

魏瑞莉 倪金丹

————————————————— 译

DIGITAL

DOMINANCE

THE POWER OF GOOGLE, AMAZON,

FACEBOOK, AND APPLE

ZHEJIANG UNIVERSITY PRESS

浙江大学出版社

图书在版编目(CIP)数据

巨头:失控的互联网企业 /(英)马丁·摩尔,(英)达米安·坦比尼编著;魏瑞莉,倪金丹译. —杭州:浙江大学出版社,2020.8
书名原文:Digital Dominance
ISBN 978-7-308-20222-0

Ⅰ.①巨… Ⅱ.①马… ②达… ③魏… ④倪… Ⅲ.①网络公司—研究—世界 Ⅳ.①F276.44

中国版本图书馆 CIP 数据核字(2020)第115212号

浙江省版权局著作权合同登记图字:11—2020—189号

巨头:失控的互联网企业

(英)马丁·摩尔 (英)达米安·坦比尼 编著
魏瑞莉 倪金丹 译

策划编辑	叶雯菁 傅雅昕 王雪婷
责任编辑	程一帆
责任校对	杨利军 黄梦瑶
封面设计	周 灵
出版发行	浙江大学出版社
	(杭州市天目山路148号 邮政编码310007)
	(网址:http://www.zjupress.com)
排 版	杭州朝曦图文设计有限公司
印 刷	杭州钱江彩色印务有限公司
开 本	880mm×1230mm 1/32
印 张	9.125
字 数	240千
版 印 次	2020年8月第1版 2020年8月第1次印刷
书 号	ISBN 978-7-308-20222-0
定 价	59.00元

前 言　DIGITAL DOMINANCE
The power of Google、Amazon、
Facebook, and Apple

马丁·摩尔（Martin Moore）

达米安·坦比尼（Damian Tambini）

　　人们早已开始忧虑某些大型企业的规模和霸权地位会对社会造成影响，而且这种忧虑不纯粹是经济方面的。1890 年，约翰·谢尔曼（John Sherman）提出《谢尔曼反托拉斯法》①时说，太过强大的私有联合体相当于享有"一种君王般的特权，这与我们的政治体制不符"。"如果我们不能忍受君主的政治权力，"谢尔曼告诉其他参议员，"我们就不应该忍受生产、交通和任何生活必需品在销售方面的君王特权。"

　　由此我们可以明显看出谢尔曼及其同时代的人热衷于探讨的是标

---

① 《谢尔曼反托拉斯法》是美国国会制定的第一部也是最基本的一部反托拉斯法，还是美国历史上第一个授权联邦政府控制、干预经济的法案。该法因由参议员约翰·谢尔曼提出而得名，正式名称是《保护贸易及商业免受非法限制及垄断法》。

准石油公司①这样的企业和其他垄断组织的权力,而该法案本身就是一种"对付现已威胁到我们的巨大邪恶力量"的方式。参议员们做出的经济学论证主要是基于简单易懂的经典经济学原理,大部分直接来自亚当·斯密。比如,谢尔曼曾说过,如果没有竞争,垄断者的目标"总是最高的价格,而不是控制需求",就跟亚当·斯密曾经于《国富论》中写过的一样,"垄断价格在任何情况下都是最高的价格"。这看起来仅仅是对经济的担忧,但实则是对不受约束的权力所带来的危险的担忧。

路易斯·布兰代斯(Louis Brandeis)律师(后成为美国联邦最高法院大法官)在《谢尔曼反托拉斯法》通过之后,对规模过大的公司和企业霸权的批评直指道德和政治层面,而不再限于经济层面。对布兰代斯来说,个体机会、政治自由与工业独立、创业精神和小型企业紧密相连。"企业规模大并不是罪,"布兰代斯在1914年写道,"但是企业扩大规模的方式或企业对自身大规模的应用则可能有害。"他还为此创造了一个术语,即"大规模的诅咒"。

也就是说,最初的《谢尔曼反托拉斯法》和1914年补充的《克莱顿反托拉斯法》②的制定只在一定程度上受到商业和经济的驱动。人们对新兴的、非民主性质的政治权力产生的恐惧也是这两部法案制定的动力。经济和政治的双重警报开始驱动人们对抗企业的霸权地位。法规被拟定出来以对抗垄断组织的集中权力,并防止霸权地位的滥用。

然而,随着时间推移,各类企业不断发展,人们关于企业规模的忧虑慢慢减少,与反垄断相关的经济问题却越来越突出。这在一定程度上表明使用经济性准则来确认和对抗霸权地位比使用政治性准则的可行性更高。美国历史学家理查德·霍夫施塔特(Richard Hofstadter)在

---

① 标准石油公司(Standard Oil)是美国历史上一家强大的,综合石油生产、提炼、运输与营销的公司。

② 《克莱顿反托拉斯法》是美国国会于1914年制定的一部反托拉斯法。因由众议员克莱顿提出,故以他的名字命名。

1964年写的文章中展示了反垄断法在20世纪20年代和30年代初是如何被忽视的。之后，反垄断法被重新启用，当时的美国总统富兰克林·罗斯福看到了该法在其新政中的经济潜力。自此，反垄断法转变成了政府的一个实用经济工具。也因此，霍夫施塔特才能在1964年写道："曾经的美国存在没有反垄断诉讼的反垄断运动，而在我们的时代，则是没有反垄断运动的反垄断诉讼。"

正是在这种背景下，基于美国反垄断法及其演变方式的欧盟竞争法成了欧盟的基础性法律条款之一。

《罗马条约》①的第85条确定了"企业之间……可能会影响成员国之间的贸易，或者以阻止、限制或扭曲共同市场内的竞争为目的或结果的任何协议"一律视为不合法。这跟《谢尔曼反托拉斯法》的第一部分极其相似，其中规定，"任何以垄断、阻止或其他形式，或共谋，以便限制不同州之间或本国与外国进行贸易或商业活动的合同、组合，均视为非法"。

20世纪60年代末以及70年代，受芝加哥学派的经济学家对反垄断案例特定方面的批评的影响，反垄断法从其政治基础向范围更小的政府经济手段的转变速度开始加快。阿伦·迪雷克托（Aaron Director）、沃德·鲍曼（Ward Bowman）、约翰·麦吉（John McGee）等人对关于定价和潜在消费者伤害的普遍设想提出了异议。这些批评意见随后被纳入对当代反垄断方法的批判，并形成了只在有明显证据表明存在损害的情况下，才应该采取行动的观点。罗伯特·博克（Robert Bork）在《反垄断悖论》（*The Antitrust Paradox*）一书中写道："反垄断的唯一合法目的，就是消费者福利的最大化。"这些论点促成了20世纪80年代及之后美国人民对相关法律的解读。

① 1957年3月25日，在欧洲煤钢共同体的基础上，法国、联邦德国、意大利、荷兰、比利时和卢森堡六国政府首脑和外长在罗马签署《欧洲经济共同体条约》和《欧洲原子能共同体条约》，后来人们称这两个条约为《罗马条约》。

　　到了20世纪晚期，一系列法律判例进一步巩固了博克的观点，企业规模不再被认为是个问题，至少在美国是如此，除非你能指出消费者福利受到伤害的实例。换句话说，美国的立法被剥夺了政治目的，仅聚焦于消费者，但如此也就失去了与公民的直接联系。而所谓聚焦于消费者，主要指的是消费者福利的一个特定方面——定价。

　　欧盟竞争法虽然建立在美国反垄断法的基础上，但是受到芝加哥学派观点的影响较少。尽管如此，它的起草仍受到限制，而且也倾向聚焦经济，不过这主要是因为体制，而非意识形态。欧盟竞争法的反垄断核心内容包括防止垄断型企业之间达成协议，欧盟会进行干预以防止垄断型企业的出现，欧盟拥有广泛的权力来审查甚至阻止大型并购。欧盟有责任为市场经济引入新的竞争，同时需确保成员国不会通过国家援助来偏袒本国企业。但欧盟发现自己无力应对外国公司通过内生增长形成霸权地位，甚至是滥用其霸权地位，例如垄断市场的霸权公司仍然可以通过提高价格来获取高额利润。虽然欧洲的社会模式促进了在公共利益方面对强大公司的更多监管，但这并没有反映在欧盟竞争法中。例如，在欧盟并购法规中引入对媒体多元化的保护就以失败告终，主要是因为成员国希望竞争法能保留与政治相关的部分。欧盟的合法性不足及其技术官僚的本质导致其在很大程度上对竞争法的应用只能保持"政治中立"，这跟美国的情况类似，这造成在评估投诉及并购时，对集中度、市场定义和价格弹性方面的技术专家的依赖。保持"政治中立"的前提假设是公民利益可以体现在消费者效用这样的经济学概念中，与政治无关。

　　互联网的出现，尤其是Web 2.0的出现，使企业规模过大现象产生了新的问题和维度。例如，互联网带来了一种新的组织类型——数字平台，而数字平台的成功在很大程度上依赖其规模。这引发了巨型企业规模的经济效应和价格所扮演的角色等新问题，例如，如何解释用个人数据而不是钱来支付的"免费"服务。互联网的出现还使有关企业规模过大而引发的政治、社会问题复苏。形成这个状况的部分原因在于，21 世纪头 20 年中发展成熟的大型科技公司，其政治和社会目标相比 19 世纪的工业"前辈们"要更为清楚明确。谷歌的创始人拉里·佩奇（Larry Page）和谢尔盖·布林（Sergey Brin）希望他们的搜索引擎能够"组织世界上的信息，让信息在世界各地都能获取和使用"。马克·扎克伯格（Mark Zuckerberg）希望脸书能够"让世界变得更加开放，联系更加紧密"。而对于标准石油的创始人约翰·D. 洛克菲勒（John D. Rocke-feller）来说，行业目标不同于政治或社会目标。洛克菲勒追求的是取得石油行业的主导地位及打造一个大的经济集团。

　　新科技公司除了目标具有政治性和社会性，还履行公民职能，这让它们不仅区别于 19 世纪的同行，还不同于同时期其他行业的大公司。这些职能包括可以让人们建立联系（有时候是出于集体行动的目的），提供获取新闻和信息的途径，让人们在数字世界发声，并告知人们应该如何投票等。这些职能中有一些也由新闻媒体组织履行。这些新闻媒体组织因为具有政治和社会重要性，受益于法律保护。

　　这些科技公司的规模也更大。正如巴韦斯（Barwise）和沃特金斯（Watkins）在本书第一章中指出的，2017 年全世界最有价值的五大上市公司（按市值来算）都是位于美国西海岸的科技公司，它们分别是：苹果、Alphabet（谷歌的母公司）、微软、亚马逊和脸书。除了经济价值之外，这些公司还主宰了全球数字领域。2017 年 6 月，脸书宣布它的月度活跃用户为 20 亿。这意味着截至 2017 年年底，在除个别禁止或限制脸书服务的地区之外的数字世界中，大多数人都是活跃的脸书用户。与之相类似，超过 90% 的智能手机用户都使用两种操作系统中的一种——安卓（谷歌/Alphabet）或 iOS（苹果）。而这些数字转型过程中产生的收益由极少数公司全部收入囊中。例如，在数字广告界，2016 年，几乎有 60% 的经费都流向了谷歌和脸书。同年，亚马逊的销售额占美国电商销售总额的 43%。

在2016年之前,很多国家的政府对待这些公司的方式跟对待其他公司一样。不过,从2016年开始,关于它们的规模和霸权地位的担忧日益增长。担忧主要集中在两个纯数字的公司身上:脸书和谷歌,尤其是前者。2016年5月,脸书被指控在其热门话题中禁止发布保守派新闻。在同年6月的英国脱欧投票之后,社会上开始出现关于人们是否被束缚在数字"过滤网"中的担忧。7月,戴梦德·雷诺兹(Diamond Reynolds)在脸书直播中录下了她的伴侣费兰多·卡斯提尔(Philando Castile)因尾灯问题被警察要求停车,然后被警察开枪射击致死的过程。不久之后,脸书暂停了视频直播服务,随后澄清了相关政策。9月,脸书对美籍越南裔摄影师黄功吾(Nick Ut)在越战中拍摄的照片进行审查,这引发了国际公愤。11月8日美国大选之后,全球对网络虚假新闻的担忧达到了顶峰。

一些政府对这些问题非常担忧,因此引入了惩罚性法案或声称要迫使这些公司向国家安全部门开放其应用程序权限。德国通过了一项法律——《改进社交网络中法律执行的法案》,如果数字平台未能在指定时间内移除包含仇恨言论或虚假新闻的非法内容,将对平台处以最高5000万欧元的罚款。英国内政大臣说,警察和情报机构应该获得WhatsApp等加密讯息服务的权限。

这些政府的迅速回应可能会产生意想不到的影响。例如,这可能会导致脸书和其他平台更加倾向于保守和干预,宁可移除任何具有争议的材料,也不愿冒被罚款的风险。这样做的话,可能会将平台变成"真相的仲裁者",而这个角色是马克·扎克伯格明确说过自己想要避免的。政府仓促的回应可能还会导致某些数字服务的下架,让管制变得私有化,并使小型企业和新的市场参与者准入壁垒变得更高。

相比于匆忙应对,从而引发意料之外的,甚至可能有害的结果,政府需要更好地了解这些问题,搞清楚数字霸权地位在哪些领域可能是个问题,在哪些领域则不是,以及政府的反应对数字环境会有何影响。

要做到这一点,政府需要更好地了解这些公司,考察这些公司的异同,并学会识别它们的霸权地位带来的风险和影响。这就是本书的创作目的。

由于这个主题太过宏大,本书无法面面俱到。不过,本书的确比大部分现有的著作更全面地探索了数字霸权地位带来的影响。考虑到这种霸权地位近期才出现,大部分相关著作都是最近几年出版的,这并不奇怪,不过这类作品的出版数量增长得很快。早期关于平台的著作,在本质上都是公司传记,专注于单个组织及其诞生和早期发展的故事。直到21世纪前10年才开始出现对平台在社会和政治中所发挥的作用的批判性考察。自那以后,出现了越来越多对媒体和科技公司的政治和公民角色的批判,这些批判补充了有关数字霸权地位在特定领域的影响的研究。例如,在经济学中,阿里尔·扎拉奇(Ariel Ezrachi)和莫里斯·斯图克(Maurice Stucke)梳理了"虚拟竞争"的问题,而吴修铭(Timothy Wu)则展示了平台如何逐渐支配个体和群体的注意力。在媒体领域,娜塔莉·赫尔伯格(Natali Helberger)、卡里·卡皮农(Kari Karppinen)等人探讨了数字聚合对媒体多元化意味着什么。在技术领域,弗兰克·帕斯夸勒(Frank Pasquale)和布鲁斯·施奈尔(Bruce Schneier)研究了不透明的算法和大数据的风险。到目前为止,还很少有研究尝试从更广泛的角度来看数字霸权地位对涉及经济、社会和政治的法律法规有哪些影响。

根据新的技术范式调整法律法规框架尤其困难,因为变化的规模对现有的法律定义提出了挑战,并且社会还没有对技术危害有广泛认识。越来越清楚的是,平台的力量需要我们进行更广泛、更深入的讨论,不仅要考察其在经济方面的趋势,还要更好地描述其政治和社会影响,从而让政策制定者能够应对。

本书着眼于数字霸权地位的经济影响和风险,将这些公司的支配地位放在历史和行业的背景中,探讨了数字平台与其他大型企业的不同之处，并提出了它们更难以被取代的原因；评估了这些公司对数据领域的控制所带来的一些社会影响，展示了人们在多大程度上依赖平台夹获取新闻，解释了平台是如何挑战媒体多样性的，质疑算法可能会激亿歧视与不平等现象，并探讨了现有平台对数字自由言论的影响程度；聚焦技术平台对政治的影响，调查了政治竞选活动在数字化传播信息时对脸书的依赖程度，展示了政治观点如何受到谷歌搜索结果的影响，还有在社交媒体上用户两极分化的新证据。我们可能需要重新解读权力的概念，从而理解这些技术巨头的本质。

目 录 | DIGITAL DOMINANCE
The power of Google，Amazon，
Facebook，and Apple

第一章　科技巨头的诞生

帕特里克·巴韦斯（Patrick Barwise）

里奥·沃特金斯（Leo Watkins）

> 失败者才谈竞争。如果你想创造和获取持续的价值，就要寻求垄断。
>
> ——彼得·蒂尔（Peter Thiel），贝宝（PayPal）、Palantir科技公司联合创始人

苹果、Alphabet[①]、微软、亚马逊和脸书是目前全球范围内按市值计算最有价值的五家上市公司[②]。这是有史以来首次科技公司在股市占据如此重要的地位，其势头甚至超过了20世纪90年代末的互联网泡沫时期。在发达国家，这些科技公司已占据人们日常生活的很大一部分，且它们在其他地区的重要性也在不断增加。这些公司拥有

[①] Alphabet是谷歌重组后的"伞形公司"（Umbrella Company）名字，Alphabet采取控股公司结构，把旗下搜索、YouTube、其他网络子公司与研发投资部门分离开来。

[②] 自2017年7月28日起（见表1.1）。一家上市公司的市值是指它对所有股东的价值（股票价格乘以股票总数）。

巨大的权力，也因此这些公司在管理、监管和责任方面都面临着巨大的挑战。

这些科技巨头在很多方面都存在着差异。例如，苹果是一家主营硬件的公司，亚马逊拥有一个庞大的物流网络，而谷歌、微软和脸书则主要从事"轻量级"的在线业务。尽管如此，它们还有几个共同的特征（截至2017年）：

□总部位于美国西海岸；

□创始人处于主导地位：苹果的史蒂夫·乔布斯①，谷歌的拉里·佩奇和谢尔盖·布林，微软的比尔·盖茨，亚马逊的杰夫·贝索斯，以及脸书的马克·扎克伯格；

□对消费者和其他公司所依赖的数字市场拥有有效的控制权；

□相同的商业模式——通过向用户或广告商等其他方收取费用，将自身的市场支配力"货币化"，获得持续的超常规利润或发展；

□拥有努力、创新的企业文化，以脸书曾经的口号为典范——"快速行动，破除陈规"。

这五家企业的年营业收入总和超过5000亿美元，净利润超过900亿美元，市值超过2.8万亿美元（见表1.1）。微软自20世纪90年代以来一直都是全世界最有价值的公司之一，不过另外四家企业——"GAFA"（谷歌、苹果、脸书、亚马逊）相对来说也都是后起之秀。

表1.1　美国五家科技巨头的基本信息

公司	创办时间	地址	主要产品	收益（2016年）	市值（2017年7月28日）	税后利润（纯收益）（2016年）
苹果	1976年	加州库比蒂诺	硬件	2160亿美元	7490亿美元	457亿美元
Alphabet（谷歌）	1998年	加州山景城	搜索	900亿美元	6560亿美元	195亿美元

————

① 乔布斯于2011年去世。

公司	创办时间	地址	主要产品	收益 (2016年)	市值(2017年 7月28日)	税后利润(纯收益) (2016年)
微软	1975年	华盛顿州 雷德蒙德	电脑软件	850亿美元	5340亿美元	168亿美元
亚马逊	1995年	华盛顿州 西雅图	电子商务	1360亿美元	4670亿美元	24亿美元
脸书	2004年	加州门罗帕克	社交网络	280亿美元	4360亿美元	102亿美元
合计	—	—	—	5550亿美元	28420亿美元	946亿美元

来源：公司报告和道指狗股（Dogs of the Dow）（2017年）。

占据优势的科技企业可能会被超越，但不会被取代

当前这一阶段，新兴科技市场变得越来越重要。市场上起初会出现激烈的竞争，不过很快就会有一两家公司成为市场霸主：

□ 20世纪60年代，主机（IBM）；

□ 20世纪80年代，个人电脑（微软和英特尔）；

□ 20世纪90年代，万维网——打造了多个新生市场，包括搜索（谷歌）、电子商务（亚马逊）和社交网络（脸书）；

□ 2010年之后，移动互联网（苹果和谷歌）加上无数移动应用程序和服务（GAFA及其他企业，大部分企业总部位于美国、中国）；

这些公司所运营的市场具有赢家通吃的重要特征，如在成本、规模经济、范围经济和学习上的优势，而且通常具有很高的转换成本，能够锁定用户。它们的策略一般包括创建专有标准和平台，收集和利用大量用户数据，捆绑产品，打造大规模基础设施并把其中一部分租给其他公司使用，战略收购，品牌推广和知识产权（商标，特别是专利）诉讼，监管和税收套利以及政治游说，等等。最终它们会获得至少一种产品或服务类别的主导地位——在有些情况下可能是好几种，从而为它们带来持续的高额利润，接着这些利润又会被投入到：（1）保障和增强核心

业务;(2)具有高潜力的新兴市场,尤其是公司可以使用现有的技术、基础架构或品牌的市场领域。

由于这些市场都具有赢家通吃的特征,其他公司想要取而代之,获得其核心产品市场的领导地位,是极为艰难的。对这些主导市场的公司来说,更大的危险是被在相似市场中占主导地位的另一家新兴公司所超越。新兴市场不一定会摧毁前一个市场,但是可能会抢走前者的风头。例如,虽然现在IBM依然主导主机市场,微软依然主导电脑软件市场,但是这两个市场都已成熟,并且已经被那些更大的提供在线、移动服务和基于云计算的新兴市场所超越。

为了避免这种威胁出现,并把握新的机遇,主导市场的科技公司在具有高潜力的新型产品市场和技术方面做了大量投入,既包括公司自身的成长,也包括收购。目前的例子有苹果、谷歌和脸书都在开发的增强现实/虚拟现实(AR/VR)平台,谷歌、苹果、优步、特斯拉及其他企业竞相开发的自动驾驶汽车技术,还有苹果的HomePod、亚马逊的Echo和谷歌的Home等语音激活的互联家庭智能集成服务。

为什么数字市场是赢家通吃的?

传统经济学能够帮我们了解这些企业在市场上的主导地位。大部分数字市场展示了极端的规模经济。软件和数字内容具有很高的固定开发成本,但是边际成本(复制和在线分销)接近于零。因此单位成本几乎与销量成反比,为市场领导型企业带来了很大的竞争优势。

数字产品也具有以下特征:(1)非竞争性——不像用户数量有限的那些产品,它们可以同时被无数人使用;(2)体验型商品——用户需要试用并了解它们(通过个人体验、专家和同伴等渠道),以评判它们的品质。它们的非竞争性特征通常会带来基于广告的或持续的客户关系,而不是一次性销售的商业模式。

数字产品通过鼓励用户体验产品,增加了品牌的价值,使其更为强大，更受人信赖，并创造了已有用户的转换成本，进一步让市场领导型企业受益。科技巨头拥有全世界最具价值的一些品牌：2017年，世界领先的营销公司WPP将谷歌、苹果、微软、亚马逊和脸书（按照这个排序）列为它的全球品牌客户前五名，这五个公司总估值为8920亿美元。估值是指消费者品牌资产的股东价值。这些企业也具有重要的员工品牌价值，同时吸引最优秀的技术人才、管理人才和商务人才——这也是赢家通吃的因素之一。

不过，数字市场还有另外两个重要特征，进一步促进了市场集中化：

（1）很多数字服务提供沟通或连接的功能，从而产生直接（市场内部）和间接（跨市场）的网络效应。其他市场也存在这种情况，但是这在数字市场尤为普遍和重要。

（2）数字技术使大规模实时收集和自动分析使用数据成为可能，这可以在战略和战术两方面加以利用，尤其是通过持续不断的产品改进和个人化，最终形成递归关系：采纳与使用、提升产品或服务品质、进一步采纳与使用，从而进一步增强赢家通吃的动力。

科技公司的战略旨在利用这些赢家通吃的市场特征和具有竞争优势的资源：产品质量与设计，营销与品牌推广，品牌延伸与捆绑，以及各种形式的消费者锁定。这些公司也逐渐地在多产品市场展开运营，这些市场通常会提供免费或低于成本的产品或服务，来保障、扩展其核心市场并获取更多数据，例如亚马逊的Kindle、谷歌地图和谷歌邮箱（Gmail）。

现在，我们将更加详细地探讨数字市场这些赢家通吃的特征，包括以下四点：直接网络效应，间接网络效应（"多边市场"），大数据和机器学习，转换成本和锁定用户。

◇**直接网络效应**

1974 年，美国贝尔实验室的一位经济学家杰弗里·洛夫（Jeffrey Rohlf）发表了一篇题为《电信服务相互依存需求理论》（"A Theory of Interdependent Demand for a Telecommunications Service"）的开创性论文。贝尔实验室当时的所有者 AT&T 通信控股公司正打算推出一种视频电话服务，而洛夫当时负责该服务的定价。他的数学模型建立在关键的定性洞见之上——"随着其他用户加入系统，对每名订阅用户而言该通信服务的实用性会增加"，因为这让每个人都可以跟更多人进行通信（尽管一些使用者比其他人对促进网络外部性更有影响力）。经济学家将这种效应称为直接网络外部性①。在洛夫的论文和本章中提到的相关网络效应都是积极的（即"收益规模经济"），但它们也可能是负面的。如果其他消费者对某个产品的接受程度、时尚性、吸引力有或高或低的评价，那么该产品也会产生正面或负面的"行为性"直接网络效应。

◇**间接网络效应**

大部分科技公司至少在一定程度上做的是平台业务，通过将客户与互补的需求进行匹配来创造价值，例如软件开发人员与用户（微软的 MS-DOS 和苹果的 App Store）、出版机构与图书购买者（亚马逊）、驾车者与潜在乘客（优步），还有在很多情况下都涉及谷歌和脸书的广告商与消费者组合。

这些网络效应被称为"间接的"是因为这不同于前文探讨的直接、单个市场的外部性，每个市场的参与者（例如小饭馆）的价值取决于另

---

① 直接网络外部性是指一种产品的价值与使用相同产品或兼容产品的消费者的数量相关。换言之，就是指因为使用这样的产品而获得的附加值。

一个市场(例如餐厅)的参与者数量,反之亦然。一旦一个平台在相关的几个市场都占据主导地位,这些网络效应就会自动维持下去,因为各个市场的用户可以协助其产生其他市场的用户。

大部分间接网络效应是积极的,不过在如下行为导致的情况中,它们也可能是消极的:一些参与者本身具有反社会倾向,缺少责任心,在猫途鹰(Tripadvisor)上发布恶意评论,在脸书上发布虚假新闻,或者在爱彼迎(Airbnb)上夸大自己的房源面积和品质(或者反过来,作为房客,深夜聚会,还大吵大闹)。这些平台通常会有相应的治理流程来防止这类行为的出现。

自第一批有序的市场出现之日起,人们就知道同时吸引买家和卖家的必要性。但是直到20世纪90年代晚期,才出现正式的双边市场模型。罗歇(Rochet)和梯若尔(Tirole)注意到,当时的支付卡业务、电信网络和电脑操作系统的商业模式在结构上有相似性。这些市场都展示出这样的网络效应:某个群体(例如支付卡用户)得到的服务价值依赖于该系统中其他群体(例如零售商)的成员数量,反过来也是如此[1]。

截至2017年,我们所了解的著作会使用"多边市场"这个术语,而不是双边市场,因为一些平台能够促进两种以上参与者之间的互动。例如,脸书能连接五个不同的群体:作为信息发送方的好友,作为信息接收者的好友,广告商,应用程序开发者,以及既发送信息又接收信息的企业。

可兼容软件的数字设备,例如微软的视频游戏机Xbox,会展示间接网络效应,原因包括:(1)每台设备的用户构成了一个潜在市场;(2)设备可获得的软件范围和品质对该设备的用户吸引力至关重要。与之类似,亚马逊、爱彼迎和优步等自动化在线市场也在多边市场运营,具

[1] 这些效应还被帕克(Parker)和范·亚斯提尼(Van Alstyne)于2005年分别制作成模型。他们注意到,20世纪90年代最成功的互联网初创企业大部分都制定了双边市场战略。

有间接网络效应。

所有依赖间接网络效应的商业都面临挑战——难以控制在两个或多个重要市场同时取得临界规模的先后顺序。在业务达到这个节点之前，企业需要说服投资人，让其相信早期的损失最终会通过在较大规模、可带来收益的多边市场取得的主导地位获得回报。大部分初创科技公司，例如推特、优步、"阅后即焚"应用Snapchat和图片分享社交网站Pinterest等，都连续数年严重亏损，业务受挫率也很高。

如果产品或服务能够提供独立于网络效应的直接利益，就更容易取得临界规模。例如，iPhone在2007年发布时就已经提供2G移动网络（语音、文字、电子邮件和网页浏览）与音乐功能，而且还有领先于市场的触屏界面，这使得它迅速获得了广大用户的喜爱。在2008年推出的App Store则打造了更多人使用和应用程序开发的良性循环。

运营大型数字平台需要大规模的基础设施，包括服务器、数据存储、机器学习、支付系统等。这些大部分是规模经济和范围经济出现的征兆，让企业可以应对其他市场，并向其他公司出租容量，从而进一步提高效率和收益。最杰出的典型就是亚马逊，它的物流配送业务、云计算服务（AWS）都是如此。谷歌也是如此，出售云存储、机器学习、数据分析和其他数字服务，都是从其核心业务发展出来或者对其进行补充的。微软则打造了自己的云服务业务Azure。

◇大数据和机器学习

互联网让科技公司得以用很低的成本，来收集大量精确的即时数据。由此形成的"大"数据集是传统软件难以应对的，因为它们的规模、复杂程度和结构性都不足，但是越来越自动化（"机器学习"）的数据分析新技术可以使用大数据来促进产品、服务、定价、需求预测和广告锁定等方面的不断发展。例如，美国在线视频网站网飞（Netflix）持续不断地分析用户浏览和偏好数据，以便通知其内容采购部门，并自动为用户生成个性化推荐。

数据越详细,交易范围越广泛,用户样本越大,公司累积的分析经验越多,公司发展就越好——因为量变会促进质变。数据和机器学习能提供规模、地域和学习的成本收益效应,因此鼓励科技公司至少在初期向用户提供免费或带有补助的额外服务,以获取更多数据。

大数据的商业益处包括战术(持续改进)和战略两方面。两者是相互关联的:随着时间推移,战术(持续改进)会给主导市场的供应商带来在服务品质、定制化、信息锁定和成本削减方面压倒性的战略性优势。在符合隐私法规(目前在美国比较宽松,参见 Waters 和 Bond[2017])的规定下,这些数据还可以出售给其他互补型公司,让它们可以获得类似的益处。最终,数据可以在更加聚合的层面得到分析,从而提供市场趋势方面的战略性洞见。典型的范例就是 AWS 等云计算平台可以访问其众多初创客户的总体数据,这为它们提供了早期情报,让它们有可能了解哪些客户发展态势良好,可能会成为有竞争力的威胁或投资机遇。

大数据和机器学习可以有力地强化网络效应,增加市场主导公司的规模收益,并巩固其现有地位,阻止其他企业进入市场。不过,经济理论的发展还没有赶上这些进展。例如,Evans 和 Schmalensee 并没有提到大数据、分析、算法或机器学习。Parker、Van Alstyne 和 Choudary 的确将利用数据列为平台之间竞争的方式之一,不过他们仅用了两页的篇幅对其进行探讨,而且没有给出任何参考资料,这反映出目前缺乏相关的经济研究。目前只有一些大体上相关的作品。Chen、Chiang 和 Storey 于 2012 年曾编辑过《管理信息系统季刊》(*MIS Quarterly*)的一本特刊,主题是大数据分析在商业智能中的应用,而 George、Haas、Pentland 和 Einav、Levin 则于 2014 年分别在管理和经济研究中探讨过它的潜力。不过总体而言,尽管大数据和机器学习是这些科技巨头的市场和公民权利的主要驱动力,但现有的经济理论并没有提供完整的框架,以便让拥有这种力量的公司负起自身的责任,并对其加以约束、监管,以维持有效竞争。

◇**转换成本和锁定用户**

最后,这些企业都采用了多种方式,通过增加转移到竞争产品、服务的成本或工作量来锁定用户。正如前文所述,学会使用不熟悉的系统和软件需要时间和精力。这种学习的工作量("品牌特定的消费者人力资本")越大,转移成本就越高。通常还有一些不兼容问题,让用户被锁定在特定公司的生态系统中,例如,在iOS系统中购买的应用程序无法在安卓设备上使用。与之类似,一个平台上用户的个人数据档案可能也无法转移到另一个平台上。

一些服务的实用性还会随着使用而增强:通过允许用户、企业(基于个人使用资料)进行个性化设置(例如,在iTunes或Spotify上创建播放列表),或者允许用户随着时间积累信用或使用状态(例如亚马逊的账户等级),或者储存用户不想丢失的内容(例如脸书的历史消息),所有这些都能够增加用户锁定效益。

结论:数字市场是赢家通吃的,而且赢家很难被驱逐出局

在本章中,我们探讨了数字市场倾向于赢家通吃的一些结构性原因:规模经济,重要的用户和员工品牌,直接和间接网络效应,大数据和机器学习,以及能够促成基于转换成本和锁定用户战略的其他因素。

科技巨头的企业文化增强了它们的市场主导地位。这些科技巨头都雄心勃勃、勇于创新,并且不断留意着新出现的威胁和机遇,用实例来证明英特尔公司前CEO安迪·葛洛夫(Andy Grove)于1998年的观点:"只有偏执狂才能生存。"这让它们成了强硬的竞争对手。最后一点,它们的合法避税进一步增加了它们的纯收入和竞争优势。

考虑到以上所有因素,一旦一个技术平台在其所在的市场称霸,它就很难出局。如果竞争对手想要打败称霸市场的企业,就需要在该平

台关联的双边或多边市场都提供更好的用户体验,或者更高的性价比;要采取现在称霸的平台不能轻易模仿的方式,并且有充足的时间来获得市场领导地位。例如,谷歌在用户搜索和搜索广告方面都占据主导地位。要想让它出局——已经有几家公司尝试过,竞争对手需要提供比谷歌更好的搜索和综合体验,或者其他转换激励措施(由于谷歌搜索是免费的,竞争对手不可能采用削价竞争方式),并且坚持的时间要够长,才能让用户改变"谷歌一下"来查找信息的习惯。只有吸引到比谷歌更多的高价值用户,挑战者才能在搜索广告收益方面超过谷歌,不过它也许可以通过向广告商提供较低的价位来弥补较低的市场覆盖率,从而加速替代谷歌(牺牲成本)。总体成本将是一个庞大的金额,而且考虑到谷歌的警觉性和在位者优势——搜索质量、用户界面、品牌/习惯使用率、其领域支配地位的影响范围和规模、在大数据和机器学习方面的领导地位以及雄厚的资金,挑战者失败的概率很高。

不过,互相竞争的平台可以在以下条件中共存:用户可以"多宿主",也就是说,用户可以使用不止一个平台(例如,很多消费者使用几个互补的社交网络),或者开发人员可以用极低的增量成本为多个平台开发同一产品的不同版本。

五个巨头的故事

我们将在本部分概述五家科技巨头各自的故事、战略、商业模式、当前的市场地位,以及公司的关注点。

◇微软

微软是由 19 岁的比尔·盖茨和 22 岁的保罗·艾伦在 1975 年创办的,当时是一家微机编程语言翻译器的供应商[1]。微软在 1980 年有了

---

[1] 艾伦在 1983 年被诊断患有霍奇金淋巴瘤后退出了该公司。

飞跃性的发展，当时 IBM 跟微软合作，微软需要为即将面世的 IBM 个人计算机提供操作系统。微软以 75000 美元的价格从另一家公司买下了操作系统，并雇用了写出该系统的程序员。微软将操作系统命名为 MS-DOS，然后授权 IBM 和所有个人计算机生产商使用，从售出的每一台计算机中抽取许可费。接下来，微软并购和开发了一系列个人计算机软件产品：Word（1983 年），Excel（1985 年），模仿苹果公司的 Mac 且带有图形用户界面的 Windows-MS-DOS（1985 年），PowerPoint（1987 年），以及包括 Word、Excel、PowerPoint 和其他应用的 Office 套件（1989 年）。1995 年，英特尔处理器进行了重大升级——Windows 95 与 IE 浏览器（Internet Explorer）绑定，后者很快就取代网景浏览器（Netscape）成为主流浏览器。

当时熟悉 Mac、Windows 或英特尔个人计算机的用户一般更喜欢 Mac。不过 IBM 和另外几家生产商广泛推销的个人计算机的销量很快就超过 Mac，成为行业标杆——先是在企业领域，然后是在整个市场领域获胜，只有在桌面排版等缝隙市场中 Mac 还保有优势。每台个人计算机都配有 MS-DOS，后来，Windows 和 Office 让微软成为占市场主导地位的个人计算机软件供应商。卡尔·夏皮罗和哈尔·范里安[1]通过将微软和英特尔的策略与苹果的控制集成硬件和软件战略相比，将前者描述为基于网络效应的经典战略："从长远来看，'微特尔'的战略性联盟策略是更好的选择。"如今，微软依然是电脑软件供应商市场的主导者，占据 89% 的全球市场份额，而苹果的 OS X 只占 8%，剩余的其他竞争者一共占 3%[2]。

不过，微软在其他领域很难重现这种胜利。史蒂夫·鲍尔默（Steve Ballmer）（2000～2014 年担任微软首席执行官）在任期间曾多次试图将

---

① 《信息规则——网络经济的策略指导》的作者。
② 来自市场调查机构 NetMarketShare 于 2018 年公布的数据。

Windows扩展到移动设备领域,却屡屡失败,尤其是在苹果推出iPhone和iOS(2007年)以及谷歌推出安卓移动操作系统(2008年)之后。微软在2013年以79亿美元收购诺基亚的手机部门后,再次尝试以此为基础打造Windows移动生态系统,但是依然以失败告终。仅仅15个月之后,在新的首席执行官萨提亚·纳德拉(Satya Nadella)任职期间,该公司为并购案计入了75亿美元的资产减值支出,另外还有25亿美元的重组成本①。鲍尔默辞去首席执行官职位的消息导致微软的股价下跌超过7%。

自从谷歌于2008年推出Chrome浏览器以来,微软在网络浏览器市场的份额就在下降,尽管微软自1995年开始就将IE浏览器与Windows系统绑定。在搜索领域,到2013年为止,其预计累计亏损额为110亿美元。不过,该公司的必应(Bing)搜索引擎在2015年终于实现盈利,该浏览器主要作为Windows 10、iOS、雅虎和美国在线(AOL)的默认浏览器。

过去,微软在电脑软件之外最成功的举措就是进入电子游戏设备领域。最初,微软这样做是出于担心索尼的PlayStation 2会吸引游戏爱好者和开发者离开个人电脑而采取的防御之举,但是微软在2001年推出的Xbox凭借自身力量一举成名。自2012年起,微软还推出了全新品牌Surface系列台式电脑、笔记本电脑和其他设备,也取得了一定的成功。

微软如今面临的挑战是,个人电脑已经不再是大部分用户的主要设备,而且苹果的Mac和谷歌的Chromebook也在不断蚕食微软已经赢得的个人电脑市场基础。微软对此做出的回应是开始准备将自己转型为云计算和办公效率服务领域的主要参与者。它在2011年以85亿美元并购了Skype,获得了可与自己的其他产品集成的交流工具。微软旨

---

① 不过,微软每年的确能从安卓设备生产商那里赚取预计约20亿美元的收入,这是它15年来付出昂贵成本打造移动业务的唯一成果。

在用该产品组合(Skype企业版)来支持核心电脑软件业务,同时创造新的办公服务机会,尤其是在企业级市场。

到目前为止,微软最大的一次冒险是在2016年6月花费262亿美元并购已经亏损的专业社交网站领英(LinkedIn)。纳德拉宣称这项举动的主要目的是利用领英的4.33亿用户的数据来"彻底改造业务流程和生产效率"。用更通俗的话来说,就是让使用微软软件的销售人员可以下载有潜在商机线索的领英数据,来了解目标对象的背景资料、兴趣和社交圈。另一个目的可能是改善微软在硅谷地区的声誉和关系网络。

在纳德拉的领导下,微软依然是一个盈利丰厚的强大企业,并且正在进行快速变革。尽管如此,自千禧年以来,它还是逐渐被GAFA四大巨头盖过风头。

◇苹果

苹果一开始是一家个人电脑公司,不过正如前文所述,它在该市场领域输给了微软和英特尔。后来,它之所以能成为当今世界最有价值的上市公司,是因为其移动设备和生态系统,尤其是于2001年推出的iPod和iTunes,2007年推出的iPhone和iOS,以及2010年推出的iPad。

苹果应用商店的推出打造了一个经典的双边市场。消费者购买iPhone是因为iOS系统有最好的应用程序,而开发者优先考虑iOS版本是因为它能提供最好的可应对市场:与其他平台的用户相比,iOS用户在应用程序上的花费更多,而且他们拥有的设备更加统一,减少了应用开发成本[1]。为这一切提供支持的是苹果的美学与技术优势、与众不同的品牌推广以及用户定位。就像最初的电脑一样,iPhone也是一种个

---

[1] 因为iOS是基于Mac操作系统打造的,Mac开发者只需要接受很少的培训便可开始写程序。

人设备,并不针对企业,这也扩大了其溢价的范围。

自2010年以来,苹果通过不断增加新产品(例如智能语音助手Siri和智能手表)和功能,保持并扩展了其生态系统,促使用户不断将设备升级到最新的版本。用户体验的广度和品质也促进了一些个人电脑用户转而使用Mac。最后,苹果的门店网络为它提供了直接到达市场的路径,保护其不受其他零售商的挤压,增加了品牌曝光,同时让它可以提供优越的、无须预约的客户服务。

iPod、iPhone和iPad都不是苹果公司最早推出的产品,然而它们都满足了消费者的实际需求,带来了超出其他公司产品所能提供的用户体验。再加上设计优势和渐进式的创新,苹果公司得以收取溢价,并将其产品变成社会地位的象征。类似苹果手表等的一些产品难以找到其溢价的正当理由,不过2017年iPhone新增的非接触技术,正在鼓励零售商采用不接触式支付终端:苹果旨在利用iPhone用户的规模来为苹果手表打造互动式使用环境,以此证明其设置的高价是合理的,就像iPod和iTune曾经为iPhone打下的基础一样。

苹果是世界上最赚钱的上市公司,并且依然在智能手机和平板电脑市场的高端领域占据主导地位。不过,随着iPhone改进速度放慢,可占领的新市场逐渐减少,苹果越来越多地转向自身服务来促进营收,包括其付费应用和免费程序的内置付费项目。与此同时,它还要不断与硬件廉价商品化的威胁作斗争。这种威胁背后最主要的公司就是谷歌。

◇谷歌

由于互联网的宽广程度超出人们的想象,它的价值极其依赖于用户搜索需求内容的能力。在20世纪90年代初,网站数量已经超出了一份简单的索引目录所能包含的数量。到了1994年,已经出现了十几家商业搜索引擎,利用搜索术语(关键词)在不同网站的相对"比重"——

一种简单的相关性衡量指标——来给搜索结果排序,目的在于满足市场日益增长的需求。它们的商业模式各不相同,全都直接或间接地以展示广告为基础。

谷歌一开始是斯坦福大学博士生拉里·佩奇和谢尔盖·布林于1996年开始做的一个研究项目。佩奇和布林的核心观点是:从用户角度来看,搜索结果应该按照每个网站的重要性及其相关程度来排序,反映在与之关联的网站数量和重要性上。由此产生的佩奇排名技术(PageRank)对他们的后续成功具有极大的推动作用,不过这远远不是故事的全部。1998年,佩奇和布林利用包括亚马逊创始人杰夫·贝索斯在内的天使投资人的资金注册成立了谷歌公司。1999年初,Excite搜索引擎拒绝了以75万美元收购谷歌的提议。而到了当年6月,谷歌已经吸引了2500万美元的风险投资资金。

谷歌最初的商业模式是基于麦迪逊大街的销售代表卖出的赞助协议。真正的突破出现在2000年10月,当时它开始利用自己的关键词竞价广告(AdWords[①])系统来销售搜索广告,该系统允许广告商为关键词实时竞价。这种竞价系统加上基于cookie的个性化依然能决定每个用户能看到哪些广告,以及这些广告在搜索页面的排名[②]。

自2000年推出AdWords以来,谷歌取得了教科书式的成功。同一年,谷歌聘用哈尔·范里安(Hal Varian)担任首席经济师,他与夏皮罗合作撰写了重要著作。因为比竞争对手更好地满足了双边市场的需求,谷歌取得了更大的成功。用户能够在令人愉快的整洁页面中获得最相关、最重要的搜索结果,没有任何令人分心的弹窗或横幅广告,快速且免费。唯一的广告以简短的文字形式出现,与搜索相关,并且与自然搜索结果存在明显的区别。与此同时,广告商能够以一种高效、具有高度

---

① AdWords也称"赞助商链接",中文俗称"Google右侧广告"。

② 谷歌并不是这种方法的首创者。另一家初创公司Overture(最初叫GoTo)在1998年成功推出了一个实时竞拍关键词的版本。

针对性的方式来触及使用特定关键词主动寻找信息的潜在顾客。广告商可以按照点击率，甚至是获得的客户数量来付费，这增加了可靠性，降低了风险。营销资金很快从纸质分类广告等其他媒体转向谷歌，为谷歌带来了收入和利润的迅速增长。2001 年，佩奇和布林聘请了埃里克·施密特（Eric Schmidt）担任首席执行官。三年后，谷歌的首次公开募股募集到了 16.7 亿美元，占公司总份额的 7%，这意味着它的市值超过了 230 亿美元。

大数据和机器学习是谷歌的战略核心。拥有的单个用户的数据越多，就越能理解每次搜索背后的背景信息和动机，从而提供更加相关的搜索结果和精准投放的广告。由于该公司在人工智能和自然语言处理方面的专长，现在用户可以直接输入问题，并且能够获得越来越智能的答案。

为了支撑其核心业务，谷歌还开发了许多其他免费服务，包括Chrome 浏览器、安卓和 Gmail 邮件系统，通过谷歌账户来统一每个用户的行为。每项服务产生的数据被用于增强所有的服务，并改进广告的精准度，与此同时，所有的服务还会互相引流。谷歌进一步利用数据的方式是向第三方网站展示广告库存，把自己的数据加到这些网站的访客上，然后将整合后的数据溢价出售给那些希望触及这些用户的广告商。通过谷歌云平台（GCP），谷歌还向其他企业出售基础架构容量。

谷歌创造优质、免费、广泛可得的服务的能力，给市场准入设立了较高的门槛，正如微软和其他竞争者发现的那样。竞争对手需要承担大量的初期亏损，并在初期还存在劣势和不足时鼓励用户转向自己。苹果地图是最近的一次尝试范例，它能够得以实行是因为苹果将其设置为 iOS 的默认程序。

谷歌的视频平台 YouTube 自身就是一项巨大的业务，预计年收入为 40 亿美元。不过它依然被认为在亏损，因为它具有各种高成本：每分钟都要上传、编入索引和存储 50 多个小时的新视频；每天都要支持数十亿次视频播放；支付内容合作伙伴的薪酬；还有研发、广告销售等等成本。YouTube是一项长期投资，目标在于争夺传统广播公司和网飞等仅提供在线播放的企业的播放量和收益。与此同时，它还能产生很有价值的数据。

自2000年至今，谷歌最重要的举动就是在2008年推出安卓系统，目的在于确保在数十亿移动设备的市场领域内，iOS和Windows Mobile不会一家独大，成为主导型操作系统。谷歌将安卓设置成开源系统，并与技术、服务公司合作，让它成为主要的全球标准，这让谷歌在移动搜索方面（2017年5月的市场份额为95%）取得了比在桌面搜索方面更高的地位，而微软（必应）、百度和雅虎都是占5%到8%的桌面搜索市场份额，比起谷歌的78%来，依然差了一个数量级。

2015年，谷歌重组为Alphabet，这是一家以核心业务为主要子公司的控股公司。Alphabet的三重股份结构让佩奇、布林和施密特可以无视投资者对短期回报的压力，以长远的眼光看待公司发展。其他附属公司包括Waymo（自动驾驶汽车）、Nest（智能家居）、DeepMind（人工智能）、Verily和Calico（生命科学）、Sidewalk（城市基础设施），还有两家风险投资基金。Alphabet的目标是把各项业务之间的协同效果最大化。例如，DeepMind为该组合的各项业务提供最前沿的机器学习技能，其他公司可以通过谷歌云平台和谷歌助理（Google Assistant）获取技能。近几年，谷歌的核心业务还在设法开发新的收入来源，以减少其对搜索广告的依赖，推出了Pixel智能手机和声控的Google Home hub等设备。总体来说，谷歌在搜索领域的领先地位依然牢不可破，并且在广阔的新的产品市场投入了巨大赌注。

◇脸书

脸书于2004年正式创立（前身为Thefacebook.com）。创立者马克·扎克伯格当时还是一名本科生，脸书是他用哈佛大学学生的大头照制作的纸质"脸书"线上版本。脸书借鉴了 Friendster 和 Myspace 等其他早期社交网站的想法,但是不同之处在于,它只接受用自己的真实姓名和拥有 Harvard.edu 网络地址的人注册。该网站很快就发展到其他美国大学,通过线上广告和扎克伯格的朋友及家人的投资来获得资金。

2005 年 7 月,News Corp 以 5.8 亿美元并购了拥有 2100 万用户的早期市场领导者 Myspace。可以说,因为混乱的界面和其他弱势,当时 Myspace 已经处于非常危险的境地,但是 News Corp 接下来没能对它好好投资,在上面投放了过多广告,让脸书得以于 2008 年 4 月在国际访客方面超越它。脸书继续发展,而 Myspace 则走向衰落。2011 年,News Corp 以 3500 万美元的价格将 Myspace 售出。

作为社交网络,脸书有两项重要特征。首先,如果某个用户要添加"好友",必须获得对方的同意。其次,它的默认前提是用户发布的内容会对他们的所有"好友"可见,除非一方或双方关闭此功能。通过创建吸引人的内容,用户自己就能产生受众,这对该公司来说几乎没有成本,然后脸书就可以在用户发布的帖子之间插入有针对性的广告,以此来赚钱。这个模式具有高度扩展性,因为可变成本相对较低——主要就是增加数据中心和服务器的成本。用户在平台上的互动和其他行动也会带来大量数据,可以用于改进服务和针对性广告。

不过,脸书的成功也为它自身带来了挑战。随着用户的网络关系扩展,他们的亲密朋友发布的内容可能会被那些对他们来说不太重要的"朋友"发布的内容淹没,这就产生了对算法的需求,以便将用户与最有可能吸引他们的内容和最相关的广告关联在一起。添加来自不同人际关系网络的用户(例如同学、同事,尤其是父母)可能会导致用户自我审查,这会进一步降低消费者价值。为了处理这种矛盾,脸书为用户提供了发布内容对指定群组可见的设置功能,并且通过增加专业生产内容(PGC)来降低对用户产生内容(UGC)的依赖,例如新的文章、观点、视频等。脸书对专业生产内容来说是一个越来越重要的渠道，不过很多创作者在跟脸书进行拉锯战：他们想通过在脸书上的交流来引导用户访问他们的网站，而脸书则希望用户留下。

脸书面向广告商的推销基于其庞大的覆盖量、使用量、高度精准的广告展示和显著的短期响应度。通过填写"个人资料"和关注他们觉得有意思的事物，用户产生了重要的目标信息。脸书还不断增加其社交和心理精准定位的能力：识别哪些用户在其社交网络中处于中心地位，具有影响力，以及他们什么时候最有可能接受特定广告信息。不过，脸书和谷歌都一直被广告商诟病，主要原因包括不可靠、未经审查的用户措施和其他问题。

2016年3月，79%的线上美国成年人是活跃的脸书用户，该比例远远超过Instagram（32%）、Pinterest（31%）、领英（29%）和推特（24%）。但是脸书的市场领导地位远远没有谷歌稳固，正如前文所述，用户可以同时使用多个社交网络（"多宿主"），而且很多更年轻的用户偏爱使用Snapchat等较新的网站。

其他社交媒体包括信息平台（例如苹果的iMessage、脸书信息、WhatsApp，后者在2014年被脸书以190亿美元收购），专业和职业平台（现在属于微软的领英），短信息网络平台（推特），社交图片和视频分享平台（例如Flickr、Instagram、Pinterest和Snapchat，Instagram在2012年被脸书以10亿美元收购，据称脸书也曾试图收购Snapchat，但被拒绝）。这些备选都有可能通过提供与脸书略有不同的服务，吸引有价值的用户离开脸书。例如，Snapchat是为了更加私人、亲密和有趣的互动而设计的：受众是被挑选过的，而且默认设置是信息阅后即焚。当无法收购将来可能会成为竞争对手的产品时，平台一般会尝试模仿对方的特点，诸如Instagram的"Stories"、脸书的"Messenger Day"和WhatsApp的"status"，全都是模仿Snapchat的"Stories"，并且它们的模仿越来越成功。

◇亚马逊

1995年，30岁的野心勃勃的杰夫·贝索斯辞去了华尔街对冲基金的高薪工作，创办了亚马逊。贝索斯现在依然是该公司的董事长、总裁和首席执行官，他当时选择亚马逊这个名字是因为它听起来带有异国情调，并且首字母是 A，如果出现在按字母排序的列表中，这就是一个优势。不过还有一个原因是，亚马逊是全世界水流量最大的河流，贝索斯希望他的企业能够成为世界上最大的在线零售商。从目前财政收入的角度来说，亚马逊的确达到了这个目标。

他的核心战略自始至终都是：在最适合电子商务的消费性市场领域打造占支配地位的市场份额和品牌，削减供应商的价格，并将获得的收益再次投资于降价、营销、保留客户、交易处理、实物和数字配送。与之相配合，亚马逊始终如一地将长期发展的优先级置于短期利润之上：该公司在1997年首次公开募股的招股说明书中特别指出，它将会"在可预见的未来遭受巨额损失"。

贝索斯从图书开始拓展"商业版图"，因为图书是大量低价、标准化、容易配送的产品，非常适合在线零售，并且有已经存在的库存清单，让亚马逊可以快速启动，并提供更多图书，甚至定价比最大的实体书店的价格都便宜得多。图书销售还能带来关于富裕且受过教育的购物人群的数据。亚马逊不断改善线上购物体验和配送系统，还增加了商品类别。

亚马逊的客户忠诚计划 Prime 最初于2005年在美国推出，目前已经触及64%的美国家庭，现在是其商业模式的核心。支付一笔固定费用后，亚马逊就会为订阅者提供不限次数的一至两天送达服务（根据所在地区不同）、亚马逊视频、Prime 音乐、无限图片储存空间和其他服务。快速送达的服务促进用户离开其他零售商。Prime 和它以原价或低于成本价出售的数字设备（Kindle、Kindle Fire、Fire 电视和 Echo 家居助手）都致力于让亚马逊成为消费者默认的电子商务购物之选。亚马逊还在电视、谷歌和脸书以及很多小型网站上通过它的联盟推广链接项目投放广告。它还收购了消费引导网站，例如Goodreads和IMDb，在这些网站内嵌了"从亚马逊购买"的链接，并且还能从中收集用户评分数据。

所有这些都增强了亚马逊的核心商业模式：持续的零售销售增长导致研发、采购、机器学习、营销和物流方面的规模经济不断扩大。接下来，它不仅利用优越的能力来获取更多零售业务，还向其他企业出租基础设施：市场上的卖家付费使用Prime服务来寄送他们的商品，各种类型的企业从亚马逊云计算（AWS）平台购买服务。云计算是亚马逊最赚钱的业务：在截至2017年3月31日的三个月内，该业务的营业收入为8.9亿美元，占其总收入36.6亿美元的24%。亚马逊云计算既出售给亚马逊本身（是从2005年该公司的后台技术重构产生的），并且还越来越多地出售给其他企业，这让它在快速发展的云服务市场成为领先的供应商，紧随其后的是微软（Azure）、谷歌、IBM和甲骨文。

亚马逊作为买家和卖家，都具有不断增长的强大市场支配力。随着亚马逊出售产品范围的扩大，用户会绕开谷歌，直接到亚马逊搜索商品，这让亚马逊得以出售搜索广告栏位。虽然搜索量相对较小，但是随着它们日益取代谷歌最有价值的搜索结果——消费者在这里积极寻找产品，有可能产生不成比例的广告收益。亚马逊拥有的第一手消费购买数据数量超过任何竞争对手，可以用来改进精准定位，并且可以将搜索和展示广告（例如在亚马逊Prime视频中）同时链接到真正的购买行动。虽然在数字广告领域，亚马逊还是个相对较小的角色，但是从更远的时期来看，它可能会挑战谷歌和脸书的地位。

与亚马逊的战略和商业模式紧密相连的是它极具竞争力的企业文化。贝索斯每年给股东的信中总是会包含一份他在1997年写的第一封给股东的信，其中的名句是："这是互联网的第一天（This is Day

One for the internet）。"这样做的目的是激励人们每一天都要像第一天一样继续努力。亚马逊的物流中心没有工会组织，并且自动化程度越来越高，他们还在测试无人机和自动驾驶货车，以减少运送成本。他们的办公室职员也要持续受到监控，并被要求在巨大的压力下工作，因此出现对其仓库剥削劳动力的指控也就不足为奇了。能够在这种"有意识的适者生存"的环境下幸存的员工得到的福利很少，不过亚马逊为其员工制定了股票期权激励计划，员工们可以从中获益颇多。

亚马逊也被指控存在反竞争行为，包括价格歧视和从商品列表中剔除竞争者的产品，例如2015年的谷歌迷你电视投影配件Chromecast和苹果电视，以及2016年的谷歌Home。莉娜·可汗（Lina M.Khan）于2017年对亚马逊采用反竞争的方式滥用市场权力给出了例子：亚马逊对畅销电子书的压榨性定价，以及凭借其强大的财力、完善的物流配送业务和大量数据资料，创造不公平的优势。

亚马逊在中国以外的消费性电子商务领域的制霸地位看起来势不可当。它的AWS在云计算领域的领导地位似乎也固若金汤。正如上文所述，AWS对其客户业务状况的内部视角使其具有战略性竞争优势，尤其是在判断哪些科技初创公司将构成重大威胁或投资机遇方面。随着最容易处理的产品类别被覆盖，核心收益增长放缓，其余的产品类别从定义上来说就更难应对，但是亚马逊正在无人机投递等可以改变行业格局的创新上下赌注，以减少这些产品类别的物流障碍。

2017年，亚马逊宣布以137亿美元出价收购美国高端食品杂货商全食超市公司（Whole Foods Market）。这是亚马逊有史以来规模最大的一次收购。分析人员并不赞同这次举动背后的战略及其成功概率，但是这明显代表着亚马逊正朝着联合线上和线下渠道、覆盖更多产品和服务种类的"全通道"零售发展，甚至包括极具挑战的易腐烂变质食品类别。

市场会终结这些科技巨头的主导地位吗？

哪些因素让科技巨头所在的市场出现"赢家通吃"的特征？如：

☐ 规模经济；

☐ 强大的用户品牌和习惯性使用；

☐ 对人才的吸引（"员工品牌资产"）；

☐ 直接（市场内部）网络效应；

☐ 间接（市场之间）网络效应；

☐ 大数据和机器学习；

☐ 转换成本和锁定用户；

☐ 企业战略和文化。

每家公司又是如何在其所在的市场占据统治地位的？我们可以发现其实现方式也反映了这些赢家通吃的特征。

戴维·埃文斯和理查德·施马兰对这种观点提出了异议。他们认为"赢家通吃的想法不适用于平台经济"，至少对谷歌和脸书是这样，理由是：（虽然它们在消费搜索和社交网络领域分别占据主导地位）在广告市场，它们必须互相竞争，并和其他媒体竞争。我们并不同意这一观点。当然，谷歌和脸书需要通过竞争获得广告业务，但是广告媒体并不是相同类型的：广告商会使用不同的渠道来实现不同的目标。谷歌在搜索广告方面完全占据主导地位，而脸书则在线上，尤其是移动展示广告方面占据主导地位，并且地位还在不断上升。由于营销预算有限，它们的确要间接地互相竞争，就像所有的消费品和服务要间接地为消费者的支出进行竞争一样。但是广告商在搜索和线上展示广告方面，并没有能与谷歌脸书的规模、覆盖量相提并论的替代选项。尽管它们存在众多突出问题（如欺诈、受众衡量等），但是广告商还是会继续使用，这个事实反映了这种缺乏选择的困境。一流营销评论员马克·里特森（Mark Ritson）于2016年将这种"数字两强垄断"现象的出现描述成当年美国营销界最大的一个问题，并补充说，他预计这种情况在2017年会变得更糟。

在短期内,很难看到另一家公司能够在搜索领域超越谷歌,在电脑软件方面超越微软,或者在电子商务和云计算方面超越亚马逊。脸书在社交媒体方面的领先地位看起来也坚不可摧,尽管它的用户可能会是"多宿主"的,并且它最近在受众衡量等方面出现了问题。这种积极乐观的观点反映在这些公司较高的市盈率上,表明金融市场不仅期望这些公司的收益能够顶住竞争压力,还期望它们在可预见的将来的发展速度能够超过市场发展的平均速度。其中一些预期的未来增长可能与它们非核心业务的长期潜力有关,尤其是 Alphabet 的情况。但如果公司的核心业务面临着巨大的竞争压力,那么 30 倍以上的市盈率就很难被证明是合理的。

苹果的市盈率为 16 倍,相对较低,这反映了它对未来发展速度的较低期望。这也是因为三星和其他安卓生产商正在逐渐缩小与苹果在设备、生态系统的质量、使用便利性上的差距。三星和其他安卓生产商的追赶得益于谷歌助理等服务的不断优化,具体反映即安卓和谷歌在人工智能方面占据的领先性优势。随着苹果越来越多地被迫将谷歌设备加入它的生态系统,它相对于安卓设备的溢价——其高利润的主要驱动因素——很有可能会被削弱。

当然,这种情况是否会发生?如果真的发生,又会有多快?这依赖于苹果是否有能力继续带来更好的新产品、新内容和新服务,以巩固它在高端定价的移动设备市场的主导地位。在更广阔的移动设备大众市场,安卓已经成为全球标志,占据 2016 年第四季度问世的新智能手机市场的 82%,而 iOS 仅占 18%。从好的方面来看,苹果在产品质量、使用便利性、设计和品牌推广方面有着傲人的业绩。随着各种类型的设备——个人电脑(苹果的比例正在增长),手机,可穿戴设备以及智能家居设备,虚拟和增强现实(VR/AR),汽车——数量激增,苹果也许能够继续利用它的能力,将设备和服务整合成一套出类拔萃的无缝用户体验,并溢价出售。

与之相对的,谷歌、微软和亚马逊就像走在它们前面的IBM一样,都符合这样的长期模式:由于赢家通吃的作用过于强大,占主导地位的技术参与者在其核心市场的领导地位很少会被取代。脸书的地位同样稳固,只有苹果面临着被逐渐进行的标准商业化减少自身领先幅度的现状。

超出科技巨头核心市场的竞争

对于这五家企业来说,问题依然在于:按照前言部分探讨过的模式,它们是否会被竞争对手,诸如其他的大型知名企业、初创企业掩盖自身的光彩,甚至被超越? 在收益和市值方面,微软已经被苹果和谷歌超越,五家企业都能深切地意识到新的产品市场和技术带来的潜在威胁以及机遇。

当前受到关注的主要产品市场包括交通运输、家居自动化、娱乐、保健、商业和专业流程,以及包含在宽泛的"物联网"(IoT)内的各种应用,它们将会产生更多数据,并让社会变得更容易受到互联网的影响。互联网的重要技术包括人工智能、声音和视觉形象识别、VR/AR、云计算服务、支付系统和网络安全。所有的科技巨头都在通过自身有机成长或收购的方式投资上述领域。这些巨头公司获得了大量用户数据,从而使自身处于有利位置,可以尽早发现趋势,而它们的规模和利润则使其具备了投资和收购新业务与技术的充足能力。

唯一可以与美国市场规模相匹敌的就是中国市场。中国的零售电子商务正在繁荣发展,预计价值已经为美国的两倍以上:2016年,前者为8990亿美元,后者为4230亿美元。中国的科技公司在严格的政府管控下经营,商业行为也在一定程度上受到限制,但是它们也从中受益。中国的"四大"科技公司包括腾讯(移动通信和其他内容与服务)、阿里巴巴(电子商务、数字娱乐和云服务)、百度(搜索和人工智能)和华为(移动设备)。中美企业在文化上有较大区别,美国科技公司往往专注于单一的业务领域,而中国科技公司则偏向于多元化的业务领域,不过随着顶级美国技术集团开始不局限于核心业务,发展多样化业务,中美企业在专注度上开始趋同。

在接下来的10年中,我们预计中国企业将在技术方面取得更多的成功,国际销量也将不断增长,能与美国企业相匹敌。不过,它们目前的活动还是主要集中于中国,在接下来几年中,它们的产品是否能对美国产品造成真正的影响,让我们拭目以待。

如果接下来几年中真的有公司能够超越这些巨头公司的话,更有可能是位于硅谷或西雅图的公司。在《距离的消失》(*The Death of Distance*)一书中,《经济学人》杂志的资深编辑弗朗西斯·凯恩克罗斯(Frances Cairncross)预测地理位置的经济重要性将会急剧下降。这种预测目前还没有得到印证。除了本章讨论的市值最高的前5家公司以外,全球最有价值的前100家上市公司中的另外9家科技公司中有3家也位于硅谷①——甲骨文、英特尔和思科。除了美国,入选该名单的只有4家亚洲公司和1家欧洲公司②。因此,包括前5家,世界顶级的14家上市科技公司中有8家都位于硅谷或周边地区。其他国家入选的公司都不超过1家(不过毫无疑问,中国科技巨头很快就会上榜)。

硅谷也是科技初创公司的领先聚居地。2017年,全球前50家科技"独角兽"中有21家位于美国,16家位于硅谷,其中优步、爱彼迎和Palantir(大数据分析)分别排名第一位、第四位、第五位。另5家分散在美国各地。

总而言之,除了苹果存在部分例外,科技巨头似乎不可能在短时间内失去它们在其核心市场的霸主地位,不过它们在不同程度上都面临

---

① 名单中剩下的唯一一家美国公司是位于纽约的IBM。
② 腾讯(中国),三星(韩国),台积电(中国台湾),博通(新加坡)和SAP(德国)。

着利润方面的竞争威胁。竞争公司若是在更大的新市场打造自身的主导地位,那么将有极大可能超越目前这些科技巨头。并且根据我们的研究分析,新生的科技巨头极有可能诞生于硅谷。

我们会有麻烦吗?

在可预见的将来,市场竞争可能不会终结谷歌、微软、脸书和亚马逊在各自核心市场的霸主地位,对此我们应该抱以何种程度的担忧?

客观来说,这种市场霸主地位给消费者和其他企业带来了诸多益处。当前竞争规则的设计初衷是防止企业使用其市场权力,来收取超出市场普遍水平的价格或提供低于市场标准的质量。但这种规则并不适用于平台,以谷歌为例,消费者不需要花分文,而广告商则可以将其广告发布在不同于20年前的高效平台上,但同时他们需要为此支付相应的市场价格。当然,被技术平台干扰的现有行业(爱彼迎相对于酒店业,优步相对于出租车业,等等)会抱怨并强调这些企业实际上造成的负面影响,但是这些大部分只是破坏性创新的正常组成部分。

在此基础上,我们有充分的理由支持设立法规,以对平台业务进行轻触监管,或是针对技术进行监管。我们认为,对平台业务完全没有监管是没有道理的。帕克(Parker)、范·亚斯提尼(Van Alstyne)和乔达尔(Choudary)列举了各种理由,说明为什么我们需要为这些市场设立“法规2.0”,法规内容包括平台使用机会、公平定价、数据隐私和安全、国家信息资产管控、税务、劳动法规、可能出现的操纵消费者和市场的担忧等。与之类似,可汗主张制定更复杂的法规来处理一系列反竞争行为。尼古拉斯·布鲁姆(Nicholas Bloom)关于处在不公平时代的企业的研究表明,包括技术市场在内的赢家通吃的市场中,不同公司之间的不平等是导致收入不平等增长的三大驱动因素之一(另外两个因素是外包和自动化)。

迄今为止,欧洲和美国对数字霸权做出的回应并不一样。欧洲反垄断法规专注于确保公平竞争，具体体现为欧盟委员会最近对谷歌"系统性地"在搜索结果中给自己的购物服务设置明显位置，并对竞争对手的服务进行降级显示的行为处罚超过 24 亿欧元。而美国法规则更专注于市场主导地位是否会导致可证实的消费者受损。由于占主导地位的科技平台全部都位于美国，这很有可能成为一个不断发展、扩大的冲突领域。

第二章 数字霸权的形成

黛安娜·科伊尔(Diane Coyle)

"平台"这个术语越来越多地被用于指代这样的混合型实体:将数字技术作为一种产品或服务的使用者或消费者与供应者之间的接口。平台与以下实体有一些共同特征:协调供应链的传统商业;连接较小的供应商与市场的中间商或批发商;连接终端用户之间的网络;供个人供应商和买家见面交易的场所或市场。新的术语和研究领域反映了平台在协调经济活动上的创新点,包括法国经济学家让·梯若尔(Jean Tirole)等人在双边市场领域的开拓性工作,既有早期关于网络的著作,也有近期有关市场设计的研究成果。

不过,经济学还要为竞争监管机构提供实用的反垄断工具,以便让他们能够根据不同类型的平台市场制定相应的监管制度,并依据经验来加以实施。考虑到数字平台的结构和商业模式,类似市场界定的传统评估工具并不适用。然而关于反垄断政府部门应该如何分析平台市场,尤其是那些存在一个或几个占主导地位的参与者的市场,相关的文献资料中几乎没有什么普遍经验。平台未来的发展将会受益于竞争评估的可预测性原则，而这些原则必须根植于周密的福利评估。

长期以来，一些金融机构、金融组织也可以被称为平台。传统集市就是这样一个例子——一个为卖家、买家见面交易提供场所的平台。更近一些的例子包括能够让消费者和零售商完成交易的支付卡网络，或者是为项目开发人员和电脑用户协调技术标准和合作条款的操作系统。还有一些形式非常新颖，例如"共享经济"的对等平台。

不过，定义平台的难度却出人意料的高，因为平台同时具有企业和市场的特征，涉及生产和交易，而且还包含不同类型的协调机制——有时候是技术标准，有时候是交易算法，有时候是社会规范。从某种意义上来说，平台既是一种商业战略，也是一种组织形式，而且有些公司会同时运营单边业务与双边业务，例如亚马逊，既是零售商，也是市场。表2.1中所示的类型就是一种给平台分类的尝试，当然其他分类方式也是合理的。

表2.1　平台类型

类型	生产	中间商	交易
企业对企业 （批发）	内部平台，Slack，AWS	支付卡	金融交易
企业对消费者 （零售）	AWS，软件操作系统，游戏机	广告赞助的媒体，手机网络，英国房产网站Zoopla，旅行预订	eBay，亚马逊
个人对个人	共享经济工作平台 （图钉，跑腿兔）	社交媒体，优步	共享平台，例如：优步拼车，爱彼迎，度假屋在线出租（Love Home Swap）

平台是解决经济组织基本问题的一种新方式，即在缺乏完整信息的情况下协调供求关系。传统市场利用的是地点或时间，平台则利用技术来改进协调效果。参与者不需要在同一地点参与配置，而且交易双方无须同时进行。

　　人们已经充分理解了信息对经济的重要性。哈耶克[①]曾于1945年提出观点：当每个人都掌握一些与自身喜好、成本相关的独特信息时，市场经济中的价格系统将随之成为一种有效协调的分散机制。但是很多经济交易发生在公司内部，而不是在市场上，这反映了科斯[②]的洞见：有时候市场交易涉及的交易成本，可能会因为信息不对称或缺乏清晰界定的财产所有权而变得更高。科斯指出，信息技术和管理方法的变化可以使公司达到最佳规模和组织结构。

　　那么，交换信息的成本急剧下降将会改变交易成本，从而改变存在的经济组织的类型，也就不足为奇了。信息和通信技术的成本飞速下降已经持续一段时间了，但是一些技术已经为这种平台模式的发展开拓了道路，尤其是可以通过无线网络、3G技术、4G技术连接到宽带，还有指数级增长的智能手机拥有量，都意味着平台在任何时刻都能连接到很多人的设想已经切实可行。

　　因此技术成为数字平台得以出现的一个重要因素。另外一套创新成果已经成为某些平台类型的重要促成因素，这些成果包括"市场设计"准则和经济学分支设计的算法。它们帮助平台在信息不完整的条件下，匹配各种各样的供求关系。在这些例子中，计算机科学和经济学方法相结合，平台的匹配活动得到高度协调。产品和服务种类日益增多的经济背景还提升了匹配技术的价值。

平台的基本经济情况

　　与更加传统的商业组织形式相比，平台如何创造价值？为什么它们似乎能够扰乱众多常规业务？为什么现在共享经济中的非货币性平

---

① 弗里德里希·奥古斯特·冯·哈耶克（Friedrich August von Hayek）是奥地利出生的英国知名经济学家和政治哲学家。
② 罗纳德·哈里·科斯（Ronald H. Coase）是新制度经济学的鼻祖，美国芝加哥大学教授，芝加哥经济学派代表人物，1991年诺贝尔经济学奖的获得者。

台也在激增？

平台会为它们的参与者获取额外价值，这些价值在过去是无法得到的。除了通信的内在价值外，还可以有更好更快的供求匹配和更有效的资源分配。平台可以通过买家评价机制或支付机制来帮助用户在购买一些产品时辨别风险——例如不能预先了解内容的信息产品（图书、音乐、软件）。实际上，在这种"体验型"产品的案例中，平台不仅让消费者满足了自己的喜好，还能让他们发现感兴趣的新产品：想一想Spotify这样的平台，与传统的广播电台有限的播放列表相比，它的算法让用户能够获得的对音乐的探索范围扩大了无数倍。多亏互联网在分销方式出现变革的同时，带来了这些匹配和探索的益处。此外，过去未能充分利用的资产也得到了更密集的应用。这包括在共享经济平台案例中的房屋、车辆等资产，也包括其他类型平台中的网络基础设施或投资等资产。资本生产率可能会有所增长。简而言之，平台让市场运行得更好。对于成功的平台来说，这些效率增益很大，会让所有参与者受益，既包括平台的双方，也包括平台的所有者。不过跟任何形式的社会组织一样，平台也存在一些负面特征。

平台提供的互动或交易为所有用户带来的益处越多，参与到平台的人数也会越多，这中间存在间接网络效应。平台通过协调卖家来让买家受益，并通过协调买家来让卖家受益。如果缺少平台，那么交易所需的成本就会导致本可以实现的交易无法发生。平台的协调作用可以体现在以下场景中：由广告商赞助的电视节目为广告商聚集观众，再用广告利润为观众打造电视节目。一个早期典型的实例是易贝（eBay），它为人们提供出售、购买小众产品的平台，例如该网站创始故事中第一件交易的物品是一只坏掉的激光指示器。与数字技术相关的实例是爱彼迎，它将短期住宿的新供应商带到了市场上。它也因为给旅行者提供了众多房屋住所备选方案，而成为不少旅行者的首选网站。而社交媒体网站这样的平台也具有直接网络效应的特征。

　　间接网络效应让取得平台上供应者和消费者之间的平衡状态变得至关重要,而两者间的平衡状态取决于双方对进行交易的商品、服务的定价。法国著名经济学家让·夏尔·罗歇(Jean Charles Rochet)和世界著名经济学大师让·梯若尔(Jean Tirole)在其早期论文《双边市场的平台竞争》中,认为这一点是双边市场定义的核心:"价格结构很重要,平台必须为此加以设计,让交易双方都加入进来。"一般平台的一方参与者会给另一方提供补助。补助会提供给对价格更敏感的需求方,双方的价格将会互相关联,取决于各方能够从对方的存在中获取多少益处。由平台连接在一起的市场双方的价格关系和双方之间的补贴让竞争评估变得极为复杂。

　　影响价格结构的另一个因素是消费者对多样化需求的强度:需求越强,平台就能从供应商那里收取越多的费用(当然这也并非是唯一的影响因素,有时供应商会通过提供多样性的服务来影响价格结构)。还有一个影响因素是价格的公开程度。如果平台需要打消消费者被剥削的顾虑,吸引他们加入,信息不对称就可能会改变平台的定价策略。

　　如果平台出了差错,将售价定得过高,消费者很少选择购买,那么供应商愿意支付的进入平台的价格也会随之降低。这种因为定价错误而抑制了交易中某一方的参与度的情况,会导致交易量螺旋式下降。相反,正面反馈的不断循环则会带来交易量的迅速增长,这时平台能够成功吸引消费者,从而吸引供应商,然后又吸引更多消费者,不断循环。因此,新的平台需要达到一个临界数量,在此基础上正向反馈才能运行。

　　通常情况下,消费者和供应商都会使用多个不同平台,即"多宿主"。想要预订假期行程的人完全有理由查看多个网站,进行比较筛选,而房屋所有者可能同样会在多个平台上发布广告,以触及大量潜在度假者。不过,很多平台在一方面是单宿主性质的,造成了竞争瓶颈,而在另一方面则是多宿主性质的。还有一些平台,它们能在所在的市场称霸就是因为间接网络效应的规模。社交媒体、搜索和操作系统就是实例：对消费者来说，所有人都使用同一平台或标准的益处是不可抗拒的。这也对竞争政策造成了巨大挑战。

在较早的网络中，例如电话网络，市场双方的协调配合一部分是因为外部确定的标准，例如移动电话的GSM技术标准，或者是光谱带、电话号码的分配这样的监管行为。各家电信公司依然通过协调来提供益处，依然需要为呼入和呼出电话适当定价来实现平衡，并且还要设定彼此的单个网络之间的交换费用和通信协议。较新平台在很大程度上将这些网络外部性内化，并确定获得的益处如何分享，这样能够从外部性获得价值——更好地匹配供求关系，降低平台上的交易成本，也就意味着能够实现"人人受益"。既然技术和组织设计意味着平台能够存在，它们的迅速蔓延也就不足为奇了。

平台的战略选择

我们要从对比平台所面对的交易成本，常规供应链中的传统企业与供应商订立合约、向消费者出售产品所要面对的交易成本出发，去考虑为什么一个企业会决定以平台的模式来运营，以及它是如何制定自己的市场战略的。平台的优势在于它有能力降低消费者或买家的搜索成本，降低各方之间分摊的交易成本，这在更大程度上得益于供应商和消费者的直接联系。例如，谷歌一开始经营的是单边搜索业务，并且稳步增加了更多"边"——AdWords和AdSense。很多国家的商业环境都在变化，因为随着传统商业尝试获取双边或多边经营的优势，现有的平台会增加"边"的数量，以便增加能够获取的网络效应，并与它们的用户分享所有的"边"。这种动态变化通常被称为"聚合"。

价格结构对于平衡市场双方来说至关重要。平台不仅要决定补贴哪一方，还需要决定以哪种访问权限作为会员权利，或以哪种使用权限来作为收费单位，以此跟用户收费。影响决定的因素包括消费者偏好的多样性（这就降低了供应商之间的可替代性），消费者和供应商的多宿主程度，平台对供应商坐地起价的风险（例如它们需要承担成本才能进入某个平台）。

实际上，收费方式并不是那么容易制定的，尤其是对新平台来说，它们要进行大量的试错，才能得出正确的方案。例如，起初移动电话的使用在美国扩散得比欧洲慢，因为美国选择的是"接电话方付费"的定价策略，而欧洲采用的是"打电话方付费"的定价策略。

一个重要的平台会向消费者免费提供在线服务，营收主要来源是广告。很多媒体平台都是这个模式的，相对来说，采用订阅模式的平台就比较少。这些市场的独特性在于，尽管广告商想要接触消费者，但是消费者往往并不想要看到广告。此外，信息作为一种商品的经济特征也是与众不同的：它有强烈的公共利益特征，一般具有较高的固定成本，但是又有接近于零的边际成本。

这种商业形势将如何演变，我们目前尚不清楚。平台驱逐、挤垮目前的传统商业模式，或者目前的企业转换组织模式，难道就只是时间问题吗？一些平台有可能发展成为传统的供应链中间商，而平台连接的用户不能直接建立联系吗？当然，一些现有的行业担心前者会出现，所以正在呼吁要求监管保护。还有一些行业则正在采取行动来获取平台。例如，法国雅高集团（Accor）收购了高端短租房平台 One Fine Stay，北美最大的汽车租赁公司之一 Enterprise Rent-A-Car 则收购了英国汽车俱乐部运营商 City Car Club。

由于平台的兴起是最近才出现的现象，这种模式的演变还有很多方面有待了解。其中一个问题是：一个平台要怎样，又要在什么时候才能够达到可行性的临界点，以及超过这个临界点之后，平台何时能够成为所在市场的霸主？

平台垄断带来的挑战

爱德华·贝拉米(Edward Bellamy)在其1888年出版的小说《回顾》(*Looking Backward*)中,展望了世界在2000年将被单个组织统治的情景。事实上,他所处时代的那些大型行业托拉斯已经合并,并且最终变成了一个庞大的公共垄断组织。由此可见,人们对于单个制霸组织的恐惧(或希望)由来已久。大型数字平台——谷歌、脸书、亚马逊、苹果,加上优步、爱彼迎等新兴企业看似都在迅速突显它们的市场主导地位——是最接近贝拉米设想的存在。它们实现的规模和统治地位远远超过任何其他商业实体。即使是在比搜索、社交媒体或操作系统更小的市场中,也明显存在平台占主导地位的趋势。例如,爱彼迎的发展表明它将会在短期住宿市场获得同样的成就。不出所料,平台给竞争分析和政策制定带来了重大挑战。

◇**准入障碍**

平台市场可以划分为两类,一类是多家公司共同运营的市场,例如旅游、金融市场。不过固定成本和间接网络效应的存在意味着竞争者的数量可能会保持在较小的范围内。另一类是单一平台占据主导地位的市场。消费者的需求越同质化,间接网络效应就越强,供应的固定成本或规模经济就越大,因此能独立发展的平台就越少。

潜在竞争者是竞争政策中要考虑的一个重要因素。虽然间接网络效应让平台双方的需求都变得更加灵活,但是这样也让新的竞争者更难进入市场。初创企业在发展供求双方规模的阶段需要面临持续亏损的情况,因此企业处于竞争格局时,评估其成功进入市场和达到关键规模需要付出的成本因素是非常重要的。

◇价格歧视

经济学家预计平台价格歧视的实际次数超过了人们表面所看到的，换句话说，平台会使用它们持有的单个买家的信息来制定不同价格，以牺牲消费者或供应商的利益为代价来增加平台自身的收益。迄今为止，这种担忧似乎更多局限于理论上的讨论，而没有在现实中得到重视。有证据表明，人们对于价格歧视的担忧，表现为他们从网站收集价格信息，以供查看和对比别人支付的价格。现在已经有人发现了一些网络价格歧视的案例。在一些特定案例中的竞拍机制，包括谷歌的广告竞拍，平台的一方明显已经实行了价格歧视。但是并没有有效的证据表明，个人消费者间存在着广泛的价格歧视现象。目前所知的平台价格歧视案例，往往是通过如在配送费用上溢价等来进行操作的。这是一个尚未探知的问题，尤其是如今消费者已经习惯了航空公司和旅游网站的价格歧视，甚至对于用同一个IP地址查看相同网站时价格会发生变化的情况也习以为然。这可能只反映了消费者在线转换的简便性，或者是简单定价规则还有未被探索的优势，又或者是因为还没有人和机构去监管、收集那些可以被用于测试价格歧视的数据，所以平台本身控制着对交易价格和销售量的访问权。

◇信任机制难以建立

创造能够在买家和卖家之间建立信任的机制是设计平台需要考虑的基本维度之一。没有建立深厚的关系，要建立能够促成交易的信任很难，因此平台拥有大量建立信任的策略。评分系统是很多研究人员考虑过的一种方法——包括游戏的评分系统、网络购物的好评系统等。其他建立信任的技巧包括支付方式、平台第三方的托管机制，或者是针对"行为不端"的卖家的制裁等。平台也会在营销方面花费相当可观的金额，一方面用于吸引用户，形成一定的用户规模，另一方面，用于提高知名度。

　　事实上，平台会实施许多关于用户访问、技术标准、条款合约等的规则。这些规则是为了管理不确定因素、分担风险、克服或缓解信息不对称的问题，并在复杂的环境中协调它们的"生态系统"。美国国家经济研究局研究员凯文·布德罗（Kevin Boudreau）和平台战略、商业模式专家安德烈·哈吉尤（Andrei Hagiu）指出，在市场出现多次失败、协调问题的背景下，平台实际上相当于"监管机构"或制定规则的监管机构，而且它们的确满足了市场对政府管理的需求："管理系统门户网站凭借它们与其他参与者的一对多的不对称关系，成为独一无二的私立监管机构。"[1]实际上，平台的目标是把它整个生态系统所产生的价值最大化。

　　随着时间的推移，不同平台采用的多种方法所导致的不同结果表明，平台究竟该决定采取哪一种方法，还有很多因素、方面需要深入了解，例如要开放还是封闭，要采用哪种标准，如何撰写合同来分担风险、诱使用户披露私人信息，以及这些手段如何跟价格设置相互作用。

　　建立信任的需求引出了这样一个问题：平台是否能在实际上担当某种自我监管的组织角色？平台的利益，通常至少有一部分与其用户的利益一致，也与买家和卖家利益之间的合理平衡（包括在不可能进行转让的情况下）相关。纽约大学斯特恩商学院教授阿伦·森德瑞吉安（Arun Sundararajan）于2016年提出，平台的大部分监管工作实际上可以交由平台自己执行。优步想要确保它的司机是安全的、有保险的[2]；爱彼迎希望房主们不要隐瞒住宿环境的质量，房客们不要破坏他们入住的房子。这些诉求都可以通过技术得到解决，例如用GPS跟踪司机行程、用照片核对住宿环境。森德瑞吉安认为平台想要获得期望的结

---

① 出自凯文·布德罗和安德烈·哈吉尤所著的《平台规则：作为监管者的多边平台》。
② 在有些国家，优步司机比传统的出租车司机更有可能获得投保，因此被认为更安全。

果,其自我监管会比第三方的监管更有效。例如,虽然酒店关于安全标准的正式规章制度从表面来看似乎更能保护消费者权益,但是实际上这种审查可能只在酒店开业时进行一次,而爱彼迎的房客可以通过评分系统不断给出质量反馈,并且平台有强大的动力来确保这个反馈体系的有效性。(与之类似,猫途鹰的评级可能在监控酒店标准方面比正式规章制度的检查效果更好。)那么正式规章制度只需要解决其他外部问题即可,例如住宅小区的噪音问题、众多短期访客的疏忽所造成的问题等。森德瑞吉安还认为,社会规范将会在这个新市场逐步发展,并降低政府干预的必要性。考虑到歧视行为等例子,这无疑是一个开放性问题。例如,经济学家班杰明·爱德曼(Benjamin Edelman)、哈佛商学院工商管理学副教授迈克尔·卢卡(Michael Luca)和经济学家丹·斯维尔斯基(Dan Svirsky)于2016年发现了在线平台的供应商存在种族歧视的证据。如果歧视被证实在平台上存在的普遍程度高于传统企业,政府就需要采取措施来确保这些平台遵守法律。

◇缺乏创新动力

经济学教授保罗·贝尔弗拉姆(Paul Belleflamme)和经济学博士埃里克·图莱蒙德(Eric Toulemonde)于2016年提出,平台创新存在由成本削减引起的直接的利润激励和由竞争引起的间接的战略激励,而且这些因素会互相对抗。如果削减成本的创新成果会引起接受补贴一方的竞争加剧,那么可能会存在创新的负激励。而且,平台倾向于将创新成果集中于各方,以限制这些跨集团的竞争效应。在竞争政策(随后将会讨论)的背景下,理解激励创新是一个很重要的问题。平台从供应商那里收回成本,以便将用户留下来,这让供应商的创新变得不太可行。已经取得主导地位的平台自身可能也会缺乏创新的动力,虽然这些平台似乎也越来越频繁地收购较小的创新企业,例如在机器人科学、人工智能领域。

◇免费带来的问题

在任何免费产品都具有令消费者信服的心理学依据的背景下,激励创新的问题尤为重要。众多心理学研究已经论证了免费商品对消费者来说是多么的难以抗拒。即使消费者知道,从逻辑上来说,他们总要以某种方式来为"免费"付出代价。即使没有这方面的研究,网上铺天盖地的各种"免费"服务也足以证明这是一个令人信服的模式。有个问题是,平台到底能从出售数据或广告位中获得多少价值,或者说,消费者要为"免费"服务付出多少代价,这跟订阅模式或付费模式可能要付出的费用相比,是多还是少?"免费"服务的面纱背后是将来自供应商或消费者的盈余再分配给平台的一种方式吗?

很多消费者都不知道他们的个人数据会被采集和聚合到何种程度,或者大概知道一些,但是并不在乎。谷歌收集几乎所有的日志信息,包括搜索查询、电话通信、IP地址、硬件设置和各个网站为了辨别用户身份而储存在用户本地终端的数据等。尽管谷歌承诺会保护且不出售用户的隐私和信息,但是它通过精准在线广告赚取了数十亿美元。几乎没有用户意识到自己私人信息的经济价值。一项研究发现,只有15%的研究对象愿意多付一点儿钱来避免自己的数据被分享给第三方。换句话说,大部分人严重低估了自己个人数据的价值。而聚合信息的价值实际上非常大。大数据的力量远远超出很多人的想象,开启了在线营销的新视野。正如穆斯的报道显示,目前可用的隐私保护措施也是不完整的。

也因此,社会上出现了对隐私和透明度相关的公共政策的担忧。很多平台要求消费者接受的标准条款冗长又令人迷惑,而且远非完全透明的信息,人们基本上不会费力气阅读。然而,个人数据的价值非常高,搜索引擎和信息汇集公司有强烈的动机通过修改排名算法来改变用户的行为。它们还偏袒自己垂直整合的网站,并使广告收益最大化。

　　要开始考虑这些问题,也许可以查看被动接触广告给消费者带来的不便,以及平台赚取的广告收益。罗兹(Rhodes)于2011年提出了广告在屏幕上的展示位置对广告商的重要意义,醒目的展示位是非常有利可图的。越来越多的消费者选择购买广告屏蔽软件,这也从侧面反映出这些消费者的价格敏感度。广告收益的另一个途径是移动手机广告载入所需的流量费用。谷歌在广告收益方面的统治地位显而易见,不过脸书在移动广告市场的发展也突飞猛进。

　　随着中间商和自动化交易的激增,在线广告市场变得极其复杂,因此产生了关于广告自动弹出和该种广告形式的推广有效性的担忧。在很多方面,广告市场都越来越像金融业中使用算法的高频交易市场。很明显,在广告商(通过平台)和消费者之间存在一场竞赛。毕竟,通过卖广告来提供搜索、社交等"免费"服务的平台满足供需关系的方式不同于向一方或另一方明码收费的平台。因为消费者并不想要看到所有广告或者大部分广告。消费者越有能力无视或回避某些类型的广告,广告形式就会变得越复杂,也越令人感到烦扰:出现在屏幕中更醒目的位置、网页上出现的弹窗、以动态的视频形式出现、无法跳过的前置广告等。谷歌和脸书这两个平台是这场竞赛的主要受益者,因为随着广告商抛弃传统媒体,它们在整个广告收益中的份额正在日益提高。广告商要为销售额的增加付出更多成本,然而得到的利润却更少,因此它们会将广告成本转移到消费者身上,令消费者以间接的方式付出更多代价;但是线上和移动广告收益却在迅速增长。

　　"免费"模式是否相当于一个准入障碍? 这还是一个有待解决的问题。就像已经站稳脚跟的大银行通过提供"免费"活期存款账户的服务,将用户转移的可能性降到最低,而新的银行竞争者就会发现在这样的情况下,几乎无法进入市场,平台竞争者也会发现很难吸引足够数量的用户,以达到可行的规模。尽管大型主导企业的规模经济无论如何都会让人望而却步,但是在付费的世界里,新企业进入市场的门槛会相对较低。

不过,现在还不清楚"免费"商业模式是否可持续发展。这方面的一个重要问题跟未能投资上游供应有关。平台并没有对它们所提供的"免费"内容的持续供应进行任何投资,而且传统广告收益的损失当然也意味着那些内容出版商产出内容的能力会下降。一位数字新闻专家曾表示,如果"公共领域现在被少数几家位于硅谷的私人企业经营",媒体的特殊社会角色该如何得到保护? 国家又如何能维持对新闻业和其他形式的文化内容的投资?

◇**信息的所有权**

只有在信息产品能够获得回报的情况下,平台才会对其投资,但无论使用怎样的投资方式,都会出现相应的问题。比如把平台看作一个数据工厂,对参与者的特征识别进行投资,然后就可以把数据卖给广告商或供应商。尽管公众还不怎么关注隐私损失,但是随着公众意识(包括对个人数据价值的意识)的提高,该种投资方式下的隐患会日益凸显。另一种可采用的投资方式是主张知识产权,通过法律来强制执行,并通过技术手段来实施。不过,很明显关于知识产权的社会规范还未最终确定。关于这一点存在激烈的争论,更不要提那些发展中的案例法。其中一个有意思的代表观点是约翰·迪尔公司在美国版权法庭上声称,农民实际上并不是他们所购买的拖拉机的拥有者——这与社会对拥有权的现有理解相反。该公司的目的是阻止农民调整安装在拖拉机驾驶室中的复杂软件和传感器,因此他们声称农民是在租用该公司软件的知识产权,该言论在法庭上获得了部分肯定。

应对竞争挑战

在应对竞争挑战方面,关于数字平台有两种主要的观点。一种观点是数字平台的主导地位是暂时的,市场的本质是赢家通吃,但是赢家的身份可能会变化。例子包括微软的IE浏览器(主导地位被中断的部分原因是竞争主管机构的行动)和它的操作系统(被技术创新、平板电脑和智能手机通过避开它近乎垄断的地位而超越)。显然市场存在竞争的可能性,并且有主导地位被推翻的案例,社交媒体领域也是如此。

另一种观点是数字平台存在主导地位,但是它通过获取间接网络外部性来增加消费者的福利,而解构这种地位将会损害消费者的利益。这显然是事实,但是如果缺少收益规模的评估方法,供应商、消费者和平台之间的福利分配,以及动态的后果这些条件,就无法在任何特定的背景下评价这个观点。虽然一些研究已经采取了创造性的方式,但还是需要更多针对这些收益规模的实证研究。

谷歌在搜索领域的主导地位是否真的能被推翻,这是个必须关注的问题,尽管这可能是关乎其规模而不是间接网络效应作用的问题。在搜索网站的市场中几乎没有"多宿主"现象,消费者总是只选择一家搜索供应商[①]。另一方面,对于广告商来说,加入一个平台的成本包括在平台软件上设置的固定成本、运行关键词广告活动的成本以及每次点击的费用。由于设置的成本要素很高,广告商有很强的动机来选择能够得到最多搜索查询量的平台。尽管随着谷歌的发展壮大,双方的正面反馈规模很有可能已经下降,但是搜索平台的竞争者需要具备更好的品质,并将广告商的固定成本降到足够低,才能补偿消费者数量较小的不足。这个要求令人畏惧,不过监管干预可以降低广告商进驻多个搜索平台的成本。

在消费者最终放弃使用它之前,谷歌有广阔的空间可以降低消费者搜索结果的质量,例如更突出地为自己的产品打广告。谷歌的收益只来自一方,这一事实也给谷歌提供了偏爱广告商的动机,尽管它要付出失去一些消费者信任的潜在成本。谷歌并不保证在网页中展示的广告的品质。而且它也很少管理广告的品质与合法性,因此偶尔会出现

---

① 2017年,谷歌在美国搜索领域的占比为64%,在全球搜索领域的占比为90%。

消费者对这方面的抗议。

正如过去和现在的企业案例所表明的,这意味着谷歌在其他在线市场中具有潜在的强大权力。很多投诉都声称谷歌滥用其主导地位,因为它们的网站在谷歌的网页排名或位置发生了变化。有证据表明,网页排名在决定一个网站得到的点击量方面很重要。排名会通过两个渠道来影响点击率,一个是通过获取用户的注意力,另一个是通过搜索引擎列出的单个网站所在领域的信誉的光环效应。

脸书可能是另一个难以被撼动制霸地位的巨头企业。沃勒于2011年发现其原因有二:第一,要终止一个脸书账户极其困难。用户必须确认终止账户,并且在冷却期之后再次确认。即使在注销账户之后,脸书依然拥有该账户已经上传的所有信息。第二,脸书不允许其他网站获取自家用户上传的信息。在另一个网站再次发布信息对普通用户来说太过麻烦。脸书用户一点一点建造了自己的页面并先后花了数百个小时来精心修饰自己的资料、过往、照片、兴趣爱好和关注列表。由于内容不可转移,要换到另一个网站就要付出非常昂贵的成本。这种锁定关系可能对脸书市场权力的巩固有显著影响,因为用户的转换成本太高。目前尚不清楚诸如法国颁布的《数字共和国法》①等干预措施是否能解决这一问题。

一些经济学家认为,占主导地位的各个平台给彼此带来了最高效的竞争,因为它们在主要活动领域是彼此的主要竞争对手。胡佛研究所研究员尼古拉斯·派蒂特(Nicolas Petit)将这种情况称为“多寡头垄断”。

至少目前来说,经济学家给竞争管理机构留下的更多是问题,而不是答案。从网络效应中得到的消费收益有多大规模? 应该如何将它们与未来的创新减少等动态成本进行权衡?“多宿主”或转换的可能性有多重要? 需要在多大程度上将消费心理学考虑进去? 市场进入究竟是

---

① 颁布于2016年9月,内容包括确定了保留线上数据的时间限制和保护未成年人。

可行的，还是因成本过高而不可行的（尤其是在面对为数不多的科技巨头时）？澳大利亚经济学家乔舒亚·甘斯（Joshua Gans）认为，任何破坏性地进入市场的行为都会采取一种新技术从"供应方面"进行颠覆，就像智能手机技术并不是为了取代Windows在操作系统市场的位置，而是要减少Windows与消费者想做的事情的相关性一样。

由于市场可以通过"一边倒"来打造像谷歌在搜索领域那样的主导参与者，监管机构是否应该考虑制定一些事前规则，或者类似于开放标准方面的规则等替代品，以保持市场进入的可能性？当然，竞争决策的制定在理想情况下会更快。这并不是竞争管理机构在不同商业模式之前进行选择的问题，而是大规模平台相比于传统企业表现得越像市场或交易场所，公众对确保它们遵守公平规则来保持竞争的兴趣就越大。不过，还有一个更深层的问题：竞争评估和福利评估会因为两个方面而出现分歧。一个是平台会将外部利益具体化，而它们只能获取其中的一部分。因此在竞争分析中就需要考虑额外的消费者利益。另一个是相互竞争的平台会选择能够平衡各方参与度的价格结构，而这些价格将会以边际供应者和消费者为目标。选中的价格不可能是那些能够把社会福利最大化的价格，因为社会最优价格将会强调平均，而不是边际。市场成果与社会福利之间的楔子（wedge）是否意味着竞争管理机构应该将关注点从竞争评估转移到福利评估？还是说回归到区分公众利益和竞争成果的政策框架太过危险？

简而言之，经济学研究有待为竞争监管机构提供实用的反垄断工具，从而让它们能够起草不同类型平台市场的理论，并在实际情况中加以执行。正如一项权威研究结果所表示的："相关理论，至少在目前的发展阶段，产生的清晰预测较少，且实证研究也相对较少，我们无法从中吸取通用的经验教训。"然而，通用的经验教训正是我们需要的东西。平台未来的发展将会从竞争评估的预测性原则中受益，而这些原则需要根植于深入彻底的福利评估。

第三章　数据集中和数据滥用

英格·格拉夫(Inge Graef)

在探讨数字霸权问题时,不可避免地会谈到数据所扮演的角色。数据已经发展成为数字商业模式和数字市场的主要驱动力。随着越来越多的创新性产品和服务以在线形式提供给用户,各个企业对于个人用户档案、行为和兴趣爱好等信息的收集能力比以往更强了。从这些信息中提取出来的数据也为企业在数字市场中的竞争和发展奠定了基础。尽管对用户的兴趣有更多了解能使公司形成更优质的服务,并削减公司成本,但是数据收集和使用量的增加也可能会导致负面效应。尤其是当市场现有企业对大量数据拥有控制权并能够对其进行分析时,这可能会让企业具有一种"权力"——得以将竞争对手排除在所属市场之外,而这有损消费者的利益。这样的发展情况引发了一个问题:竞争法是否适用于解决数据相关的商业行为可能造成的不利影响? 不过,正如欧盟委员会竞争事务专员韦斯塔格(Vestager)所明确指出的:"如果一家公司的数据应用对竞争的不利影响超过了益处，我们可能需要进行干预来重建一个公平竞争的环境。但是我们不应该仅仅因为一家公司持有大量数据就采取行动。毕竟，数据并不会自动带来权力。"

那么，在什么情况下，数据发展成为市场权力时需要采取竞争干预？就竞争法而言，目前主要在并购审查的情况下，探讨数据在多大程度上对市场权力的形成产生了影响。该问题经常引发学术界的激烈争论。很多学者都认为竞争干预完全没有用武之地，因为数据具有非排他性和广泛可用性，因此竞争问题不太可能在实际中出现。其他人则断言竞争干预是迫切需要的，但是不足以弥补消费者受到的损害。正因如此，在他们看来，干预行为甚至可能需要超出竞争法的执行，才能发挥效果。第三种更微妙的观点则认为，数据的收集和使用可能会引发担忧，从而触发竞争法的应用。主要论点是识别这样的竞争问题会在哪些情况下发生，并考查在现有工具的基础上如何解决这些问题。

如今，在竞争执法者之间似乎存在一种共识，那就是数据的确促进了市场权力的产生，并且在某些情况下形成了竞争问题。从这个意义上来说，他们的注意力已经转移到了建立数据相关竞争问题的一些指标上。伴随这种注意力的转移，近年来关于数据在并购决策、公开声明和竞争管理机构的报告中的角色分析也变得愈发复杂。

从谷歌收购DoubleClick到微软收购领英

自2007年起，一些并购调查已经开始考虑与数据有关的竞争问题。随着时间推移，在这些决策方面的竞争分析变得更加先进，最终形成了一个系统，用来评估2016年微软收购领英时与数据集中相关的横向问题。由于并购双方持有的数据在大多数情况下没有与第三方进行交易，而仅被当作提供服务的一种输入资源，需要解决的主要问题为：现有的市场界定和市场权力的竞争工具是如何应用到数据领域的。

◇谷歌收购DoubleClick和脸书收购WhatsApp

自2007年谷歌宣布收购DoubleClick后,数据在市场权力出现中起到的作用开始受到竞争法领域的政策制定者和学术界人士的关注。该收购案的结果之一是谷歌能够把自己关于用户搜索行为的数据集与DoubleClick关于用户网页浏览行为的数据集进行合并。合并后的信息有可能被用于更精准地向用户投放广告。经过市场调查,欧盟委员会得出的结论是,考虑到在这种数据集中操作被提出时,很多谷歌的竞争者已经有能力获得这样的信息组合,谷歌与DoubleClick收集的数据组合不会给并购后的实体带来竞争优势。委员会特别提到了微软和雅虎,二者当时也都运营搜索引擎和提供广告服务。此外,委员会认为,竞争者可以从门户网站、其他大型网络出版商和网络服务供应商等第三方处购买数据。在此基础上,欧盟委员会确定,谷歌收购后的数据合并不会带来可能导致严重阻碍有效竞争的拒斥问题。

自谷歌收购DoubleClick之后,关于数据在竞争分析中的作用的辩论持续不断,并且在2014年脸书收购WhatsApp后再次引起众人的关注。欧盟委员会在未获得并购双方任何承诺的情况下批准了该并购。至于可能出现的和数据相关的竞争问题,欧盟委员会表示,收购WhatsApp并不会增加脸书可能获得的用于广告目的的数据量,因为在并购期间,WhatsApp并不收集对广告有价值的数据。委员会调查收集了有关数据集中可能会造成损害的观点,这些观点认为并购可能会增强脸书在线上广告市场中的影响力。在这方面,委员会认为,如果脸书将要在WhatsApp上引入精准广告或者开始收集WhatsApp的用户数据,目的是改进脸书的社交网络平台上精准广告的精确度,这场并购就不会引发竞争问题[1]。在委员会看来,脸书并购WhatsApp后,在精准广告的供应领域,会继续出现众多脸书之外的替代供应商,而且委员会认为对投放广告有价值的大量互联网用户数据并非归脸书独家控制。委员会还特别考虑了跟脸书同时收集用户数据的其他市场参与者,包括谷歌、苹果、亚马逊、易趣、微软、美国在线、雅虎、推特、国际汽车零部件集团(IAC)、领英、Adobe和美国最大点评网站Yelp。在此基础上,委员会得出结论,关于提供线上广告服务的市场,在与内部市场的相容性方面,脸书并购WhatsApp并不会引发严重问题。

◇**终端产品市场缺乏紧密竞争**

欧盟委员会在这两个并购案中的分析都受人诟病。尤其是在脸书收购WhatsApp案中,脸书将要为这场并购支付190亿美元,且超过10亿用户会受到影响,可欧盟委员会并没有启动深度并购调查[2]就无条件批准,这个操作让人大跌眼镜。尽管在与该并购案相关的决策中,欧盟委员会非常重视数据相关的竞争问题,但是他们似乎很快就得出了结论,认为这两次并购导致的数据集中并不会对各自所在的市场造成重大影响。在谷歌收购DoubleClick和脸书收购WhatsApp的案例中,欧盟委员会都没有对提供特定广告服务必需的信息类型进行详细分析。由于该委员会提到的一系列市场参与者据称都可以获得谷歌和脸书完成

---

[1] 2017年5月,因在并购调查中提供误导性信息,脸书被欧盟委员会处以1.1亿欧元的罚款。尽管脸书通知欧盟,它无法在脸书用户账户和WhatsApp用户账户之间建立可靠的自动匹配,但是WhatsApp在2016年8月宣布对其服务条款进行更新,包括可能会将WhatsApp用户的电话号码与脸书的用户身份建立关联。不过,给出误导性信息的事实并没有影响2014年该委员会对该并购案的批准,因为该决定是基于自动用户匹配以外的众多因素而做出的,而且当时委员会假设用户匹配的可能性,进行了一场"即使……也……"的评估。

[2] 根据《欧盟并购管制规范》(EU Merger Regulation)10(1)条款,委员会一般有共计25个工作日的时间来决定是否要批准(第一阶段)和启动深度调查(第二阶段)。脸书收购WhatsApp案在第一阶段就得到了无条件的许可。

各自并购后持有的类似信息,委员会似乎就简单地认为互联网参与者构建的数据集大体上都是可以替代的,却没有考虑这些企业提供的具体产品或服务。这种分析缺乏具体性的原因可能是在两个案子中都没有界定数据市场。

在两个并购案的决策中,欧盟委员会分别得出结论,谷歌与DoubleClick、脸书与WhatsApp在它们所提供的服务的相关市场都不能被视为竞争对手。在谷歌收购DoubleClick案中,欧盟委员会的市场调查指出,谷歌和DoubleClick对彼此的活动似乎并没有施加大的竞争性约束。因此,在消除实际竞争方面,该并购似乎不会明显阻碍有效竞争。虽然不能排除这种可能——如果没有这场并购,DoubleClick可能会在线上广告中介市场发展成为谷歌的一个有效竞争者。但在欧盟委员会看来,市场上还有足够数量的其他竞争者,因此在并购完成后,市场上依然还会保留充足的竞争压力。在此基础上,该委员会得出结论,避免DoubleClick成为潜在竞争者将不会对竞争产生不利影响。在脸书收购WhatsApp案中,欧盟委员会发现,脸书的即时通信工具Messenger与WhatsApp在消费者通信服务的消费市场中并不是竞争对手,且在这场收购交易完成后,在通信应用市场中,消费者仍有诸多选择。委员会并没有对社交网络服务的潜在市场和不断扩展的市场边界发表最终看法,却得出结论——考虑到Facebook和WhatsApp的功能和服务重点之间的差异,无论它们的确切市场边界是什么,它们暂时还没有构成竞争关系。

◇**市场界定要求数据间存在供求关系**

尽管就提供的终端产品或服务而言,在这两个案例中的相关市场参与者也许还未构成竞争关系,但是数据作为谷歌和脸书的产品和服务的输入,欧盟委员会本可以识别当前或未来与其相关的竞争限制。无论这些限制是否需要新的解决方法,这些问题都值得欧盟委员会进行评估,但他们并没有这样做。之所以出现这样的问题,是因为欧盟委员会依照严格的竞争法标准,市场界定需要相关市场中存在产品或服务的供求关系。由于在相关并购交易期间,谷歌和脸书都将数据仅用于它们的服务输入,没有将该资产与第三方进行交易,而竞争法原则要求只有在信息真正被交易时,才允许对数据市场进行界定和分析,因此在这样的情况下,委员会无法识别数据的任何供求关系。这意味着在搜索引擎、社交网络和电商平台等数字服务相关的市场,只要这些服务的提供商不向第三方出售或交易数据,市场就不能把数据视作对象。

在脸书和WhatsApp并购案的审查决策中,欧盟委员会甚至还明确说明,他们并没有调查与数据或数据分析服务的规定有关的任何可能的市场界定,因为参与并购的双方都没有在任何这样的潜在市场中活动。在并购的时候,脸书只使用其用户的信息来提供精准广告服务,并不向第三方出售用户数据,也不提供任何数据分析服务。WhatsApp并不收集可能对广告有价值的个人数据,而且用户通过WhatsApp发送的信息并不会保存在WhatsApp的服务中,而是仅保留在用户的移动设备或选择的云盘中。因此,欧盟委员会并没有理由来考虑个人数据潜在市场可能存在的问题。的确,如果遵循严格的竞争法原则,市场界定只能基于在线平台提供的服务。

◇分析潜在的数据市场

与此同时,值得注意的是,脸书和WhatsApp并购案无法界定数据供应的市场,这一事实并不能成为欧盟委员会不评估潜在的数据集中问题的理由。不过,通过界定潜在的数据市场,委员会本可以对并购案中数据集的组合或数据集中所引起的竞争问题进行更全面的分析。考虑到线上环境中的收购似乎越来越多地受到目标企业的基础数据集的驱动,从并购角度来说,这种分析称得上是值得给予鼓励的进展。在

2016年3月的一次演讲中,欧盟委员会专员韦斯塔格对这方面作了说明,指出一家企业要成为有吸引力的并购合作伙伴,并不一定要靠营业额:"有时候,重要的是它所拥有的资产。这些资产可以是客户群,甚至可以是数据集。"尽管欧盟委员会辩称"我们的检验足够灵活,可以被应用于'新经济'领域",但竞争法用于市场界定的静态方法存在的局限似乎阻碍了欧盟委员会在谷歌收购DoubleClick和脸书收购WhatsApp的决策中进行更具有前瞻性的评估。

鉴于上述原因,当时在两个案子中,欧盟委员会如果能对额外的相关数据市场进行界定和分析,那结果将会大有不同。虽然严格来说,当时并不存在数据的供应关系。除了为用户和广告商提供服务的实际相关市场外,通过界定潜在数据市场,竞争管理机构和法庭将能够考虑到潜在竞争形式。事实上,数字企业不仅在为用户和广告商提供具体服务的产品市场上展开竞争,而且还在可以改善这些服务品质、拓宽关联性的数据市场上展开竞争。从这点来说,数据还可以在识别可能的趋势和开发存在消费者需求的新产品中发挥作用。

正因如此,数据可能会影响未来市场的竞争。通过定义数据的相关市场,能够对数据在狭窄的产品、服务相关市场中的使用情况进行一个突破性的分析。

◇微软收购领英案中的决策演变

有意思的是,欧盟委员会在对微软收购领英案的决策中采取了一种更加具有前瞻性的方法。委员会调查并购案,担忧的竞争问题之一是并购后微软将可能把与线上广告相关的数据进行组合合并。并购双方分别持有的相关数据,用委员会的原话来说,包括"个人信息,例如使用其服务的用户个人的工作、工作经历、人脉关系、电子邮箱或其他联系方式、搜索记录等"。这次并购并没有极大地影响搜索或非搜索类线上广告服务的市场竞争,但委员会还是审查了这两家公司之前进行的数据集合并,并调查该数据集合并是否会引发市场内部的竞争问题。

假设这样的数据集合并是被相应的数据保护法允许的,欧盟委员会区分了数据集合并可能会引发横向问题的两种主要形式:

首先,委员会认为由并购导致的两个数据集的合并可能会"增加并购后的企业在相应市场中的支配力,或对该市场中的竞争对手的进入、发展形成障碍"。尽管该委员会之前在谷歌收购 DoubleClick 和脸书收购 WhatsApp 案中坚持采用竞争分析,严格限制现有产品和服务的相关市场,但在此明确提到,无论合并后的数据会被用于生产怎样特定的产品、服务,数据合并都可能致使竞争对手需要收集更大规模的数据集才能与并购后的企业进行有效竞争。其次,委员会明确表示,即使没有意图或可行的技术去合并两个数据集,但仍可能会存在这样的情况——并购前两家公司基于各自控制的数据互相竞争,而这种竞争将会被这场并购消除。

尽管欧盟委员会并没有解释这些观点背后的原因,但是这种更加积极主动的态度还是受到了人们的欢迎,因为这将使人们能够根据市场实际情况,对与数据相关的竞争问题进行更为可靠的分析。

不过,尽管欧盟委员会在此并购案中的决策进行了这样的演变,但委员会还是得出了与谷歌收购 DoubleClick 和脸书收购 WhatsApp 案一样的结论,也就是微软对领英的收购造成的数据合并不会引发与线上广告相关的内部市场的严重兼容性问题。委员会对这一点做了详细的说明,理由有三:

第一,微软和领英没有将它们的数据提供给第三方作为广告用途,除了非常有限的一些例外情况。第二,市场会继续产生大量的对广告用途有价值的互联网用户数据,而且这些数据并非由微软独家控制,所以微软和领英各自数据集的合并似乎不会对该领域的其他竞争对手形成准入或发展的障碍。第三,并购双方都是较小的市场参与者,彼此之间只在线上广告及其可能的细分市场进行有限的竞争。至此,欧盟委员会只笼统地提到了对广告用途有价值的余下数据的"广泛可得性"，却没有对实现这种目的所必需的数据类型进行更详细的分析，这使得其论证看起来依然非常肤浅。

◇在微软收购领英案中数据对机器学习的作用

不过，关于微软收购领英案，欧盟委员会对决策中提到的另外两个例证数据相关的竞争问题进行了更深入的分析。在客户关系管理软件解决方案（CRM）的背景下，委员会调查了并购后的实体是否有能力通过拒绝对领英完整数据的访问，来排除竞争供应商的存在。委员会得出的结论是：不会。因为对用于客户关系管理软件解决方案中的机器学习的数据整体可得性来说，这种拒绝访问的方案不可能造成负面影响。

首先，在任何潜在的相关上游市场中，领英似乎都没有举足轻重的支配地位，而在这个案例中提到的市场就等于是"为客户关系管理软件解决方案中的机器学习提供数据的假想市场或细分市场"。正如在关于线上广告的部分已经明确说明的那样，领英并不许可第三方使用其数据，即使是用于机器学习也不行。委员会还认为，欧洲数据保护法的适用范围将会对合并后的实体处理领英的完整数据的各种能力造成限制。关于这个方面，在委员会看来，于2018年5月25日开始实施的《通用数据保护条例》（General Data Protection Regulation）将会对微软进一步施加限制，即通过增强现有的权利，赋予个体对个人数据更多控制权。其次，委员会认为，领英的完整数据或其分集不具备条件，来充当客户关系管理软件解决方案中用于机器学习的重要输入，而且在接下来的两三年（在并购审查中通常会使用的时间范围）内也不可能具备这种资格。市场调查表明，所有客户关系管理的大供应商都已经开始基于机器学习，向其客户提供高级功能，或者打算在接下来的两三年内实现这一目标，而这些产品方案没有一个包含或要求访问领英的完整数据。即使在不远的将来,领英的完整数据或者其分集会被用于客户关系管理软件解决方案中的机器学习,它也只能充当用于该目的的众多数据类型中的一种。据欧盟委员会称,领英收集的数据是可用于机器学习的第三方数据来源之一,可能与一些行业领域的特定用例相关,但是不适用于其他领域。最后,委员会指出,目前已经存在很多可以用于机器学习的可选择来源。

关于数据在生产力软件解决方案的机器学习中的应用,委员会进行了类似的分析。委员会表示,在这个背景条件下,不管微软是否有动力来排除与其竞争的生产力软件供应商,它都没有能力通过减少其他方对领英数据的访问来实现这个排除目标,因为无论如何,它都无法对用于生产力软件解决方案中的机器学习的数据整体可得性造成负面影响。

第一,在任何潜在的相关上游市场中,领英似乎都没有举足轻重的支配地位,而在这个案例中提到的市场就等于是"为了用于生产力软件解决方案中的机器学习目的而提供数据的假想市场或细分市场"。正如委员会明确说明的那样,领英并不许可任何第三方使用其数据,也不打算许可第三方访问其完整数据或其分集,包括用于机器学习的目的。第二,委员会再次认为欧洲数据保护规范会限制微软获取领英的完整数据。第三,委员会认为,领英的完整数据或其分集不具备条件,来充当生产力软件解决方案中用于机器学习的重要输入,而且在接下来的两三年内也不可能具备这种资格。根据其内部文件判断,微软并没有制定计划来使用领英的完整数据,因此委员会认为,鉴于相关调查对象没有提出疑问,市场调查也没有进一步说明,领英数据在未来的生产力软件和机器学习功能中会变得更加重要,因此微软可能并没有动力来使用领英的整个数据集。而且,市场调查中的大部分调查对象,包括微软所在领域的主要竞争对手,都预计这场交易不会对它们的企业和提供生产力软件的市场有什么影响。

鉴于上述原因,委员会得出结论,并购后的实体可能没有能力通过不提供领英完整数据的访问权,来排除与其竞争的生产力软件竞争供应商。由于对领英完整数据访问权的任何潜在限制都不可能对消费者造成伤害,而且领英只是市场上为消费者提供有用见解的数据来源之一,委员会认为,这场交易不会引发对领英与生产力软件解决方案相关的内部市场的兼容性的严重质疑。

◇威瑞森收购雅虎案中采取的新策略

欧盟委员会对以往独立数据集的合并可能在多大程度上导致竞争问题的详细而具有前瞻性的分析,受到人们的欢迎,并将使数字市场的并购审查变得更加值得信赖。欧盟委员会在威瑞森收购雅虎案中再次指出,竞争问题可能会在以下两种情况中出现:(1)并购后两个数据集的合并使并购后的企业在供应该数据的假想市场中的支配力提高,或者增加了在该市场中竞争对手准入或发展的障碍;(2)即使没有意图或可行的技术去合并两个数据集,并购前两家公司也会基于各自控制的数据进行竞争。

因此,现在委员会似乎将这两种担忧作为相关的框架,用来评估并购审查中的数据集合问题。将该框架应用于审查分析威瑞森收购雅虎案后,委员会得出结论,在并购后可能会出现的双方数据合并不会引发与线上广告相关的内部市场的严重性兼容问题。第一,委员会指出,任何数据合并行为都只能通过并购后的企业在适用的数据保护法规允许的范围内进行。第二,委员会认为市场还会继续产生大量的对广告用途有价值的互联网用户数据,而且这些数据并非并购双方独家控制,所以数据集的合并不会对该领域的其他参与者的准入、发展形成障碍。第三,委员会认为,并购双方都被认定为是线上广告领域较小的市场参与者。第四,市场调查中大部分调查对象都表示,雅虎和威瑞森收集的数据不能被归类为"独一无二的"信息。一位客户甚至指出,他希望并购后的企业能够改善获取和利用数据进行精准线上广告投放的能力。
而这样的诉求,反过来也会提高该企业的竞争力,使其足以与更强大的
竞争对手抗衡。

表3.1 并购决策引发关于线上广告和数据分析的数据相关竞争的调查

案例名称与编号	决策日期	领域	数据相关的调查发现
谷歌收购 DoubleClick M.4731	2008年 3月11日	线上广告	数据集合并不会引发止赎问题,从而阻碍有效竞争
微软收购雅虎 M.5727	2010年 2月18日	互联网搜索和广告	并购有望让微软通过扩大规模,成为比谷歌更强大的竞争对手,从而增加互联网搜索和搜索广告领域的竞争力
西班牙电信英国公司 (Telefónica UK)、英国沃达丰 (Vodafone UK)、Everything Everywhere、JV M.6314	2012年 9月4日	数据分析 (以及其他)	关于消费者数据的合并,成立合资企业不可能严重阻碍有效竞争,因为多种其他市场参与者也可以获取类似的数据,并提供具有竞争性的数据分析服务
法国阳狮集团(Publicis)、奥姆尼康集团(Omnicom) M.7023	2014年 1月9日	广告	关于"大数据"是否会在不远的将来成为帮助广告商更好地将产品精准定位到线上消费者的关键因素这个问题,经过论证,在并购后还会存在足够数量的可选择供应商,因此在大数据方面不会造成严重质疑
脸书收购 WhatsApp M.7217	2014年 10月3日	消费者沟通,社交网络,线上广告	即使并购的实体打算开始收集和使用来自 WhatsApp 用户的数据来改进脸书社交媒体中的精准广告,这场并购也不会引发竞争担忧,因为到时候依然还存在大量对投放广告有价值的互联网用户数据,并且这些数据并非脸书独家控制
微软收购领英 M.8124	2016年 12月6日	个人电脑操作系统,生产力软件,客户关系管理软件解决方案,网络通信,线上广告 (以及其他)	数据合并不会引发线上广告方面的竞争担忧,原因是:第一,双方在并购前没有许可第三方使用它们的数据;第二,数据合并似乎并不会导致准入竞争的障碍,因为会继续产生大量对投放广告有价值的互联网用户数据,并且这些数据并非归微软独家控制;第三,并购双方都是较小的市场参与者,互相之间只在线上广告及可能的细分市场进行有限度的竞争
威瑞森收购雅虎 M.8180	2016年 12月21日	一般搜索,线上广告,数据分析,消费者通信(以及其他)	数据合并不会引发竞争担忧,因为相关的数据集不能被归类为独一无二的

◇**评估数据成为权力的潜能**

尽管在并购调查（见表3.1）中对数据相关的竞争担忧的评估已经发展到了允许对假想数据市场进行分析的程度,但是准确的分析依然要求这方面的评估能够识别当时的环境条件是否会让数据成为一种市场权力的形式,从而极大地阻碍内部市场的有效竞争。在这方面,欧盟委员会在线上环境的并购决策中经常用到的措辞依然存在问题,即"大量有广告价值的互联网用户数据并非由并购双方独家控制"。这种概括的说法没有通过对以下问题的分析来进一步论证:一般来说,来自互联网参与者的数据在多大程度上可以被当作替代并购后企业的合并数据集？出于这个原因,有必要让竞争监管机构确定,哪些因素可以准确地表明市场权力源自数据。为了在特定情况下充分认识到与数据相关的竞争问题,竞争管理机构应该做好准备,了解需要寻找、收集哪些方面的信息。

源于数据的市场权力指标

在过去几年里,众多国家的竞争管理机构都发布了报告,对数据在竞争法令与政策中的角色进行了审查。这些报告以及来自竞争管理机构官方的声明对于数据什么时候会发展成市场权力的问题具有很大的意义。

◇**数据的特征**

英国竞争和市场管理局（UK CMA）于2015年6月发表的报告《消费数据的商业应用》(The Commercial Use of Consumer Data)中,概述了数据的特征。第一个特征是,数据是一种具有竞争性的产品,这意味着同一个数据可能同时被多个人使用。某一个个体、组织收集特定信息的事实并不妨碍其他个体、组织收集到相似数据的可能性。例如,消费者会将自己的联系信息提供给众多商业公司。然而，人们应该记住，数据访问权可以被限制，要么通过采用技术或合同限制，要么凭借知识产权法索取对某个特定数据集的专有权[1]。而且，数据的价值一般不取决于收集的信息本身，而是取决于可以从中提取的知识。

第二个特征是数据收集、存储、处理和分析的成本结构，这往往会涉及相对较高的固定成本和较低的、可以忽略的边际成本。因此，在收集和处理更多不同类型的数据方面，现有企业可能比规模较小的新生企业更具有成本优势。这种规模经济和范围经济分别与现有数据的数量和种类有关，可能会成为市场准入壁垒。

第三个特征是收集和使用的数据类型的价值具有多样性。诸如一个人的姓名和出生日期，这样的信息具有持久的价值，且只需要收集一次，而其他数据类型的价值则较短暂，只在较短的时间内具有相关性。也比如个人的兴趣和偏好，这些都可能会随着时间而变化。在考虑是否可能会产生竞争担忧的时候，数据随着时间在什么程度上保持自身价值是一个相关因素。在这个方面，英国竞争和市场管理局行政长官亚历克斯·奇泽姆（Alex Chisholm）在2015年6月的一次演讲中声明："有些数据的价值会随着时间而流失，因此很难看出长期存在、难以匹敌的竞争优势如何得以保持。不过有些数据具有持续的价值，比如说拍卖网站上的消费交易记录，而且更容易看出对这种数据的控制会如何成为市场准入的壁垒。"同样，欧盟竞争事务专员韦斯塔格在这方面也称："利用很快就会过时的数据来建立强大的市场地位可能并不容易。因此我们需要研究数据的类型，看它是否能保持价值。"

---

[1] 企业可能尤其依赖版权、独特的数据保护和商业秘密法案来避免竞争对手接触它们的数据集。

◇**数据的可获得性**

　　法国竞争管理局和德国联邦卡特尔局在2016年5月发布的联合报告《竞争法和数据》（Competition Law and Data）中主张，在考虑数据是否有助于获得市场权力时，这些因素尤其相关：（1）数据的稀缺性、易复制性；（2）数据收集的规模和范围对竞争表现的重要性。虽然第二个因素与英国竞争和市场管理局已经提出的一个数据特征相对应，但是数据的稀缺性、易复制性还需要对数据的可获得性进行额外评估。韦斯塔格在辩论中也暗示了这个元素的相关性："我们还需要思考为什么竞争对手无法掌握同样优质的信息，是什么阻碍了它们从消费者那里收集同样的数据或从数据分析公司那里购买这些数据？"

　　在这种背景下，需要对可替代数据的实际可获得性和潜在可获得性加以区分。要评估实际可替代数据的可获得性，需要检查必需的数据是否能从市场上的第三方——例如数据代理商——那里获取。至于评估潜在可替代数据的可获得性，需要解决的问题是新进入市场者或潜在竞争对手是否有可能自行收集和复制相关数据，从而形成和市场现有企业的数据集规模相当的新数据集。

◇**数据和规模在机器学习中的作用**

　　除了上述考虑因素外，确定数据在企业获得市场支配地位的过程中具体扮演什么角色也很重要。在研究企业如何在特定市场中建立"统治地位"时，我们还需要考虑调查除能够获取大量多样化的数据集之外的其他因素。正如欧盟竞争总司司长雷顿伯格（Laitenberger）明确指出的，关于这方面的问题包括：一个产品的吸引力有多大程度取决于数据？数据转化成产品改良的难易程度如何？除了具有代表性的数据集外，要成功运作一项数字服务，还需要良好的工程资源和技术。在这个方面，数据与底层算法的交互也有相关性。

为了提高服务质量,算法需要持续不断地更新升级,并获得关于用户偏好变化的新信息。规模在机器学习的过程中起着重要作用。在微软收购雅虎的并购决策背景中,微软认为大规模搜索引擎可以运行改进算法的测试,并且随着流量增长,还可以进行更多更快的实验,因为实验流量占整个流量的比例会降低。拥有大量稳定回头客群体的市场现有企业会比新企业有优势,因为它们能够更快适应新的发展。即使潜在的竞争对手能够从数据代理商或其他市场参与者那里购买必需的数据,拥有稳定用户群的供应商也很有可能处于更新数据库的更有利地位,相比那些较小的参与者和新加入者可能拥有更大的竞争优势,因为后者在适应用户需求变化方面速度更慢。然而,这些问题需要经过实际的检验,才能得到印证。

◇**两个主要指标**

基于竞争管理机构到目前为止所进行的评估工作,一般有两个问题被认为足以说明数据对市场权力的贡献程度:(1)相关数据的价值,包括规模经济和范围经济的强度,以及该特定数据的本质在多大程度上是短暂的,因而随时间而贬值的程度;(2)可供选择的数据,通过市场第三方获取或直接从用户那里收集必要的数据。

所有这些不同因素之间的关联性也表明,必须根据具体情况评估数据对市场力量的贡献程度。我们很难一概而论,因为与数据相关的竞争优势或准入障碍在很大程度上取决于案例的具体条件。虽然在某些场景中,数据可能是生产的重要输入,无法轻易复制,但是在其他情况下,当数据无法专有,可替代的数据集在市场上已经存在时,分析结果可能会有所不同。

滥用霸权地位

如前文所述,在并购的背景下,数据集的组合如果会给有效竞争带来重大阻碍,那么造成的后果还是可以补救的。正如《欧盟并购条例》所明确指出的,需要考虑的主要因素是并购是否会导致产生或增强某一方的市场霸权地位。解决数据集中可能带来的负面效应的潜在方法之一是要求并购双方复制相关数据,使竞争对手能够在此基础上开发竞争或互补的服务。这种解决方法的先例出现在2008年汤姆森(Thomson)收购路透集团(Reuters)的案例中,当时欧盟委员会批准该并购的条件是,并购双方要放弃它们包含金融信息的数据集副本。前美国联邦贸易委员会委员帕米拉·琼斯·哈珀(Pamela Jones Harbour)在谷歌收购DoubleClick案中提出异议的声明中提出了一个可替代的解决方法,涉及在并购双方的数据集之间建立一个防火墙,并持续一段时间,以防止出现任何反竞争效应。

在并购背景之外,如果这种源自于数据的支配地位真的被滥用,违反了《欧洲联盟运作方式条约》(TFEU)的第102条,管理机构也只能基于竞争法来施加限制。一般来说,管理机构会对剥削性滥用和排他性滥用加以区分,前者会直接伤害消费者,后者则通过对占支配地位的公司的竞争对手造成影响来间接伤害消费者。在数字企业对数据的收集和使用中应用这两种滥用类型的划分方式,就可以区分可能出现的众多数据滥用行为。

◇剥削性滥用

关于对消费者的直接剥削,数据作为换取使用数字服务的机会,而其提供的对等物角色形成了确立权力滥用的主要基础。在实际中,消费者一般会面对接受或放弃不可沟通的报价,并且没有真正的选择权,只能任由供应商索取一定数量或类型的个人数据。个人数据的收集由此就作为一种不可或缺的货币,用来补偿供应商向消费者提供服务所花费的成本。由于个人数据在数字环境中的替代价格成为一种货币类型,剥削性滥用可能会涉及过度收集消费者的信息,而不只是对一件商品或一种服务收取的货币成本。于是就出现了怎样的个人数据收集才算过量的问题。这很难用客观、普遍的方式来衡量，因为每个消费者为了获得某项服务而愿意披露的信息不尽相同。

根据TFEU第102条，评估某种形式的数据收集是否过量的一种建议方法是将数据保护原则当作基准，以此来检测是否存在滥用行为。实际上，当时担任欧盟竞争委员会委员的阿尔穆尼亚在2012年已经提到这种可能性："单个占支配地位的公司当然有可能考虑违背隐私法，以获得比竞争对手更多的优势。"同样，欧洲数据保护主管布塔雷利在2015年的一次演讲中说道："我们应该为潜在的滥用支配地位的案例做好准备，它们可能还会涉及违反数据保护法规。"通过收集超出数据保护法规允许范围的数据，公司可以获得关于个人喜好的更多信息，并利用这些额外信息来进一步改进它的服务。

值得注意的是，德国联邦卡特尔局在2016年3月宣布启动对脸书的诉讼程序，理由是该公司涉嫌滥用在社交媒体类市场可能拥有的霸权地位。德国联邦卡特尔局尤其怀疑脸书的服务条款违反了数据保护法，因此也代表了将不平等的条款强加给用户的滥用行为。德国联邦卡特尔局认为，如果能够确定被指控的侵犯数据保护行为与脸书可能存在的支配地位之间存在联系的话，脸书使用的不合法条款也可以被视为违反竞争法的对支配地位的滥用。因此，德国联邦卡特尔局似乎是以数据保护法作为基准，来评估一家占霸权地位的公司的某些剥削性行为是否应该被视为反竞争行为。根据该案例的最终结果，在使用竞争法来避免占霸权地位的公司通过超出数据保护法规的允许范围收集和使用个人数据以剥削消费者方面，德国联邦卡特尔局可能会创立先例。

◇**排他性滥用**

在与数据相关的排他性滥用方面，可能出现的反竞争做法包括排他性合同、交叉使用数据集和拒绝竞争对手访问数据。排他性合同可能会被占支配地位的公司用来限制竞争对手收集数据。谷歌与第三方网站签订的为其提供搜索广告的协议被指控导致了实际排他性,因为其中要求这些网站从谷歌获得所有或大部分搜索广告,并且把提供搜索广告中介服务的竞争供应商排除在外。

　　交叉使用数据集涉及下面这种情况:占霸权地位的参与者使用在一个市场收集的数据以进入另一个市场。2014 年 9 月,法国竞争管理局正式通过了一项临时决策,在该决策中,他们发现法国燃气苏伊士集团通过使用它凭借过去的垄断地位所获取的客户档案,对其在天然气市场的霸权地位加以利用,以超出其公共服务职责范围之外的市场价格提供产品。与之类似,比利时竞争管理局在 2015 年 9 月对该国国家彩票局处以罚款,因为国家彩票局滥用了它在比利时公共彩票市场的合法垄断地位,在进入竞争性的体育博彩市场时,通过使用在这种背景下收集到的个人信息来推广新发布的产品。有意思的是,这些案例还对竞争各方数据库的可重复性进行了评估。据两个国家的竞争管理局所说,在这个方面需要回答的主要问题是,考虑到数据集的性质和规模,在合理的财政状况和合理的时间长度条件下,是否有可能复制这些数据集。我们也可以从中看出,数据在多大程度上会发展成市场权力。

　　除此之外,一家公司还可以通过拒绝竞争对手访问数据来滥用它的霸权地位。有一系列欧盟级别的案例法是用来评估这种拒绝交易行为的合法性的各种要求的。之前的案例有些与隧道和港口等实体基础设施相关,也有一些与受到知识产权保护的无形资产相关。在文献中,针对拒绝交易行为设立的竞争法责任需要满足的要求被称为“必需设施原则”。这种原则形成了欧盟竞争法非常重要又颇具争议的部分,因为它的应用会干扰订立合约和处置自有财产的自由。一旦拒绝交易行为符合滥用支配地位的定义,占支配地位的企业就会被迫与寻求访问权者进入商业关系,并不得不将资产分享给后者。因此,欧盟法庭始终认为，拒绝交易行为只有在"特殊情况下"才会被认为属于滥用性质。事实上，必需设施原则依照竞争法承担着最高的举证责任。拒绝交易行为需要满足以下要求才会被算作滥用霸权地位：访问要求的输入是必不可少的；拒绝行为排除了下游市场所有有效竞争的可能性；拒绝行为没有客观的正当理由。对于受到知识产权保护的资产，还可以适用额外的新产品要求，这意味着拒绝交易行为需要阻止寻求访问权者在存在潜在消费需求的市场引入一种新产品。由于数据具有一些区别于其他资产的特征，未来拒绝允许访问数据的行为可能需要按照必需设施原则进行不同的分析。

◇竞争法和霸权地位之外的政策措施

　　尽管竞争法是应对数字霸权的有力机制，但是必须要牢记，竞争法在处理反竞争行为时需要视不同案例的具体情况而定。通过推行规章制度才最能解决市场上潜在的滥用商业模式带来的问题①。在这种背景下，值得注意且具有启发意义的是，欧盟委员会在2017年1月关于"打造欧洲数据经济"的通讯稿中探索了在非个人数据领域可能出现的欧盟数据访问框架的发展情况。由于对大型多样化数据集的访问权是欧洲数据经济出现的一个主要驱动力，委员会旨在鼓励数据的交换和（再）利用。一些提议措施目前正在接受考察，包括建立一个强制共享数据的管理体制，以迫使市场参与者共享数据，这就超越了竞争法只能针对个案的局限性。

　　另一项值得提及的政策措施是欧盟委员会正在对线上平台环境中的企业对企业（B2B）行为活动进行实情调查的演练。根据欧盟委员会的通讯稿《线上平台和数字单个市场》，在这个环境中的利益相关者提

---

① 欧盟委员会前副主席阿尔穆尼亚曾说："当不公平或操纵控制性商业行为在一个市场中盛行，有损消费者和用户利益时，这个问题最好通过规章制度来解决。"

出的担忧包括平台拒绝其他方进入市场或者单方面修改市场准入条件，以及阻止其他方访问必需的商业数据。有鉴于此，欧盟委员会的目的在于考虑是否需要采取行动来处理超出竞争法适用范围的B2B关系的公平性问题。在这种情况下，已有的途径之一是在欧盟层面推行管理B2B关系公平性的法规。欧盟不公平交易法规，包括《不公平合同条款指令》和《不公平商业行为指令》，只适用于企业对消费者（B2C）的情况。在驱动欧洲数字经济的背景下，额外要求B2B关系中的公平性可能会受到欢迎，以处理市场现有企业与新加入者之间谈判能力不平等而导致数据访问权方面失衡的合同条款。

最后，数据保护法规不容忽视，至少在个人数据①被收集、使用或处理的情况下如此。正如德国联邦卡特尔局对脸书的调查显示，竞争和数据保护法规会相互影响，并且在合乎情理的方式下，可能会增强彼此的影响力。尽管如此，需要牢记在心的是，跟竞争法不同，数据保护与规模无关，也就是说，不管企业的市场地位、数据集或处理活动的规模如何，违反数据保护法规的行为都会对个人数据的利益造成同样的损害②。由于这两个方面引发担忧的原因不同，需要同时使用竞争法和数据保护法来加以处理。换句话说，为了充分保护个人在数字市场中的利益，竞争法需要强有力的数据保护法协同。

本章小结

从上述分析中可以得出结论，竞争法在原则上已经充分做好准备来解决由数字参与者对数据的收集、使用和处理导致的竞争担忧。竞

---

① 《通用数据保护条例》的4（1）条款将"个人数据"定义为"与已识别或可识别的自然人相关的任何信息"，并明确规定，"可识别的人是可以直接或间接识别的个体，尤其是通过参考姓名、识别号码、定位数据、线上标识符等标识符或该自然人的物理、生理、基因、精神、经济、文化或社会身份等一个或多个特定因素"。

② 《通用数据保护条例》的确会考虑某种处理形式的风险等级，在处理风险较高的案例时，会对控制者应用更详细的责任。

争管理机构已经做出大量努力来识别数据在数字市场的竞争过程中所起到的作用。尤其是欧盟委员会已经开始在并购审查中界定和分析数据的潜在市场,这个事实是一种受欢迎的进化发展。尽管对于数字市场中存在潜在问题的商业行为,最佳处理方式还未达成共识,但是基于目前已经调查过的竞争案例和已发布的报告,已经可以确定由数据导致的市场支配权力的大量指标:数据是否是一个产品取得成功的重要因素;从规模经济和范围经济的强度方面来说,利害攸关的数据的价值和数据的短暂特性;通过市场第三方获取或直接从用户那里收集必要的数据从而替代相关数据集的能力,即可替代数据的可获得性。不过,在实际中,要评估这些方面在特定市场中存在的程度并不容易。

在竞争法之外,是否应该推出规章制度来鼓励数据的交换和使用,这本质上是一个政策问题,需要在不同利益之间进行权衡取舍。虽然强制共享数据在短期内可能会给竞争带来有利影响,但是也应该对其长期影响加以考虑,以避免由于投资新创新型服务的动力减少而产生比例失调的负面影响。

很明显,竞争政策本身不可能解决数字市场中与数据收集、使用相关的所有问题。虽然由于强有力的执行机制,竞争法经常被看作解决这些问题最恰当的管理机制,但是它的局限性也应该纳入考虑。竞争法采取的是一种基于效果的经济方法,并且主要集中于处理经济效益的考虑因素。然而其他公众利益也与数字市场中出现的很多问题相关。正因如此,需要同时使用和执行其他管理机制,例如数据保护和消费者保护法规。因此,为了充分保护消费者免受数字市场的潜在危害,持续的分析、监控以及不同监管机构和政策制定者之间的对话是必不可少的。

第四章　亚马逊对反垄断法的挑战

莉娜·可汗(Lina M. Khan)

在亚马逊发展的最初几年,华尔街流传着一个笑话:亚马逊的首席执行官杰夫·贝索斯是在用纸牌搭建房子。(即这是一个不切实际的计划。)2000年,该公司已成立6年,却尚未盈利,并且持续亏损已达数百万美元,每个季度的亏损金额都比上个季度更高。尽管如此,一部分股东却依然认为,亚马逊把资金用于投放广告和大幅折扣,是在进行稳妥的投资,一旦电子商务开始兴旺发展,就会产生利润回报。该公司每个季度的财务报告都显示亏损,股价却持续上涨。一个新闻网站捕捉了这些截然不同的观点,以《亚马逊:是庞氏骗局还是网上沃尔玛?》为题提出疑问。

亚马逊成立16年时,没有人会再质疑它是21世纪的商业巨头。2015年,亚马逊收入达1070亿美元,而且自2013年起,它的销售额就已高于12家竞争对手的销售额总和。据估计,亚马逊现在在线上购物市场的份额达到46%,而且该份额的增长速度超过该领域的整体增长速度。除了经营零售业务之外,它还担任商业平台、物流网络、支付服务提供方、贷款提供方、拍卖行、图书出版商、电视电影制片方、时尚设计商、硬件制造商,以及领先的云服务器空间和计算能力供应商等多个角色。尽管亚马逊实现了惊人的成长速度——据说净销售额每年的增长百分比达到了两位数,它公布的利润却极为微薄,因为它选择了大胆投资。该公司在经营最初的7年内持续亏损,债务高达20亿美元。虽然现在它大部分时间都是盈利的[1],但是负收入的情况依然很常见。

尽管该公司过去利润微薄,投资者们还是积极提供支持:亚马逊的股价是稀释每股收益的900倍,这让它成了标准普尔500指数中最昂贵的一只股票。有记者报道称:"这家公司勉强维持着盈利,在扩张和免费送货方面耗费重资,并且对自己商业运营情况的公开透明程度极低。然而投资者们还是在它的股票上砸钱。"然而也有评论则说亚马逊"在估值方面独树一帜,绝无仅有"。

记者和金融分析师不断猜测亚马逊的深度投资和急剧亏损什么时候才能偿清,又会以哪种方式偿清。与此同时,消费者似乎普遍偏爱这家公司。接近半数的线上消费者会直接去亚马逊搜索商品,而且在2016年,独立研究公司声誉研究所(Reputation Institute)连续第三年将该公司评为"美国最有声誉的公司"。最近几年,有报道披露了亚马逊采取的激进式商业策略。例如,亚马逊将一次营销活动命名为"羚羊项目",这个策略是指亚马逊将会以"猎豹接近体弱羚羊的方式"来接近那些小出版商。类似这类信息加上其他报道引起了广泛关注,这也许是因为公众可以通过这些信息来初步了解亚马逊市场霸权地位的社会成本。该公司在2014年与法国阿歇特出版集团(Hachette)之间高度公开的争论同样引发了广泛的媒体关注和对话,在这场争论的商务谈判期间,亚马逊在其网站下架了该出版社的图书。

---

[1] 一定程度上由于亚马逊云服务的成功,亚马逊开始公布持续盈利。

　　亚马逊已经成了互联网经济的一个重要组成部分,有些人甚至开始担忧它的霸权地位——庞大的企业规模与服务范围——是否会对社会产生危害。但那些担忧的说法却令人困惑,"尽管亚马逊常常会降低图书价格,这似乎对消费者是件好事,但是最终却会损害消费者利益"。

　　在某种程度上,亚马逊的霸权地位稳定且不断提高的故事,也是我们的反垄断法不断变革的故事。由于美国芝加哥学派在20世纪七八十年代对法律思维和行为的影响,反垄断法现在在评估竞争时,主要着眼于消费者的短期利益,而不是生产商或市场整体的健康状况;反垄断原则也仅仅把较低的消费者价格当作合理竞争的证据。按照这个标准,亚马逊的表现尤为突出:它避开了政府的审查,这部分得益于它热衷于将商业策略和辞令的核心包装成为消费者降低价格。带着传教士般的对消费者的热忱,亚马逊一路唱着当代反垄断的论调,却向着垄断地位进发。

　　本章描述了亚马逊市场影响力的各个方面,尤其是追踪了亚马逊的增长来源,并分析了其霸权地位的潜在影响。这样做让我们可以了解该公司的商业策略,并阐明其结构和行为的反竞争方面。这种分析揭示了当前的反垄断框架,具体来说就是将竞争等同于"消费者福利",通常通过对价格和输出的短期影响来衡量,但这并不能体现21世纪市场支配力的架构。换句话说,如果我们主要通过价格和输出来评估竞争,就无法识别亚马逊的霸权地位对竞争造成的潜在危害。恰恰相反,关注这些指标会让我们对潜在危险视而不见。

　　要衡量21世纪市场中真正的竞争状况,尤其是线上平台的竞争状况,就需要分析市场的潜在结构和动态。这种方法不会将竞争与为数不多的输出项挂钩,而是会审查竞争过程本身。因为如果不考虑一家公司的结构及其在市场中担任的结构性作用,就无法完全理解该公司的市场影响力和该影响力的潜在反竞争本质。

芝加哥学派革命

在20世纪，在反垄断法规及对其的解释方面最为重大的变革之一就是经济结构主义的转变。从广义上来说，经济结构主义以集中的市场结构会促进反竞争行为的观点为基础。这种基于市场结构对竞争的理解也是整个20世纪60年代期间反垄断思想和政策的基础。

20世纪七八十年代，芝加哥学派对反垄断法的认知在主流社会赢得了认可和声望，他们的认知不同于过去的结构式观点。用美国联邦上诉法院法官、曾任芝加哥大学法学院教授的理查德·波斯纳（Richard Posner）的话来说，芝加哥学派立场的本质是"价格理论是看待反垄断问题的恰当视角"。

实际上，从结构主义转向价格理论对竞争分析产生了两方面的影响。一方面，它导致准入障碍的概念的范围明显缩小。按照芝加哥学派的说法，市场现有企业从规模经济、资本需求和产品差异中获得的优势并不构成准入障碍，因为这些因素被认为只反映了"生产和分销的客观技术需求"。

放弃结构主义产生的另一方面影响，是消费者价格成为评估竞争的主要指标。罗伯特·博克（Robert Bork）在其极具影响力的著作《反垄断悖论》（*The Antitrust Paradox*）中断言，反垄断的唯一规范目标应该是消费者福利最大化，而且最好通过提高经济效率来实现。芝加哥学派声称："掠夺性定价、纵向合并和搭售安排（几乎）从来没有减少消费者福利。"掠夺性定价和纵向合并都与分析亚马逊获取市场霸权地位的过程及其权力来源高度相关。

20世纪中期，针对掠夺性定价的法律接二连三地通过。立法机构将掠夺性定价视为高度资本化的公司用来迫使竞争对手破产从而破坏竞争的一种手段，换句话说，是它们用来集中控制的一种工具。禁止掠夺性定价的法律是更大规模的定价法规的一部分，目的是设法分配权力和机会。

　　自20世纪60年代开始,芝加哥学派的学者们批评称,掠夺性定价的法律和执法是误入歧途的。他们认为,掠夺性定价极少真正出现,政府经常打击降价行为,实则是在破坏竞争。随着这些学者的影响力增长,他们的想法影响了政府执法和最高法院的原则。在20世纪八九十年代的一系列案件中,最高法院宣布:"掠夺性定价方案极少被实施,更极少取得成功。"此外,最高法院还引进了一项法律标准,要求提出这些诉讼的原告能够证明其声称的掠夺性定价行为将会导致更高的价格,并且价格的提高足以补偿掠夺者在掠夺中的消耗——该要求现在被称为"补偿标准"。

　　在将补偿作为掠夺性定价分析的核心时,最高法院假设直接利润最大化是掠夺性定价的唯一目标。而且,确定了只有在掠夺性定价导致更高的价格时才会产生伤害的标准。最高法院采用了芝加哥学派对这种伤害(较高的价格)的解释:这是被指控的掠夺者通过提高之前打折商品的价格所造成的伤害。

　　如今,要想赢得掠夺性定价诉讼,原告需要展示被告将能够通过保持超竞争的价格来补偿自己的损失,这样才能满足补偿标准。自从最高法院引入这项补偿标准以来,原告提起诉讼并胜诉的案件数量急剧下降。

　　对纵向合并的分析同样放弃了结构性担忧。20世纪的大部分时间里,执法者都会使用与横向并购相同的标准来审查纵向合并。纵向合并的评论者主要集中支持两种潜在伤害理论:杠杆作用和拒斥。杠杆作用反映了这样一种观点:一家公司可以利用它在一条业务线的霸权地位,在另一条业务线建立霸权地位。与此同时,拒斥则发生在一家公司利用一条业务线,来让另一条业务线的竞争对手处于劣势的情况下。

　　芝加哥学派认为,关于杠杆作用和拒斥的担忧都是被误导而产生的。博克争论说,纵向合并反垄断法对纵向合并的厌恶不合逻辑,"反对纵向合并的法律只是一种反对创造效率的法律"。里根当选总统后，这种对纵向合并的观点变成了国家政策。在1982年和1984年，美国司法部(DOJ)和联邦贸易委员会发布了新的合并指南，概括说明了政府官员在审查横向交易时会使用的框架。新的指南缩小了政府机构对纵向合并提出质疑的情况范围。尽管继任的政府都在继续对纵向合并进行审查，但是芝加哥学派始终认为这些交易一般不会对竞争造成威胁。

亚马逊的商业策略

作为一个线上平台，亚马逊已经确立了其在该市场的霸权地位①，这得益于其商业策略中的两个因素：愿意接受持续亏损，并以牺牲利润为代价积极进行投资；以及跨多条业务线进行合并。亚马逊的这些商业策略分别具有重要意义，并且紧密相连。亚马逊之所以能将其业务扩展到这么多领域，方法之一就是放弃利润。这种以牺牲短期回报为代价来追求市场份额的策略与芝加哥学派对市场参与者追求利润的理性假设相悖。更重要的是，亚马逊追求严重亏损和跨领域合并的选择表明，为了完全理解该公司的运营理念及其累积的结构性市场影响力，我们必须将其看作一个整合后的实体。如果通过单独评估其某条业务线的价格来估计该公司的市场地位，将无法捕捉两个方面的情况：(1)其市场霸权地位的真正形态；(2)该公司能够采取什么方式，来利用在一个领域获得的优势去增强在另一个领域的业务。

◇放弃短期回报来获取长期霸权地位

近来，亚马逊的财务报表持续盈利，这主要归功于亚马逊云服务业务的成功。该公司在北美地区的销售利润极为微薄，全球零售业务依

---

① 在这里使用"霸权地位"是暗示该公司掌握了一个市场领域活动的重大份额，并不是"霸权地位"所包含的法律意义。

然处于亏损状态。不过在其经营的20年间,亏损是常态。2013年一年中,亚马逊只在一半的财务报告季度中取得了净利润。即使是在摆脱亏损的那些季度中,虽然利润增长惊人,但是其整体盈利依旧甚微。

跟亚马逊对创造利润兴致索然一样引人注目的,是投资者们对该公司的支持。尽管亚马逊总是亏损,股东们却还是继续投资。通常情况下,亚马逊的财务报告都会显示亏损,而它的股价却会持续飙升。正如一位分析员告诉《纽约时报》记者的那样:"亚马逊的股价似乎跟它的实际市场经历在任何方面都不相关。"

分析员和记者们挥洒了大量笔墨,试图解释这种现象。一位评论员在一篇广为流传的帖子中开玩笑说:"我可以说,亚马逊是一家由投资社区的成员运营的慈善组织,目标是为消费者谋取利益。"

在一定程度上,这些困惑都是徒劳无用的:亚马逊的发展轨迹反映了贝索斯从创立之初就阐述过的经营理念。在写给股东们的第一封信中,贝索斯写道:

> 我们认为,衡量成功的根本方式是我们所长期创造的股东价值。这种价值将会成为我们巩固和拓展当前的市场领导地位后产生的成果……首先按照最能表现我们市场领导地位的指标——客户和利润增长,客户从我们这里重复购买的概率,以及我们的品牌实力——来进行自我衡量。随着我们不断发展和致力于打造一个拥有永久特许权的商业机构,我们已经投入了大量成本,并且还将继续投入,以扩大和充分利用我们的客户群、品牌和基础设施。

换句话说,亚马逊商业模式的首要目标是打造规模。为了实现规模,该公司总是优先考虑增长规模的策略。在这种方式下,积极投资非常关键,即使这种方式包括大幅度降价或者花费数十亿美元来扩大产能,从而成为消费者的"一站式"商店。这种方法意味着亚马逊"做决策和权衡交易的方式可能会跟其他公司不一样",贝索斯提醒道,"在这个阶段,我们选择优先考虑规模增长,因为我们认为,规模是实现我们的商业模式潜力的核心"。

贝索斯反复强调"市场领导地位"就预示着亚马逊想要获得市场霸权地位的雄心。而且,从很多评估角度来说,亚马逊都取得了成功。其利润的同比增长率远远超过其他线上零售商。虽然大卖场型竞争对手,诸如沃尔玛、西尔斯和梅西百货,都在努力增强它们的线上运营能力,但是没有一个竞争对手成功从亚马逊手里夺回过市场份额。

亚马逊打造巨大优势的主要方式之一是亚马逊高级会员服务,这是该公司的客户忠诚计划,亚马逊对其进行了积极投资。自2005年开始,亚马逊推出高级会员计划,以79美元的年费为美国消费者提供不限次数的两天送达服务。在接下来几年,亚马逊还捆绑了其他交易和额外待遇,例如租借电子书和播放音乐与视频,以及一小时或当天送达服务。这个计划可以说是其零售业务最大的增长动力①。亚马逊并没有披露其美国高级会员的订阅人数,但是相关分析员认为,其用户数量已经超过了6300万,比2015年多出1900万。2011年到2013年期间,会员人数翻倍。据估计,到2020年,美国一半家庭可能都会加入亚马逊高级会员。

跟亚马逊经营的其他项目一样,亚马逊在高级会员项目中用亏损来获取消费者的认可。2011年,据估计,亚马逊一年在每一个高级会员身上至少花费90美元——运费55美元,数字视频35美元,却只能在每位高级会员身上赚得79美元,即每年在每个消费者身上亏损11美元。一位亚马逊专家计算得出,亚马逊每年在高级会员身上亏损的金额为10亿~20亿美元。考虑到作为加快高级会员运送速度计划的一部分,

---

① 它也是促进亚马逊股价上涨的一个主要动力。

在仓库、运送设施方面进行的大量投资，亚马逊高级会员计划的整个成本要比前面的数字高得多——这些支出经常会让它处于财政赤字状态。

尽管存在这些亏损——或者可能正是因为有这些亏损，人们认为高级会员计划对亚马逊作为线上零售商的增长至关重要。据分析员称，在成为高级会员后，消费者会增加对亚马逊的产品、服务的购买数量。亚马逊高级会员人数占亚马逊美国购物者总数的47%，高级会员在亚马逊网上购物平台的消费金额也更多，平均一年花费1500美元，非高级会员的消费者平均一年花费625美元。高级会员的免运费服务减去了消费者在线购物最主要的负担。而且，高级会员的年费促使消费者增加在亚马逊的购买数量，从而最大化亚马逊的投资回报率。

结果是，亚马逊高级会员用户越来越喜欢在这个平台上购物。63%的亚马逊高级会员会在浏览一次页面后就迅速做出购买决定，与之形成对比的是，非高级会员中这种行为的比例是13%。沃尔玛和塔吉特（美国百货公司）的这个比例分别是5%和2%。一项研究发现，不到1%的亚马逊高级会员会在做出购买决策前，考虑浏览其他零售网站。而在购买行为发生前，徘徊于亚马逊和塔吉特之间的非高级会员人数比例是亚马逊高级会员的8倍。一位在亚马逊高级会员团队工作的前员工表示："这从来就不是79美元会费的问题。这其实是在改变人们的思想状态，因为这样做，用户就不会去别的地方购物了。"亚马逊高级会员计划似乎是成功之举。

2014年，亚马逊将高级会员年费涨到了99美元。这一举动激起了一些消费者的不满，不过在接受调查的高级会员中，有95%的人表示，他们绝对会或者很有可能会延长他们的会员期限，这表明亚马逊已经建立了显著的接受度，而且目前没有竞争对手能够以更低的价格来提供同等价值的服务。不过，这也揭示了在线购物模式普遍的用户黏度情况。尽管线上服务的竞争对手也许看起来"一键即达"，但是从行为趋势中提取的研究结果表明,改变网络服务的"转换成本"实际上可能相当高。

毫无疑问,亚马逊的市场霸权地位一部分来源于它作为大规模电子商务领域先行者的优势。但是在一些关键点上,亚马逊是通过超大力度的降价和大举投资发展运营,来获得其现有市场地位的,而这两种做法都以利润为代价。亚马逊愿意放弃利润来获得发展的这一事实,削弱了当代掠夺性定价原则的一个核心前提,那就是假设掠夺行为是不合逻辑的,这个假设的原因是公司会认为利润优先于规模发展。通过这种方式,亚马逊的策略让其得以采取掠夺性定价战术,却不会引发掠夺性定价法律的审查。

亚马逊策略的另一个重要特点——也是一定程度上让它在公布财务亏损的同时,却又能蓬勃发展的因素,即积极扩展多条业务线。如上文所述,除了经营零售业务之外,亚马逊还是商业平台、物流网络、支付服务提供方、贷款提供方、拍卖行、图书出版商、电视电影制片方、时尚设计商、硬件制造商,以及领先的云服务器空间和计算能力供应商。在大多数情况下,亚马逊都是通过并购现有公司来扩展到这些领域的。

涉足多条相关业务线意味着在很多情况下,亚马逊的竞争对手也是它的客户。例如,与它在商品销售领域竞争的零售商可能要使用它的物流配送服务,与它在内容生产和营销领域竞争的媒体公司可能也会使用它的平台或云架构。在基本层面上,考虑到亚马逊的定位是更偏袒自己的产品,而不是竞争对手的产品,那么这种安排就会造成利益冲突。

最关键的是,亚马逊不仅整合了精选的业务线,还成了互联网经济的中央架构。研究报告表明,这从一开始就是贝索斯构想的公司发展愿景的一方面。据一些亚马逊早期员工称,当首席执行官创建这个公司时,"他的根本目标并不是打造一个线上书店或线上零售商,而是一项将会对商务来说必不可少的'公用事业'"。换句话说,贝索斯的目标客户并不仅仅是终端消费者,还有其他商业。

亚马逊控制着互联网经济核心关键的基础架构,它所采取的方式是新的市场参与者难以复制或与之匹敌的。这给该公司带来了超越其竞争对手的优势:亚马逊的竞争对手变得开始依赖它。如同亚马逊甘愿保持亏损的策略一样,这种做法的影响力也极大扰乱了当代反垄断分析,因为后者认为,理智的公司会设法将竞争对手赶出商业领域。但亚马逊的策略更为复杂,通过让自己成为电子商务不可或缺的参与者,亚马逊乐于接收竞争对手的业务订单,甚至是在双方进行竞争的时候。而且,作为服务提供商,亚马逊会从这些竞争对手那里收集信息,从而用来获得超出竞争对手的更大优势,进一步巩固自己的市场霸权地位。

建立结构性霸权地位

亚马逊现在控制了美国整个电子商业领域46%的市场份额。它不仅是发展最迅速的大型零售商,而且发展速度超过电子商务市场整体的发展速度。2010年,该公司员工总数为33700人;到2016年6月,这个数字已经增长为268900人。即使在那些刚刚进驻的行业,它也能迅速取得成功。例如,该公司"有望在接下来五年内,将其在美国服装市场的份额翻三倍"。该公司的服装销售额增长了11亿美元,即使同一时期,美国六大百货公司的线上销售额下降超过5亿美元[①]。

这些数据本身就已经令人畏惧,但是并不能表现亚马逊的市场地位和影响力的全貌。亚马逊甘愿持续亏损,以利润为代价积极进行投资,加上它在各个领域之间的整合,使得它能够在市场建立结构性霸权地位。

在接下来的部分,几个关于亚马逊管理方法的例子将会说明该公

---

① 该公司的服装销售额超过其五个最大的线上服装竞争对手的线上销售额总和。
竞争对手为:梅西百货、诺德斯特龙(Nordstrom)、科尔士百货(Kohl's)、盖璞(Gap)以及维多利亚的秘密的母公司。

司如何建立结构性霸权地位。第一个例子聚焦于掠夺性定价。其他例子,包括亚马逊的成就和亚马逊市场,展示了亚马逊如何成为实物配送和电子商务两方面的基础架构公司,以及这种纵向合并如何牵连到市场竞争。这些案例突出了亚马逊如何利用基础架构供应商的身份来惠及其他业务线。这些例子还展示了高准入障碍如何让潜在竞争者难以进入这些领域,从而锁定亚马逊在可预见的未来的霸权地位。这些都让人担心,当代反垄断行动是否能意识到并解决亚马逊和其他占霸权地位的线上平台带来的反竞争威胁。

◇**歧视性定价和收费**

按照当前的原则,低于成本的定价是否属于掠夺性定价,取决于该公司是否会补偿它遭受的损失。因此,本节的以下内容审查了亚马逊是否能够利用它的霸权地位,采取当前原则无法识别的更复杂的方式来弥补它所遭受的损失。

很明显,亚马逊可以通过提高特定电子书类型或所有电子书的价格,从畅销电子书中赚回它产生的亏损。不过,对亚马逊实施补偿分析尤其富有挑战性,因为亚马逊在何时提价、价格涨幅是多少,这些信息并不容易获取。

电子商务让亚马逊至少可以采取两种方式来模糊价格上涨:快速、频繁的价格波动和个性化定价①。频繁的价格波动会削弱我们分辨价格趋势的能力。一份报告显示,亚马逊每天改变价格超过250万次。亚马逊还能针对单个消费者来调整价格,这被称为一级价格歧视。目前还没有公开的证据来证明亚马逊正在进行个性化定价②,但是在线零售商一般都会投入大量资源来分析如何实施个性化定价。例如,2014

---

① 一些新闻记者跟踪了电子商务中价格歧视的例子。
② 不过近几年的报告的确暗示亚马逊通过操纵价格展示方式来偏袒自有产品。

年美国零售联合会年会的一个主要议题,就是如何推行歧视性定价①,同时又不会引起消费者的抵制。会上讨论的一种机制,就是在销售时提供高度个性化的优惠券,这样就不需要向消费者展示不同价格,但是依然还能实现歧视性定价。

如果包括亚马逊在内的零售商在广泛范围内实施歧视性定价的话,每个消费者都会受制于各自的价格轨迹,这样就不必统一定价。在那种情况下,我们将会如何评估通过价格上涨来实现补偿分析的目的,目前还不清楚。还没有明显的结论来确定,是否会有一些消费者面对较高的价格,而另外一些消费者享受较低的价格。但是考虑到亚马逊已经从数百万用户那里所收集数据的数量级和精确度,个性定制型定价并非只是一种假想的支配力。

的确,实体商店也会收集消费者购买习惯的数据,并发送个性化的优惠券。但是互联网公司能够获取的消费者行为——你的鼠标在某个物品上停留的时长,在你下单购买之前某个物品在你的购物车中停留的天数,或者在通过搜索引擎寻找同款物品之前你浏览了哪些时尚博客——还属于未知领域。一家公司能够定制和个性化线上购物体验的程度,在性质上不同于实体商店,这正是因为线上公司能够跟踪的消费者行为类型要细致、微妙得多。而且不像在实体商店,所有人至少看到的是同一个价格,即使他们还会得到折扣。互联网零售使得各个公司可以完全个性化消费者的体验,这消除了判断价格上涨或下降的任何共同基准。

亚马逊会选择在哪个产品市场提高价格呢?这是一个开放式问题,而且是一个目前的掠夺性价格原则所忽视的问题。法庭一般假设

① 译者注:歧视性定价就是以不同价格向不同顾客出售同一种物品的经营方法,对搜寻成本或支付意愿不同的消费者索取不同的价格,从而最大限度地将统一价格下的消费者剩余转化为生产者剩余。这种策略服务于整个信息商品市场,可以使供应商获得尽量多的消费者剩余价值,保证收回成本与实现利润最大化。

一家公司会通过提高它之前赔钱出售的同一商品的价格来补偿亏损。但是跨市场补偿也是一种可取的策略,尤其是对于像亚马逊这样拥有多样化产品和服务的公司来说。虽然亚马逊可能通过对实体书涨价来补偿最初在电子书上的亏损,但是这种跨市场的补偿并不是执法者或法官会考虑的一般情况。形成这种忽视的一个可能原因是芝加哥学派的研究,他们认为在单一产品的市场不可能出现补偿,并且认为这在多个产品的市场中也难以实现。

虽然目前的掠夺性定价原则只关注通过提高价格进行补偿的情况,但是亚马逊也可以通过对出版商收取更高的费用来补偿亏损。一些大型连锁零售书店长期以来利用它们的市场霸权地位向出版商收费,来提供更有利的产品广告位,例如在店面橱窗或显眼的桌子上陈列图书。亚马逊在电子书市场的霸权地位让它得以对最基本的服务也收取类似的费用。例如,亚马逊在2014年与法国阿歇特出版集团续签合同时,要求对方为预购按钮、个性化推荐和分派给该出版商的一名亚马逊员工等服务支付费用。据一位参与该谈判的人说,"亚马逊对我们所说的标准服务非常具有创造性……他们梳理了所有层面的服务,然后说'如果你想要那种服务,你就得付钱'"。亚马逊通过对之前提供的免费服务提出收费要求,创造了另一个收入来源。亚马逊可以通过提出这些要求,来补偿它在低于成本定价中持续产生的亏损,这种做法归因于其市场霸权地位,而这种地位在一定意义上来说,同样是通过低于成本的定价建立起来的。亚马逊通过自身纵向合并进入图书出版业,因此可以推广自己的内容,这个事实可能给它带来了提高费用的额外优势。任何出版商如果拒绝支付费用,就可能会看到亚马逊偏袒自己公司的图书,而不是该出版商的图书。在亚马逊Kindle电子书的畅销图书排行榜中,半数都是自家图书,这种现象屡见不鲜。

虽然未能在目前的反垄断原则中有所反映,但是亚马逊给出版商带来的压力值得关注。首先,图书销售商之间的整合——部分原因是受到了亚马逊的定价策略和对出版商要求更优惠条款的刺激——也促进了出版商之间的整合。上一个出版商整合的全盛时期是在 20 世纪 90 年代,当时各个出版社寻求策略来发展壮大,以应对 Borders 和 Barnes & Noble 等大型书店日益增长的影响,到了 21 世纪初,该行业在美国稳定在"六大巨头"的状态。这种趋势让作者和读者都付出了代价,导致作者进入市场的途径更少,读者则面对多样性降低的市场。自从亚马逊崛起之后,大出版商进一步合并,减少到了五大巨头,并且有传言说还会出现更多整合。

其次,与亚马逊合作的成本日益增加,这颠覆了出版商的商业模式,进一步造成了多样性降低的风险。按照惯例,出版社会采取交叉补贴的模式,用畅销图书来补贴需要更多前期投资、风险更大的重要图书。面对亚马逊开出的更高费用,出版商说他们没有能力再投资各种形式的图书。在最近司法部收到的一封信中,一群作者写道:亚马逊的行为已经"从图书行业中抽取了重要资源,其采取的方式会降低图书的多样性和质量"。这些作者指出,出版商通过减少图书的数量并专注于名人和畅销书作者的作品,来应对亚马逊提出的收费要求。这些作者还指出,"呈现给读者们的独特、离奇古怪、另类或具有政治风险的想法的图书变少了,来自新作者或不知名作者的图书也变少了。这个现象会让美国的思想市场陷入贫瘠状态"。

按照芝加哥学派之前的观点,应该很容易就能辨认得出,亚马逊的这种行为是一种威胁。按照 20 世纪初期和中期的法律体系,对图书市场的思想多样性和活力造成损害,可能会成为政府干预的首要依据。与亚马逊的市场霸权地位相关的政治风险也意味着,这将会激发对反垄断法律的一些重大担忧。例如,亚马逊可能会打击报复它不喜欢、不赞成的那些图书,要么通过对出版商施加更大的压力,要么出于其他原因,这种风险引发了关于媒体自由的担忧。考虑到反垄断管理机构之前将言论和思想的多样性作为分析因素之一,亚马逊对这些多样性的控制程度应该也会引发担忧。

即使是在更为狭窄的"消费者福利"框架中,亚马逊试图通过对出版商收取费用来补偿损失的行为也应该被理解为有害行为。市场为读者提供的选择数量和多样性变少,这就相当于是一种伤害形式。美国司法部门在针对苹果公司和供应商的诉讼中忽略这一现象的事实表明,其对掠夺性定价的理解忽略了亚马逊的行为可能会带来的一系列伤害。

亚马逊在电子书市场低于成本的定价让它得以获得该市场65%的份额[①],无论以什么标准来衡量,这都是相当大的份额。这种定价方式在很多方面都是对掠夺性定价原则的滥用。首先,亚马逊的定位是通过提高不太受欢迎或者鲜为人知的电子书的价格,或者提高纸质书的价格,来补偿它的亏损。在这两种情况下,亚马逊都会在持续损失的最初市场(畅销电子书)之外获得补偿,因此法庭不太可能会发现或考虑这些情况。此外,频繁制造价格波动以及价格歧视的能力也让亚马逊可以提高价格,并且几乎让人无法察觉。最后,亚马逊还可以通过从出版商那里索取更多费用来补偿自己的亏损,因为后者需要依靠亚马逊的平台来推销其电子书和纸质书。虽然这可能会降低出版作品的质量和数量,但是由于这种情况最直接损害的是供应商一方(亚马逊),而不是买家一方(出版商)的利益,因此现代法庭不太可能会仔细考虑这一问题。当前的掠夺性定价框架未能体现亚马逊的经营策略对图书市场造成的伤害。

◇**亚马逊物流配送服务及亚马逊在其他行业的霸权地位**

亚马逊甘愿持续亏损的策略让它可以进行低于成本的定价活动,

---

① 在其市场份额的鼎盛时期,这个数字曾经接近90%。当苹果公司进入该市场后,亚马逊的市场份额略有下降,然后稳定在65%左右。

从而建立线上零售商的霸权地位。亚马逊已经将它作为线上零售商的霸权地位转化成在物流行业的议价能力,利用这种霸权地位从第三方快递公司获得优惠条件。这反过来又让亚马逊得以通过打造亚马逊物块流配送服务和建立自己的实物配送能力,来提高自己相对于其他零售商的霸权地位。这展示了一家公司可以如何利用自己占主导地位的平台,来成功融入其他行业,打造反竞争动态。零售竞争对手只剩下两个它们并不想要的选择:试图在劣势地位跟亚马逊竞争,或依赖这个竞争对手来解决物流和配送问题。

随着亚马逊在电子商务领域市场份额的增加,它也扩大了整个电子商务行业的规模,并开始占据快递公司业务的更大份额。例如,2015年,美国UPS快递公司单单从亚马逊那里就得到了价值10亿美元的订单。亚马逊在这些公司业务收入中的占比不断增加,给亚马逊带来了在谈判中获得更低价格的议价能力。据估计,亚马逊享受比常规配送价格优惠70%的折扣。快递公司会通过提高向独立卖家收取的价格来弥补它们给亚马逊提供的折扣,这种现象最近被称为"水床效应"。就像学者描述的那样:

> 水床效应的存在可以进一步扭曲竞争,给强大的买家带来双重优势,也就是说,自己获得更有利的条件,并给竞争对手带来更高的购买成本。接下来,对强大的买家来说算是良性循环的趋势最终会导致较弱的竞争者的恶性循环。

亚马逊在这个双重优势上又添加了第三项额外优势:将竞争对手的劣势转变为自己的商业机会。2006年,亚马逊开始经营自己的物流配送(FBA),这是一项面向独立卖家的服务。签约FBA服务的商家把他们的产品存放在亚马逊的仓库里,然后亚马逊会为他们所有的订单提供打包、运送和客户服务。通过FBA售出的所有商品都可获得亚马逊高级会员的服务,也就是免费两天送达或免费普通送达,根据订单而定。由于很多亚马逊平台上的商家在跟亚马逊的自由零售运营及其高级会员服务竞争,使用FBA给这些卖家提供了减少劣势、进行竞争的机会。

值得注意的是,一部分原因是独立卖家面对的UPS和联邦快递(FedEx)费用较高——亚马逊的霸权地位造成的结果,亚马逊才得以将卖家导向自己带有风险的新事业。在很多情况下,亚马逊的订单依然是由UPS和联邦快递运送和投递的,因为亚马逊依赖这些公司。但是由于亚马逊确保其他卖家得不到那些折扣,对那些卖家来说,通过亚马逊发货要比直接使用UPS和联邦快递更便宜。亚马逊利用它在零售行业的霸权地位,创造并巩固了它在物流行业具有风险的新事业,让自己介入了竞争对手的业务中。

亚马逊通过打造一个物流帝国,并跟进这个最初的业务尝试,最终发展出了自己的物流配送服务。建造实体储存容量让亚马逊得以进一步缩短配送时间,让市场准入标准变得更高。而且,正是该公司积极投资的能力,才使得它可以迅速建立一个广泛的实体基础设施网络。自2010年以来,亚马逊已经在建造仓库方面花费了139亿美元,而且在2015年,仅运送费用就达115亿美元。亚马逊已经启用180多个仓库、28个货物集散中心、59个为当地快递公司提供包裹的配送站点,以及65个以上的一小时送达枢纽。据估计,亚马逊各个运营中心的覆盖范围为:距离31%的美国人不到20英里,距离其60%的当日达核心基地不到20英里。这个不断蔓延的运营中心网络——每一个都位于主要大城市或附近——让亚马逊有能力在一些地区提供一小时送达服务,并在另外一些地区提供当日达服务(这是它为亚马逊高级会员免费提供的一项服务)。虽然一开始有一些竞争对手进入了配送市场,想跟亚马逊展开竞争,但是现在其中一些已经在退出竞争。正如一位分析师指出的:"Prime极其难以被竞争对手复制。"

最近,亚马逊还把业务拓展到了货车行业。2015年12月,该公司宣布计划生产数千台冠名的大货车,该举动将会为该公司带来递送方面的更多控制权,因为它正在寻求加快将商品运送到消费者手中的速度的方法。亚马逊现在拥有4000辆拖挂式卡车,并且签订了集装箱船、飞机和无人机的合同。截至2016年10月,亚马逊已经租赁了至少40架喷气式飞机。前雇员说亚马逊的长期目标是,完全绕过UPS和联邦快递。尽管亚马逊声称,它只是希望能够减少对这些公司的依赖,而不是要取代它们。

亚马逊利用其在线零售商的霸权地位纵向融入物流行业的方式,在一些方面具有借鉴意义。第一,它是一家公司如何利用自己在一个领域的霸权地位来让单独的业务线受益的典型范例。当然,这种方式从本质上来说并不是反竞争的。不过,在亚马逊的案例中应当引起关注的是,亚马逊能够取得这些跨行业优势,部分原因是它的议价能力。由于亚马逊能够要求联邦快递和UPS提供很高的折扣,其他卖家就面临着这些快递公司的涨价要求,这有利于亚马逊争取这些卖家成为自己新业务的客户。由于忽略了议价能力这样的结构性因素,现代反垄断原则无法解决竞争市场中的这类威胁。

第二,亚马逊已具备利用其霸权地位,在线上零售和物流行业之间采取捆绑等具有排他性的方式,造成准入障碍的能力。亚马逊对物流行业的影响反过来引起了零售行业的反竞争挑战。例如,使用FBA服务的卖家比那些不使用该服务的卖家更有可能出现在亚马逊搜索结果列表靠前的位置,这意味着亚马逊将使用其零售平台的卖家获得的成果与他们是否同时使用它的递送服务捆绑在一起。亚马逊还定位于利用它的物流基础设施来更快地递送自己的零售产品,而不是那些使用其平台和配送服务的独立卖家,这种形式的歧视展示了关于纵向合并的传统担忧。而且亚马逊承受亏损的能力和广阔的物流容量意味着,它既可以给自己的产品特别优待,同时能向独立卖家提供比直接使用

UPS 和联邦快递更便宜、更快捷的商品递送服务。

与之相关的是,亚马逊向物流行业的扩张也引发了对芝加哥学派关于准入障碍的有限理解的质疑。该公司承受亏损的能力(它从投资者那里获得的维持负盈利的能力)是促使亚马逊获得递送和物流方面超大规模增长的关键。要匹配亚马逊的配送网络,竞争对手需要大量投资,而且为了切实展开竞争,还要提供免费或者低于成本的运送服务。在接受记者采访时,风险投资家们说,他们无意投资那些希望在实物配送方面与亚马逊一决高下的公司。在这个方面,亚马逊承受持续亏损的能力为任何不具备相同能力的公司建立了准入障碍。

第三,亚马逊对 Prime 会员和 FBA 服务的使用展示了一家公司如何在结构上让自己成为电子商务的中心。已经有 55% 的美国线上购物者开始在亚马逊平台上进行线上购物。按照这种流量规模,越来越明显的是,为了在电子商务领域取得成功,独立的商家需要使用亚马逊的基础设施。亚马逊与很多逐渐依赖它的商业客户存在竞争关系的事实产生了大量利益冲突,该公司可以对此加以利用来给自己的产品提供特殊待遇。

当今的反垄断准则未能识别亚马逊的霸权地位对开放和竞争的市场造成的风险。在很大程度上,这是因为就像掠夺性定价准则的观点一样,在"消费者福利"框架内被注意到的主要伤害是消费者面临的价格上涨。在芝加哥学派看来,只有当亚马逊选择利用它在递送和零售方面的霸权地位来提高消费者价格时,它的纵向合并才是有害的。亚马逊已经提高了 Prime 会员的价格。但是反垄断执法者还应该同样担忧的事实是,亚马逊对线上电子商务基础设施的控制越来越强,并利用各种方式凭借自身霸权地位来扩张新业务,同时让自己的新业务处于优势地位。因为亚马逊与商人展开竞争和为他们递送商品之间产生的利益冲突对竞争造成了危害,尤其是考虑到亚马逊作为线上平台根深蒂固的地位。亚马逊造成的利益冲突破坏了竞争过程的平衡状态。那些必须通过亚马逊的渠道进入市场的数千名零售商和独立企业越来越依赖这个最大的竞争对手。

◇亚马逊电商平台 Marketplace 及数据开发

就像上文所述，在零售和实物配送方面的纵向合并可能让亚马逊得以利用跨行业的优势，造成潜在的反竞争现象，但是当前的反垄断准则却并不会这样理解。亚马逊在线上基础架构供应方面也在进行类似的动态变化，尤其是面向第三方卖家的电商平台 Marketplace。由于关于亚马逊在这方面行为做法的信息有限，这个部分的内容必然非常简洁。不过要想完整描述亚马逊商业策略的反竞争特征，非常重要的是，分析对跨互联网业务进行纵向合并如何能带来更复杂也可能更麻烦的机会——滥用跨市场的优势、排除竞争对手。

关于企业利用自己在线上业务之间的权力最清晰的例子就是亚马逊的电商平台 Market lace，第三方零售商通过这个平台来销售自己的商品。由于亚马逊控制着较大份额的电子商务流量，很多规模较小的商家觉得有必要使用亚马逊来吸引用户。这些卖家在亚马逊的平台上展示自己的商品，而亚马逊会从他们的销售额中收取 5% 到 50% 不等的费用。截至 2015 年，超过 200 万个第三方卖家使用亚马逊平台，相比 2006 年使用该平台的大约 100 万个卖家，这是个极大的增长。亚马逊通过 Marketplace 产生的收益已成为它的一个主要利润增长来源；第三方商家商品在亚马逊销售的所有物品中所占的比例从 2011 年的 36% 增长到了 2015 年的 50%。

使用 Marketplace 的第三方卖家认识到，对该平台的使用让他们陷入了左右为难的困境。正如一位商家注意到的，"没有亚马逊，你不可能真正成为线上高销量卖家，但是卖家也非常清楚一个事实，那就是亚马逊也是他们的主要竞争对手"。有证据显示，他们的这种不安情绪是有充分根据的。亚马逊似乎把 Marketplace 平台"当作一个巨大的实验室,来探索可销售的新商品,测试潜在新产品的销售情况,并在定价方面施加更多控制"。具体来说,有报告显示"亚马逊使用外部商家的销售数据来制定购买决策,从而在价格方面进行削价竞争",并且给自己的商品"在指定搜索结果中安排醒目位置"。以宠物抱枕为例,一个第三方商家通过亚马逊网站销售一种以美国职业橄榄球大联盟吉祥物为原型的填充玩具抱枕,曾经有几个月,卖家每天都可实现多达100件的销量。一份报告显示,"就在节假日之前,该商家注意到亚马逊开始以同样的价格出售同样的抱枕,同时在网站上给自己的商品提供更醒目的展示位置"。于是该商家的销售量降到了每天20件。亚马逊与独立商家在价格上针锋相对,与最初由这些商家引进的产品进行大力匹配,甚至展开削价竞争。通过直接找到生产商,亚马逊试图把独立商家挤出市场。

在其他例子中,亚马逊则是选择自己生产第三方受欢迎的商品。2017年,一家在Marketplace上销售铝制笔记本电脑支架超过12年的生产商发现,网站上出现了另一款类似的产品,价格却只有他们的一半。该生产商了解到,这个品牌是亚马逊倍思(AmazonBasics)。这是亚马逊自2009年以来一直在开发的私有生产线。就像一家新闻网站描述的那样,一开始,亚马逊倍思专注于生产电池和空白光碟这样的通用产品。"然后,中间有几年,这个自营品牌'安静地沉睡,同时保留了其他卖家的成功数据'。"现在,随着亚马逊倍思推出更多商品,很明显它利用了"从它巨大的网上商店中收集的市场趋势来打造自己的龙头品牌"。一项研究发现,就女性服装来说,亚马逊"在一开始销售的就是最初Marketplace卖家销售的最畅销商品中的25%"。

通过这种方式,利用Marketplace平台上的数据,亚马逊得以增加自己的产品销量,同时摆脱了一些经营风险。第三方卖家承担着引进新商品最初的成本和不确定性,而当它们的成功得到验证时,亚马逊只要注意到这些成功,就会开始销售同样的商品。这种情况下的反竞争影响似乎很清楚:亚马逊在利用这个事实——它的一些客户同时也是它的竞争对手。这种权力的来源包括：亚马逊平台的霸权地位，有效地迫使独立商家不得不使用它的网站；它的纵向合并，也就是它既是销售商品的零售商，又是组织其他商家销售活动的市场；以及由于它是一家互联网公司，它具备收集大量数据的能力。值得注意的是，正是最后一个因素——它对数据的控制，增加了前两个因素的反竞争可能性。

有证据表明，亚马逊敏锐地察觉到了这些机会，并且非常乐于把握这些机会。例如，据报道，亚马逊利用其云计算服务收集的数据反馈来确定和调整它的投资决策。亚马逊通过观察哪些初创公司扩大了对亚马逊云服务的使用，可以对具有成功潜质的新兴企业进行早期评估。亚马逊利用这种"技术初创世界的独特视窗"对一些同时是其云服务客户的初创企业进行了投资。

亚马逊如何在不同的业务线之间交叉利用其优势表明了一点：法律并不能意识到纵向合并的反竞争可能性。这一缺点在线上平台方面得到了突出体现，因为这些平台既为其他公司提供基础设施服务，又能收集大量数据，然后它们可以利用这些数据来建立自己的其他业务线。在这个方面，当前的反垄断管理体制有待慎重考虑这个事实：对数据拥有集中控制权的公司可以系统地让市场向着对自己有利的方向倾斜，从而重塑整个行业的状态。

应对平台霸权的两种模式

如果说平台市场经济会促进反竞争市场结构形成的话，我们至少可以采取两种应对方法。关键在于我们是想要通过竞争来治理线上平台市场，还是想要接受它们的垄断性或寡头性，并对它们加以管制。如果我们采取前一种方法，我们就应该改革反垄断法案，从而阻止这种霸权地位的出现，或者限制其范围。如果我们采取后一种方法，我们就应该采用规章制度来好好利用这些规模经济，同时将企业利用其霸权地位的能力中性化。

◇通过竞争来治理线上平台市场

通过改革反垄断法案来应对平台市场的反竞争本质,可能会涉及制定更严格的法律来反对掠夺性定价,严格管制公司出于反竞争目的而进行的纵向合并。重要的是,应该重新制定这些准则的每一个方面。

在平台市场中,如果得到投资者的无限度支持,公司就可以持续多年投入资金。要想修改掠夺性定价准则来反映这种平台市场经济,在分析占霸权地位的平台低于成本定价时,就要理解其甘愿持续亏损的做法。而且鉴于平台担任着为掠夺行为提供资金的特殊角色,基于竞争进行分析时可能还应该考虑到,那些占霸权地位的平台对商品采用低于成本的定价方式其实就是一种掠夺行为。

同样,为了应对纵向合并可能会产生反竞争利益冲突的问题,以及基于占霸权地位的公司可能会使用它在一个行业内的霸权地位来推动另一条业务线的事实,反垄断法案应该进行改革。要想解决关于一个公司交叉利用数据能力的担忧,方法之一是将这种能力明确包含到并购审查中。政府机构会自动审查任何涉及某种形式(或一定数量)的数据交换的交易,这样做是有道理的。针对纵向合并更严格的方法是对达到一定霸权地位的平台的纵向并购进行预防性限制。采用这种预防方法意味着,禁止一家占霸权地位的公司进入任何一个它已经充当平台的市场,换句话说,就是禁止它与那些依赖它的企业直接竞争。

◇通过规章制度来治理垄断型支配性平台

正如上文所述,一个选择是通过促进竞争来治理占霸权地位的平台,从而限制每个市场参与者所能积累的权力。另一个选择则是接受占霸权地位的线上平台是天生的垄断者或寡头这一现实,并尝试管制它们的权力。按照惯例,美国通过公用事业规章制度和公共承运人责任来管制自然垄断者。长期以来作为公用事业被管制的行业包括日用品（水、电、天然气）、交通运输（铁路、轮渡）和通信（电报、电话）。公用事业管理体制特别致力于消除竞争：接受垄断创造的益处，却又限制垄断者的权力使用方式。

考虑到互联网经济中越来越多的重要基础设施由亚马逊提供，可以考虑采用公用事业规章制度对其业务进行分析。最常见的公用事业政策包括：要求在价格和服务方面的无差别待遇，在利率制定方面设定限制，以及推行资本化和投资要求。在这三项传统政策中，无差别待遇可能最具有可行性，而利率制定和投资要求可能实施起来相对复杂，而且可能并不能明显解决突出的缺陷。

无差别待遇政策能够阻止亚马逊给自己的商品提供特别待遇，并阻止其区别对待生产商与消费者，因此意义重大。这种方法将会允许一家公司继续参与多条业务线，并且允许它享受规模效益，同时消除这些担忧：亚马逊会偏袒自己的业务，或歧视平台用户来获取杠杆效力或市场权力。将无差别待遇与公共承运人责任结合在一起——要求平台确保可以开放、公平地获得其他业务，将会进一步限制亚马逊以反竞争方式利用自己霸权地位的权力。

本章小结

互联网平台对商业和通信业的影响重大且不断增长。然而证据显示，平台市场中的竞争势头正在衰退，各个行业都在围绕着一个或两个巨头进行合并。电子商务行业的巨头是亚马逊，这家公司通过以牺牲利润为代价，积极谋求发展，建立了自己的霸权地位，并且集成了很多相关的业务线。因此，该公司将自己定位为电子商务的中心，并且对很多现在依赖它的其他企业来说，它提供了重要的基础设施。亚马逊的商业策略及当前的市场霸权地位造成了反竞争担忧，而反垄断法中的消费者福利准则还未能意识到这一问题。

尤其是当前的法律并没有意识到掠夺性定价的风险以及整合不同

的业务线可能会是反竞争的。在线上平台市场中,这些担忧更为急剧的原因有两点:首先,平台市场经济鼓励追求规模增长,而不是利润,这是一种得到投资者支持的策略。在这种情况下,尽管现有的准则把掠夺性定价视为不合理的行为,它却变得极其合理。其次,由于线上平台担当重要的中间商角色,集成不同的业务线有利于这些平台掌控它们的竞争对手所依赖的重要基础设施。这种双重角色也让平台能够利用从使用其服务的公司那里收集的信息,来削弱它们的竞争力。

为了能够表达这些对于反竞争的担忧,我们应该把消费者福利准则替换成一种围绕保留竞争过程和市场结构的方法。对这种想法的应用包括:评估一家公司的结构是否会产生反竞争利益冲突;它是否能够在不同的业务线之间交叉使用市场优势;以及线上平台市场经济是否会激励掠夺性行为,资本市场是否允许这样。更具体地说,重建传统的反垄断原则来建立掠夺推定、禁止占霸权地位的平台进行纵向合并,这样可以帮助维持这些市场中的竞争。如果与之相反,我们接受占霸权地位的线上平台是天生的垄断者或寡头,那么应用公用事业管理机制或关键设施责任的规定条款将会维持规模效益,同时限制占霸权地位的平台滥用伴随这种地位而形成的权力。

随着亚马逊深化对重要基础设施的现有控制力,并扩展到新的业务线,它的霸权地位需要接受审查。要想修订针对平台市场的反垄断法案和竞争政策,我们需要依靠两个问题的引导:第一,法律框架是否能表现出占霸权地位的公司如何在互联网经济中获取和行使权力?第二,法律应该将什么形式和程度的权力识别为竞争威胁?如果不考虑这些问题,我们就要承担放任我们反对却未能及时识别的权力不断增长所带来的风险。

第五章　平台对媒体多元化的挑战

娜塔莉·赫尔伯格(Natali Helberger)

现在是 2040 年。早上的闹钟响了，精心挑选的一系列"智慧阅读"(MindBook)新闻摘要把我叫醒。不会有太负面的内容，因为这个广播应用程序知道，我并不算是个"晨型人"，早上听到坏消息会对我接下来的社交活动能力和效率造成负面影响。在洗手间，我的智能镜子对我表示赞美，还提供了一些关于健康和生活方式的产品的新闻，以及最近技术发展的信息，从而慢慢帮我做好新一天工作的准备。喝完今天的第一杯咖啡后，"智慧阅读"觉得是时候向我介绍一些更严肃的新闻摘要了——南极洲又起石油冲突，美国竞选活动进入关键阶段，土耳其与俄罗斯就塞浦路斯问题进行谈判。我微微一笑：昨天晚上在"智慧阅读"上花的时间得到了有效利用。我花了半小时，针对性地点击阅读了所有关于外交关系、政治和石油价格的新闻，这似乎帮助我摆脱了上周大部分时间都深陷于气候危机和智能城市新闻的状态。无可否认，上周的新闻摘要对我昨天在教育、文化和科学部进行的演讲有很大帮助。

然而,有时候我希望新闻的获取不要这么高效。自从30年前大众新闻媒体开始衰落,人们想了解更全面的情况就变得更加困难。

上面是对未来的想象吗?有一点儿,不过也不算夸张。我们发现和接收新闻的方式正在发生改变,并不迅速,但是在稳步进行。一个重要趋势似乎是下面这个事实:人们在获取新闻和媒体内容时,不仅通过传统媒体,还会通过新的信息中介,例如社交媒体平台、应用程序和搜索引擎。这些信息中介填补了新闻交付链中的一个临界间隙:引导注意力,并帮助用户选择他们觉得相关的新闻。信息中介通常本身不生产新闻,也不把自己看作编辑或者肩负使命、要为公民提供作知情选择所需的各种不同信息。相反,它们的商业模式是努力发布新闻,将单篇文章与受众建立联系,并挖掘各种媒体内容和目标群体的广告潜力。随着数据分析的进步、关于用户偏好的数据和储存量的增加,新闻已经变成了一种可定制的产品,可以仔细设定目标并加以调整,以适应单个接收者和广告商的需求。这种信息中介由数据驱动且具有高度针对性,只要还有其他信息来源的存在,就不一定会成为多样化信息环境的挑战。但是该如何应对只剩下一个或几个支配性信息来源的情况?在这样具有高度针对性甚至支配性的新闻环境中,依然能遇到多样化的媒体内容的可能性有多大?

本章的重点是关注媒体政策中的一个核心公共政策目标:媒体多样性[①]。我不打算探讨其他同样重要的平台霸权地位问题,例如平台在政治中的作用,它们的经济影响,等等,因为我相信很多问题会在其他章节被谈及。当我们思考媒体在民主社会中的作用和贡献时,媒体多

[①] 需要注意的是,在"媒体多元化"和"媒体多样性"理念的具体含义上,依然存在相当多概念性的不同意见。通常情况下,两种理念可以互换。麦戈纳格尔提出了一个务实的方法,多元化指的是媒体所有权和公众在不同服务供应商之间选择的问题,而多样性指的是可以获得的项目和服务的范围。遵循这种方法,本章主要使用"多样性"理念,并且只在有必要详细解释媒体所有权和选择不同项目与服务之间的区别时,使用"多元化"。

样性是一个根深蒂固的概念,那就是:不应该有任何一个实体控制或主导公共舆论。相反,媒体应该反映一个异质社会的兴趣和需求。在这样的社会中,所有不同的声音至少在原则上有机会让别人听到。有一个广泛的共识,借用欧洲委员会的原话来说就是"媒体多元化和媒体内容的多样性对民主社会的运作至关重要",而且"只有在每个人都能从多样化的信息来源中形成自己的观点时,欧洲保护人权与基本自由条约的第十条款……的要求(言论自由的权利)才能被完全满足"。

　　媒体多样性与民主参与之间的紧密联系可能也解释了平台的崛起及其在媒体世界中不断增长的影响力。它们的个性化推荐和算法过滤对用户获取信息带来的影响,在关于过滤器和信息偏好以及针对性地排除新闻获取渠道方面,受到了很多关注。根据用户的个人档案不同,用户将会看到更多的某一类信息,而其他类别的信息则更少或者完全没有。随着少数几个大型信息中介有时作为主要信息来源的重要性与日俱增,掌握这些更加集中、数据驱动的新闻分发模式的需求变得更加紧迫。平台对用户获取媒体信息的掌控权和影响不断增长,对此社会上存在普遍的不安感,正如马丁·摩尔(Martin Moore)的评论:"直到我们更好地了解和沟通平台所带来的进退两难的困境,我们才能找到有效的应对政策。"

　　欧洲各国的监管机构和政策制定者正在尽力解决这些两难困境的实质到底是什么。用英国监管机构 Ofcom 的话来说就是:"更重要的是,线上新闻市场未来的多元化问题的确切性质难以预测。"英国、德国、法国和荷兰等国都在探讨概念化和监控信息中介对信息世界的影响,或者理解媒体多样性面临的真正风险在哪里。很多同类平台的不透明操作及其算法和订购机制周边的秘密性,增加了这方面的难度,并且需要全新的监控方法。不过,了解多样性和平台霸权地位的潜在来源,对于找到适当的回应政策至关重要。本章的目标是通过更好地了解平台权力、平台权力如何影响媒体多样性以及这些对媒体多样性政策的意义,让概念更加清晰。这个过程重点研究社交媒体平台。这样做是因为这些平台对新闻消费具有独特作用,还因为这样的平台有一部分进入了新闻和媒体内容的分发和聚合领域。本章提出的主要观点是,随着信息中介,尤其是社交媒体平台的到来,数字霸权地位不再像传统媒体曾经理解的那样,对内容版权、输出端或分发渠道进行主导控制。数字霸权地位的真正来源是控制人们发现信息和与之互动的方式,以及通过全面了解人们的兴趣和偏好,来引导他们进行选择的能力。媒体多样性比以往任何时候都更常成为社会动态的结果,而这种动态是由一个或几个平台精心安排的。本章解释了这个发现对于我们衡量和评估媒体多样性与社交平台之间的潜在风险方面的意义。

媒体多样性的重要性

媒体多样性依然重要吗? 有人会说,在拥有大量信息的数字信息环境中,媒体多样性已经变成了一个毫无意义的概念。现在人们可以接收前所未有的大量信息,信息来源不仅有国家媒体,还有无数媒体公司、全球"老一代"(指不在互联网环境中成长起来的群体)和数字原生代。本章节认为这个问题的回答是"是的",媒体多样性依然很重要,但是媒体消费习惯的改变和社交媒体平台的到来要求我们进一步发展媒体多样性的概念。

◇媒体多样性为什么很重要

多样性政策立足于我们对民主社会中运行的公共协商制度的想法,因此,它们可能服务于一整套目标和价值,从包容性、容忍性和开放性、见多识广的公民、公共协商,到具有竞争性的健康媒体环境和行业。媒体的多样性可以为用户创造接触不同观点和自我反省的机会,并激励用户的政治参与度。

多样性和多样性政策服务的所有不同价值观和目标的核心就是避

免市场霸权地位,更确切地说,是阻止霸权地位和单一看法、单一意识形态、单个群体或经济权力支配所有其他参与者的情况出现。不管是转向思想理论基础市场,还是更加审慎,甚至是激进的多样化概念,众多的多样化概念中的共同点就是,所有意见都能参与其中并找到听众。将避免霸权地位作为多样性政策的一个核心目标,这也反映在用来保护和促进媒体多样性的各种监管选择上:现有的监管措施不是跟避免和减少霸权地位有关,就是对准支配方施加限制,避免它们滥用其经济和思想控制权力,让民主话语和运行的媒体市场不会陷入不利地位。

后者的一个例子就是那些试图促进内部供应多样性的条款,它们或多或少对单个输出端施加了具体的多样化要求。一般会由公共服务广播来主导局势,尤其是在广播行业发展的初期,而且在很多欧洲国家,公共服务广播还是获取信息的途径。相应地,公共服务广播(以及规模较小的其他媒体服务)不得不"使社会中的不同群体和利益团体,包括语言、社会、经济、文化或政治方面的少数群体,都能表达自己的想法"。促进内部多样性或一个特定媒体输出端/平台多样性的监管职责包括:采取措施来确保公共服务广播节目的多样化构成,制定条款来保护编辑的独立性,实施具体的多元化保障措施,安排频率共享,制定关于员工和节目咨询委员会的多样性的条款,列出重要事件,设置配额规则。

然后还有那些保护和促进通常被称为结构性或外部多样性的措施,大部分为媒体所有权规则。所有权规则通常都是监管机构对媒体商业化和自由化趋势所做出的回应的核心内容,目的在于"保护或抵抗可能会危害国家、区域或地方级别的媒体多元化的集中"。然后是执照要求,媒体透明度或必须执行的义务,适当的重要规则和存取义务。

除了供应的多样性和多元化,还需要考虑接触多样性的问题,也就是用户最终接触和消费的内容及发言者的选择应该达到什么程度的多样性。正如欧洲委员会承认的那样:"多元化是关于公众可接触到的媒体的多样性,这不一定总是跟实际消费的情况一致。"这一评论得到了各种研究成果的证实,那就是在某些特定情况下,内容多样性的增加会导致消费内容的多样性下降。这是因为人们可以花在媒体内容上的时间和精力是有限的。内容越多样化,就越需要对内容加以过滤和选择。

过滤和选择媒体内容是搜索引擎和社交媒体平台等信息中介机构的重要作用,信息中介的主要目标是引导受众的注意力,影响人们的接触渠道以及他们做出的多样性选择。正因如此,它们并不怎么影响内容供应的多样性,而是影响受众中的个体最终接触到的媒体内容的多样性。关键问题在于平台对媒体多样性,尤其是接触多样性来说,是机遇还是威胁?

◇社交媒体平台对多样性来说是福还是祸?

社交媒体平台在多大程度上为多样性带来了新的机遇或挑战? 这个问题并不容易回答。越来越多的研究发现了社交媒体平台对媒体多样性,尤其是接触多样性具有积极贡献的证据。路透新闻研究所在其2017年的报告中发现,社交媒体用户比非用户更有可能看到他们本来不可能使用的新闻来源。这一发现与更早的一些研究相似,认为使用社交媒体平台可以导致接触更多样的新闻。其他研究则发现了与之相反的证据,例如,接触跨意识形态内容的可能性更小以及由于确认性偏差带来的"回音室效应"[1]。然而还有一些研究带来了两方面的证据。

这项研究表明,对于社交媒体来说,与传统媒体不同的因素决定了用户接触的多样性程度。这样的因素可能包括过滤和推荐算法的设置,以及算法决定优先考虑或阻止发布的内容类型。因此,前文智慧阅读的例子以及它的推荐系统将信息组合缩减到算法认为相关的选定话

---

[1] 译者注:原本指"录音时为制造回声效果而建立的回音室"。但现在,我们多用它来比喻"人际交流过程中,只承认或接受与自己的观点相近的回应"。

题范围内,这些根本不是遥远的未来场景。如果说关于脸书的信息流的辩论搞清楚了一个观点的话,那就是用户信息流选定内容背后的推荐机制的影响力,以及决定这些选定内容的标准远远不同于传统媒体重视的编辑标准。

这就引出了一个更为规范的问题,那就是在社交媒体平台的背景下,多样性和多元化还有多大程度的重要意义。社交媒体平台并不是传统意义上的媒体,它们的主要目的并不是告知,采用的方式也不能反映出组成民主社会的各种各样的话题和声音。但是,欧洲委员会强调了:在搜索结果的选择、排序或移除所遵循的标准的背景下,多样性非常重要。英国监管部门Ofcom在对内容多样性和多元化的衡量标准进行审查时,也强调了多样性作为一个监管目标很重要。在这个方面,Ofcom明确提到了数字平台带来的机遇,以及与此同时产生的挑战。据Ofcom说,"存在一种风险,那就是(社交媒体)推荐在一定程度上被用于缩小公民接触不同观点的可能性,这会通过增强他们过去的习惯或他们朋友的习惯来实现"。还有,"如果不管用什么方式,它们在将来都要开始实行更高程度的编辑控制,这可能会引发对多元化的极大关注"。同样地,在荷兰,媒体领域的监管机构注意到,网络上的真正风险并不是总体供应内容会变得不够多样化,而是单个用户可以接触到的供应内容可能会变得不够多样化,这是由算法过滤造成的,用户甚至都意识不到总体供应内容的规模和多样性。社交媒体平台在用户接触和参与信息的方式中变得越来越重要,那些大平台对新闻市场和信息传递的整体结构造成的影响也越来越大,我们有充分的理由来提出,多样性应该以某种方式在社交媒体的背景下发挥重要作用。而且如果人们能够理解多样性从根本上可以概念化为一种分配交流的工具的话,显然我们在考虑多样性问题时,那些主要的社交媒体网站就不能被排除在外。

那么问题就不在于媒体多样性在平台背景下是否重要——它的确

很重要,但问题应该在于它有多重要、表现为哪种形式。决策者觉得社交媒体平台上的多样性问题难以理解和应对的原因之一,就是作为规范性目标的接触多样性依然鲜为人知,它才刚刚引发一场本来就迫切需要的讨论。另一个原因是,为了能够理解社交媒体平台对规范性目标多样性和多元化潜在的风险和机遇,很有必要理解平台权力到底是如何影响媒体多样性和多元化的实现的。因此接下来的部分提出了一个概念框架,便于你更好地理解社交媒体给多样性和多元化带来的风险和机遇。

了解平台权力和多样性

要想了解平台对媒体多样性和多元化的真正影响,重要的是从它们的商业模式以及经济诱因来看这些平台:它们用来分发内容的方式,以及它们在更广阔的信息生态环境中的角色。从多样性政策的角度来说,了解平台与广播和报纸等更为传统的媒体之间的区别也很重要。这是因为,现有的政策是考虑了更为传统的媒体而制定的,信息中介机构与传统媒体之间的差异或许可以解释:为什么传统手段只能部分适用于解决媒体多样性和多元化的新挑战?虽然这么说,不过认识到平台正在经历非常活跃的过渡这一点也很重要。

脸书就是一个很好的例子。一开始它将自己设定为一家本质上的"科技"公司,在很长一段时间内,新闻和媒体内容都不是其核心业务。社交媒体平台的核心业务是提供社交媒体服务,并将公众、内容生产者和广告商联系在一起。因此,社交媒体平台不同于传统媒体,平台拥有完全不同的业务激励。媒体内容的作用并不是什么告知公众和与社论保持一致的任务,而是增强社交互动,形成广告活动和方案的背景板,让公众注意力在网站上多停留一会儿。不过,跟很多用户创建内容的网站一样,这些平台很快就认识到,关于猫的视频和度假的照片在吸引用户注意力方面只能起到一定的作用,这个认识导致这类网站越来越关注专业内容。这方面的例子包括脸书的即时文章、热门话题，推特的Moments，YouTube给专业媒体内容提供佣金，还有谷歌的新闻订阅服务。这些方案的共同之处就是希望能够将专业媒体内容整合到自己的网站上，而自己实际上并不生产这些内容。因此，这些平台与专业内容生产者的关系以及对整个媒体环境的影响变得越来越复杂。标志性的事件就是，脸书的首席执行官马克·扎克伯格先是声称"我们是一家科技公司，而不是媒体公司"，却又在相对较短的时间之内改口道："脸书是一种新型平台。它不是传统的科技公司，也不是传统的媒体公司。你知道的，我们创造了技术，我们感觉到对这种技术的使用方式负有责任……我们并不撰写人们在平台上读到的新闻。但是，与此同时，我们也知道，我们所做的远不止分发新闻，我们是公共话语的一个重要部分。"

那么脸书这样的社交媒体平台的沟通权力到底是什么？在讨论霸权地位以及这些新的市场参与者对媒体多元化和多样性的潜在影响时，我们需要了解的到底是什么？在这个背景下，回顾之前章节探讨的结构性多样性和内部多样性之间的区别是很有用的。

◇**社交网络和结构性多样性**

社交媒体平台对于供应不同来源的、不同声音的内容多样性并没有多大影响。这些声音依然自由存在于社交媒体平台的结构之外。也许这些平台对多样性最大的结构性影响在于，它们会影响接触信息和媒体消费的多样性，并控制用户的注意力。这样它们不仅可以影响用户在社交媒体平台接触的内容的多样性及其来源的多元化，还可以影响整个媒体环境的活跃性和多样性（因为媒体的生存依赖于是否能接触到用户以及吸引用户的注意力）。

社交媒体平台让接触媒体内容成为可能，影响内容的"可查找性"，将现有的内容排序，将用户的注意力作为一种稀缺资源来管理和引导，并影响用户做出的选择。平台通过提供基本的搜索功能,还通过算法或协同过滤来展示个性化搜索结果和推荐信息,从而实现这一切。换句话说,沟通权力,甚至是霸权地位的来源,跟传统媒体一样,并不是产生内容、知识产权和专业知识的资源,而是对强大的分类算法和数据的控制,这些数据包括用户、用户利用内容的方式以及推动内容获取用户关注的最优、最高效的方式。因此,在分发媒体内容从群体模式到个体模式这种更加概念化的转变中,社交媒体平台能够起到重要作用。在这种转变过程中,内容的所有权和控制不太重要,重要的是了解用户,以及建立知识、关系和技术基础架构来引发用户接触特定类型的内容。这种转变是从新闻媒体作为我们的主要信息来源转向"智慧阅读"根据其逻辑和我们的喜好来整理我们接触的信息。

由此可见,结构性多样性的真正问题并不在于某个特定资源的所有权。平台对结构性多样性的真正挑战在于,制作媒体内容的一方与拥有用户、数据、分发媒体内容与吸引(甚至是独占)用户注意力的工具、技术的一方之间的关系。这也意味着,关于结构性多样性的担忧,不再能通过清点媒体市场中资料来源的数量和内容的多样性来轻松解决,用来保护和促进结构性多样性的传统措施也无法在平台的背景下起到同样的效果。与之相反,应对平台权力和结构性多样性的关键在于,平衡谈判权力,保护媒体独立性,并确保公平、机会均等的市场。

(1)平衡谈判权力

到目前为止,旧媒体与新的平台之间的关系采取的是传统媒体输出端与中介机构进行双边谈判的形式。正如克莱斯·尼尔森(Kleis Nielsen)和甘特(Ganter)于2017年发现的那样,这些关系可能既是共生的,又是不对称的。"数字中介机构可能从广义上来说需要新闻,或者说它们至少从新闻中受益。但是完全不清楚它们是否需要任何一个新闻媒体机构,甚至是那些大型机构。"私人秩序和平台对其与用户关系的管理方式日益受制于合同法和使用条款的公平性视角,对于媒体公司与出版商和广播公司之间协议条款的公平性的并行讨论却在很大程度上依然缺失。可以说,未来的媒体多样性政策需要在工具箱中增加对这种不对称关系中的协议公平性进行评估的方法,并改善出版商与信息中介之间的谈判权力。这不仅包括能够推动协议的透明度、促进媒体集结权力的方案,还包括促进与第三方协作的开放性(类似于电信运营商具有谈判义务的方式)和审查媒体内容通过平台展示及分发的条件(例如品牌知名度、客户管理、数据与收益共享)是否公平的方式。因此电信法[尤其是按照《欧洲存取指令》[European Access Directive)]①形成的工具可能会提供一个有意思的学习途径,因为该领域的监管机构已经开发了一个评估企业谈判的公平性和开放性的系统,而且是从该谈判对电信市场的公平性、竞争性和选择范围的影响视角出发来进行评估的。

(2)媒体独立的重要性

任何不对称关系中存在的一个结构性问题或威胁就是依赖性。依赖性的问题值得重视,尤其是媒体作为公众监督者和"第四等级",在实现言论自由的基本权利中发挥了作用,从这一视角来看,媒体只有保持独立于国家和商业权力,才能发挥这种作用。德默灵(Dommering)警告称,传统媒体在尝试与中介机构同化和打造实际的互惠互利关系时,面临越来越多失去自我的危机。范·迪伊克(Van Dijk)和鲍威尔(Poell)指出,新闻制作从"编辑逻辑向算法逻辑"转变,导致了新的依赖性风险,而这种转变的主要驱动者是平台。欧洲的媒体法规和政策具有应对媒体独立性的悠久传统,无论是反对国家审查的《欧洲人权公约:第十议定书》,还是在与商业公司的关系中关于广告、赞助和分离社论内容与商业内容的广泛规则,都是如此。鉴于媒体和信息中介的内在关

---

① 欧洲议会和欧洲委员会于2002年3月7日通过的2002/19/EC指令,关于电信网络及相关设施的存取和互联(存取指令)。

联,是时候再次探讨这些规则了。

(3)公平、机会均等的市场

最后,关于公平、机会均等的市场涉及这样一个问题——区别对待线下媒体和线上媒体是否正当合理,即对前者施加严格得多的规则和多样性期望与要求,与此同时,对后者却保持宽松的应对方式。

在很长一段时间内,与线上媒体相比,广播媒体受到了更严格的监管,理由是视频具有说服效应。有人可能会疑惑,比起通过社交媒体平台等进行交流的媒体内容,广播会在多大程度上更具有说服力。但其实,社交媒体平台可能具有与广播同样甚至更高的说服效果,尤其是在那些平台利用其对用户的深入了解,将它们的目标精炼成说服策略的情况下。而且,这些平台拥有让用户按照信息采取行动、影响公民行为的工具和权力。这里存在的困难是理解社交平台上的编辑控制权、职责与多样性的本质。

一个初步结论是:在评估平台在某一个媒体领域的权力,甚至是霸权地位时,需要开发新的基准,包括消费者数据的数量、推荐算法的特征、用户数量、用户行为,以及平台与媒体公司之间的合同条款的平衡,媒体相对于平台的独立程度,还有平等且机会均等的市场的存在。这样做可能还需要诸如监控和衡量多样性的新形式,从而确定不同平台上不同类别的用户最终接触内容的多样性水平。

◇**内部多样性**

一直以来,在关于信息中介的影响和责任的公共政策辩论中,对内部多样性的考虑都是非常重要的组成部分。其中存在对"过滤网"和"回音室效应"的担忧。但是这些担忧应该结合具体背景来看:只要人们还有机会从不同资料来源获取信息,那么当他们在一个平台获得的信息多样性较低时,就可以通过在另一个途径接触更具多样性的信息来弥补,例如通过公共服务媒体或传统媒体。但是,在一个特定平台成为信息主要来源的情况下,该平台的内部多样性则很重要。在"智慧阅读"的例子中,可供选择的其他来源被挤出了市场。同样地,用户也无从了解他们在仅限"智慧阅读"的信息组合中可能漏掉了哪些信息。从这个角度也可以清楚地看出,为什么平台霸权地位会是媒体政策制定者关心的问题,以及为什么保护和促进结构性多样性如此重要。除此之外,随着一些平台越来越多地成为获取信息的重要途径,甚至可能是专有通道,平台内部多样性的各种问题也涌现出来。

在迄今为止的公共政策辩论中,不乏关于如何让平台对于自身多样性更多地负起责任,以及推行内部多样性保障措施的各种建议。大部分这类建议存在的问题,以及未来的媒体法律和法规的真正挑战,都在于了解多样性如何在媒体平台上发挥作用,以及平台对内部多样性的真正贡献是什么。

对越来越多的用户来说,社交媒体平台是获取和体验媒体内容的主要途径,考虑到这一点,内部多样性的问题变得愈发紧迫,同时也更加复杂。这是因为社交媒体平台的多样性不再只是由一名编辑来决定内容组合的问题,而是越来越多地涉及用户如何接触该内容、如何分享、优先处理、喜欢或讨厌该内容,以及社交媒体平台的基础架构和设计能够在多大程度上促成和控制这种交流。换句话说,要想真正理解平台对其内部多样性的影响和权力,重要的是理解平台对于内容本身的选择,以及用户在什么条件下会遇到并接触内容这两方面的影响。这在本质上是从用户驱动的角度来看多样性,与平台的社交特色相对应。

下面来举例子。过滤、搜索和自主选择的个性化是用户自己主动影响他们希望接触的内容的多样性的行为示例。通过点赞、标记、评分和分享,用户可以主动影响其他用户接触的内容。参与度和运用多样性的内容对于深入思考、展示不同视角或形成观点至关重要。在社交网站上,用户可以通过积极贡献经过深入思考的内容来主动促成内容的多样性。

平台为接触和交流多样化内容建立了组织框架并创造了机会。因此,社交媒体平台不仅能够分发媒体内容,还创造了自己"私人控制的公共领域",在这里,用户不仅会遇到多样化的内容,而且会交流、思考、分享和争辩。这才是这些平台对多样性的真正贡献和权力所在,这也是它们的社会责任所在。平台对新闻分发和曝光,以及最终多样性的影响,包括:内容层面的措施和设计决策,如提供用户生成内容、引导编辑内容的机会;交流,如评论、发帖,表达同意或反对意见的可能性;网络,创建群组、邀请朋友等的能力。

以下内容也许能更加详细地展示我的观点,以及"由基础架构带来的多样性"的视角可能会为多样性政策和研究提供新的途径。

(1)多样性与基于流行度的推荐系统设计

第一个例子,可能也是最明显的例子,是推荐系统的设计。搜索、个性化和推荐对于接触信息和多样化的曝光具有关键作用。这个作用有多重要,已经通过围绕脸书的热门话题的算法及其是否存在偏见的激烈争论再次得到证明。在对脸书热门话题的人类编辑所遵循的编辑指南和指示进一步了解之后,结果显示,对媒体多样性的考虑在热门话题中几乎是缺失状态。与此同时,脸书为了应对关于热门话题的批评,再次更换了它的算法,可能也更换了编辑指南。例如,热门话题的编辑需要充分了解以下内容:哪些是流行话题,热门算法挑出的话题提及度是否经常超出比例,交流(点赞、评论和分享)和来自热门新闻网站的标题表明哪些是流行话题。

因此,热点话题完全不能反映内容及其他的多样性。更笼统地来说,很多推荐系统显示出对流行的推荐结果或反映个人兴趣、个人相关的推荐结果存在某种偏见。相反,至少在技术层面,可以通过推荐算法编程来促进接触内容的多样化。更精密的推荐算法也会考虑到多样性等中期目标,或者至少向用户提供不同推荐逻辑的选择,这样可能会对用户接触的内容多样性带来正面影响。此外,还出现了越来越多的第三方工具和应用程序,其目标是让人们意识到过滤网的存在,鼓励他们使自己的媒体选择多样性,并激发他们的好奇心。比起前文提出的必须执行要求或一定的突出规则等传统的政策响应,鼓励这样的方案和突出这样的工具,可以成为促进平台内容多样性的更加有效的方法。可以说,霸权地位由此就变成了这样的问题:在帮助用户批判性地质疑一方提供的推荐结果并发现那些备选推荐结果的可选设置和技术方面,平台的开放程度有多高?

(2)个性化社交媒体平台的多样性

第二个例子,越来越多的研究表明,社交媒体平台的多样性和差异性的确是商议过程的质量以及对其他想法和观点的接受程度的一个重要方面。尽管决定用户的社交网络界面中有谁,的确主要在于用户自己,但是社交媒体在这方面确实也施加了一些影响。例如,脸书通过向用户推荐与其已关注页面类似的页面,不仅会把特定的群体和朋友推荐给用户,还会建议用户关注或不关注某些账户。需要注意的是,目前为止提供的选项只有"相似账户",而没有"不同账户"或"可能会提供相反观点的账户"。因此,社交平台可以借鉴以下研究结果:少数派的异议观点在群体中的存在,可以促进群体层面对替代方案的接受度和考量,并促进问题的解决。从更笼统的角度来说,用户遇到交叉内容的程度也取决于他们的社交好友是谁。因此,有意促进这样持有少数或对立观点的用户加入,是提升社交媒体平台的交流品质与多样性的方法。更好地了解社交媒体平台上多样性交流的动态变化,以及个性化、社会化和情景化特征对接触内容的多样性的贡献作用,也许是促进线上多样性的另一种方法。而且,对这些方面的了解可以对促进(存在差异的)好友群体交流的架构设计提供建议。

(3)隐私与多样性

最后一个例子是社交媒体提供的隐私设置。乍看起来,隐私和媒体多样性可能没有什么共同点,但是它们实际上是有相似之处的。研究表明,社交媒体的隐私功能可见性对于用户发布和交流内容的方式具有影响,这里的内容包括不太普遍的、与普通态度相反的内容,以及反映少数派观点的内容。在更重要的层面上,只有当用户在制定决策和权衡不同观点时享有一定的自主权,媒体的多样性以及媒体在民主社会中的作用才能得到发挥,这里的自主权指的是独立于政府或商业权力的能力。比如说,隐私权可以为个人提供必要的空间,来形成多样化的身份和想法。换句话说,在用户与媒体、广告商和那些试图影响用户选择和思考媒体内容的方式的第三方接触的过程中,保护用户的隐私,也是在保护那些我们希望能够通过媒体多样性来促进的重要价值:批判性思维和多样性思维。

上文讨论的三个方面——推荐系统的多样性,社交媒体平台的多样性,以及对用户隐私和自主权的尊重程度,没有一项属于评估媒体多样性或霸权地位的传统基准。然而,正如本文的分析结果显示的那样,这些因素在线上多样性不断变化、用户驱动的构建过程中很重要。由此我们得出了一个非常具体的结论:对特定一方的多样性和支配线上媒体环境的能力的评估不仅必须遵循既定标准,例如可获得的信息来源数量,展示内容的类别多样性等,而且必须吸收新标准,包括用户真正自由地选择不同信息来源和内容、享受选择权和自主权的程度。

本章小结

本章试图描绘出媒体多样性的一种新概念的轮廓,这个概念能够考虑到线上媒体市场中平台的新型深度社交动态。本文指出,要想真正理解平台对媒体多样性和媒体多元化的影响,至关重要的是不要孤立地看待平台,而是要看它们与其分发的其他媒体输出端,以及用户之间的关系。

社交媒体平台等信息中介对媒体多样性的真正影响,并不在于它们是否愿意和能够像传统媒体的编辑那样向用户展示各种不同的信息。社交媒体平台的贡献体现在更深的层面：它们为用户接触和交流多样化的内容建立了组织性和架构性的框架并提供了机会。这也意味着，作为一种价值观，甚至是公共政策目标，多样性在社交媒体平台上的意义并不同于它在传统媒体环境中的意义。社交媒体平台上的媒体多样性必须被理解为社交媒体平台、媒体机构和用户之间的共同合作。用户搜索、交流、点赞、形成自己的社交网络等方式对于他们接触的内容、想法和接触的多样性都具有重要意义。类似地，传统媒体与信息中介协作分发内容和接触观众的方式也会影响结构性多样性。

　　从这个角度来看，很显然，利用现有的多样性的主流概念和衡量标准并不容易理解或监控信息中介对媒体多样性的影响。出于同样的原因，现有的多样性保障措施在保护和促进强大的社交媒体平台内部和面临的多样性方面效果有限。相反，未来的相关政策需要将注意力转到以下方面：传统媒体和信息中介之间的关系（目的是建立更加平等的市场和结构性多样性）；平台和用户之间的关系（目的是建立让用户可以接触和交流不同内容的架构性组织性措施）。

　　这也意味着在评估平台对媒体市场多样性的影响时，媒体监管机构的工具箱中要有超出评估霸权地位的传统框架范围的方法和因素。这些因素可以包括合同条款中的平衡，对数据的控制，或者是平台和媒体公司之间复杂的推荐算法，媒体独立于平台的程度，以及一个平等、机会均等的市场的存在，还可以包含对备选推荐标准的接受度，以及用户可以真正在网上选择不同观点的自由程度等。

第六章　平台在扮演上帝吗？

欧拉·林斯基(Orla Lynskey)

　　平台或数字中介的规模、商业模式以及连接容量等因素都意味着它们在数字生态系统中起着关键作用。如果拥有其他实体在竞争中需要的资源，例如操作系统或用户群，一些平台可能就对另一些平台的运行具有至关重要的作用。对接触终端用户及其数据的控制可能会构成特定市场的准入障碍，或者增强一家公司的市场权力，从而带来霸权地位。要是一个占霸权地位的平台使用这种权力来利用消费者谋取利益，例如通过提供不公平的条款，就像德国联邦卡特尔局曾经对脸书的指控那样，这种行为可能会构成竞争法制裁的"滥用霸权地位"。

　　不过，由于强大的平台在数字生态系统中占有举足轻重的地位，它们也会采取与这种市场权力不同的权力形式，其效果并不会引起竞争法的注意。现在正在进行对这种力量界定和概念化的尝试。实际上，科恩(Cohen)在2016年指出，要想对信息经济成功地进行国家管制，除了做其他事以外，还需要对这种平台权力制定一个经过分析的合理概念。本章旨在通过识别这种应该被称为"上帝的力量"的权力的一些特征，为这项概念的制定做出贡献。重要的是要记得，"providence"这个词可以被理解为"上帝（或自然等）预知性和保护性的照料；神的指引、控制或引导"。据说某些平台实施"上帝的力量"是出于如下几个原因：

首先，这些平台有能力识别用户，并连接不同的数据集，这给它们带来了类似"上帝之眼"、"全视"的权力。"上帝之眼"是一个形状为眼睛的象征符号，一般周围全是光芒，被一个三角形包围。据说它代表着上帝照管人类的全视之眼。而且，包围上帝之眼的三角形象征平台的多边优势，即平台可以看到并控制依赖它的用户、广告商和商品与服务供应商及三者之间的互动。其次，平台可以"控制人类生活"，因为平台从各种各样的数据来源收集和聚合大量数据的能力可以影响个人，例如出于政治目的进行的微目标定位。最后，数字生态系统的基础架构和用来描述其过程的专业术语可能会给人造成的印象是：它的影响力"并不来源于人类"。虽然这是不正确的，人力投入其实对数字平台的运作必不可少，但是就连知识渊博的用户可能都会以为算法决策是"中立的"，并且因为平台运营的不透明性和复杂性，用户并不敢质疑平台的操作行为和过程。

平台行使的"上帝的力量"带来了竞争法没有注意到的两个问题。第一个问题是当具备这样的权力的平台进行数据驱动的用户信息简化（persona，又称用户角色）时，可能会加重平台对现状的影响，尤其是对受保护的群体的影响。这反过来又会加剧社会不同群体中已经存在的不平等。虽然用户信息简化现在是一种常见做法，但是有人提出，由强大的平台进行的用户信息简化很可能会带来问题，因为这些平台具备一种能力，可以利用战略性地位来增强其用户易读性。易读性指的是（私人平台）试图通过提供"以公共观点叙述"（synoptic）的视角或模型等方法，"以简化税收、征兵和预防叛乱等典型国家功能的方式来安排人口"。除了这种对不平等现状的直接影响之外，第二个方面的担忧是这种"上帝的力量"可以被用来间接地加剧不平等现状。"应用商店"对其存储的应用程序所提供的隐私和数据保护程度的影响应该能当作说明这一点的一个范例。

数据保护法通常会为这些忧虑提供解决方法。然而,正如本章指出的,尽管欧盟颁布的《通用数据保护条例》(GDPR)在这个方面带来了一些希望,但是数据保护法并不是万能灵药,可能需要一些其他监管措施的配合,来解决本章指出的那些更加系统性的问题。

数字霸权地位和用户信息简化行为

通过收集和整理数据,占霸权地位的平台可以得到其平台上的用户概况。对这些平台来说,通过这种方式,个体就会变得可见或可读。对个人进行概述或分类的方法,英国竞争和市场管理局(CMA)关于消费者数据使用的报告和美国联邦贸易委员会(FTC)关于数据经纪商的报告中都已经有了清晰的概括。数据挖掘,尤其是数据搜集,可能会通过两种不同的方式对个人造成影响:第一,它可能会导致出于"保护理由"对个人和群体造成的歧视;第二,它可能会通过不均衡地影响具有特定属性的社会团队,导致不受保护的群体之间的分化。

◇**数据挖掘和歧视**

歧视是指个人或群体因"受保护的特征"被人以不利或带有偏见的方式对待。在英国,年龄、残疾、性别转换、婚姻和民事伴侣关系、怀孕和产期、种族、宗教信仰、性别和性取向都是受保护的特征。直接的歧视是指个体或实体因为某个受保护的特征而歧视个体或群体,以相对不利的方式来对待他们。间接的歧视是指某种惯例、政策或规则同等适用于所有个体,然而却对具有受保护的特征的人群造成不同影响,将他们置于不利地位。

为了描述方便,可能会引发歧视对待的数据挖掘方式通常会被简化。因此,举个例子,布鲁塞尔大学教授保罗·德·赫特(Paul de Hert)等人指出:"要么在数据包含的人群与排除在外的人群之间形成差别,要么在数据库中形成内部差异。"阿姆斯特丹大学国际发展学院研究员林内特·泰勒(Linnet Taylor)同样断言,"歧视会按照这个逻辑而产生,诸如性别、民族、籍贯等因素可以帮助决定我们属于哪些数据库,那些系统如何使用我们的数据,以及它们会对我们造成哪类影响"。

更进一步地了解关于纳入和排斥的决策是如何制定的、数据库内部的差异是如何产生的,将有助于制定我们接下来探讨的内容。实际上,数据挖掘过程给差别化的效果创造了多个机会。为了展示这一点,微软研究院首席研究员梭伦·巴洛克斯(Solon Barocas)和数据与社会研究机构学者安德鲁·塞尔布斯特(Andrew Selbst)将数据挖掘细分成了各个组件步骤,并识别了这些步骤可能会加剧歧视的各种方式(见图6.1)。他们的一些研究发现值得在此概述一下。

他们提出的第一个步骤是识别"目标"——"数据挖掘者在寻找的东西",以及"类别标签"——与目标变量相关的价值或属性。从歧视角度来看,这里主要关注的是对"目标"的识别和界定,与用来告知的"标签",它们可能会对具有受保护特征的群体造成比其他人更大或更小的影响。

同样地,巴洛克斯和塞尔布斯特强调,如果训练数据挖掘模型的数据本身就存在偏见(因此模型就会效仿这种带有偏见的例子)或者基于带有偏见的人口样本(因此受保护的群体代表人数就会过少或过多),这就可能会导致歧视。例如,某个群体过去被评判为信誉不佳,银行就给他们提供了几乎难以满足要求的不利的信用条款,那么这些将被记录下来,在数据驱动的贷款周期中,继续对他们造成不利影响。正如马里兰大学教授弗兰克·帕斯夸勒(Frank Pasquale)所说:"逾期付款更有可能出现,然后会作为中立、客观、无关种族的可靠性和信誉度标准,被输入现有的信用打分模型。"这样一来,简化用户信息实际上会增加消

识别"目标"和
"类别标签"

选择"训练数据"

选择与类别变量相
关的特征和属性

□目标：数据挖掘程序
正在寻找的结果（例如，
符合大学录取条件的好
学生）。

□类别标签：与目标相
关的值（例如，优秀的学
术成绩或课余活动）。

□风险：目标或类别的
选择可能会系统性地让
某些群体处于不利地位
（例如，家族成员在该大
学就学的经历）。

□数据挖掘尝试识别一个
数据集内部的统计关系，并
利用结果来创建模型。模型
取决于培训数据：歧视性
的数据就会产生歧视性的
模型。

□风险：会重现已经存在的
决策偏见（例如，当出于类
别标签的目的对数据进行
分类时，科学课成绩优秀、
但是读写课分数很低的学
生算"成绩好"吗？）或者根
据带有偏见的人口样本来
做出推断（如果关于个体的
某些类别，例如最近从某些
国家移民过来的人口没有
被包含在数据集中）。

□特征选择要求对于
分析中包含哪些属性
做出决定。

□风险：数据被简化，
并且可能没有考虑到
那些能够说明统计变
量的因素。例如，以参
加竞争性运动的数据
来作为课余活动的衡
量标准不能完全代表
那些出于机构（公立学
校与私立学校不同）或
经济原因没有机会参
与这些运动的学生的
水平。

图6.1　数据挖掘步骤与歧视风险

数据来源：基于巴洛克斯和塞尔布斯特识别的类别（2016年）。

费者违约的可能性。

巴洛克斯和塞尔布斯特指出，歧视可能会潜入系统的第三种方式
是在"特征选择"期间，在这个阶段会选择在分析中要考虑哪些属性，例
如在决定某人是否是一名"健康饮食者"时，可以关注其总的热量摄取，
或者看他是否吃新鲜的食物。他们指出，"简化的代表数据"可能"无法

捕捉足够的细节，来发现关键的兴趣点"。因此，正如他们所指出的，尽管推断可能在数据上来说是合理的，但是如果基于不够精确的数据，结论的准确度就会不足。例如，如果擅长某项体育运动被当作大学录取条件之一的话，会给不太有机会参与这项运动的某些群体带来负面影响，而更为精确的数据可能会显示，这些候选者通过其他方式获得了类似的技能。

实际上，数据准确性并不足以证明对受保护的群体的歧视性待遇具有合理性。欧洲总法律顾问夏普斯顿（Sharpston）曾提出以下观点：

> 想象这样一种情况可能会有帮助：（在非常合理的情况下）数据可能显示某一个种族的成员比其他种族更长寿。在决定社区养老金方案中个人贡献与应享权益之间的联系时，把这种差异考虑进去是完全无法令人接受的，而我并不觉得使用性别标准比种族标志更能让人接受。

政策制定者已经识别出歧视会带来的风险。例如，美国联邦贸易委员会（FTC）前委员拉米雷斯（Ramirez）强调说，利用算法数据来简化用户信息，可能会"意外地将人们根据社会上已经按照法律或道德标准规定不能使用的类别作为分类标准，例如种族、民族背景、性别或性取向"。而且，在关于数据中介的报告中，美国联邦贸易委员会指出，个体被划分成"城市争夺"（Urban Scramble）和"移动搅拌机"（Mobile Mixers）这样的类别，这些个体集中于少数群体和收入较低的人群，两个类别都包含较高比例的拉丁美裔和非洲裔美国消费者。该委员会指出，这些分类可能"更为敏感"，因为它们涉及种族渊源、收入水平和教育程度等特征。因此它们可以称为"冗余编码"，在这样的情况下，受保护群体的成员会被编码到其他数据中。实际上，数据简化可以用来掩盖歧视性待遇。然而这样的做法会构成间接歧视，因此也是违法的。

◇**数据挖掘及差异化**

除了针对具有受保护特征的个体的歧视以外,数据挖掘和简化的过程可能也会基于不受保护的类别来区分不同个体和群体。在数字背景下,通过第一方和第三方cookie等工具来进行的数据收集以及对该数据进行的后续挖掘可以用来将个体归类,比如说,按照他们被算法感知到的兴趣或特征来归类。接下来,定制的广告、商品和服务就会基于这种分类,呈现给不同个体。实际上,行为广告的倡导者经常断言,广告商对个体的实际身份没有什么兴趣,相反,他们对个体分类更有兴趣。因此,如果个体接受婚姻咨询的事实信用评估是一个相关目标变量的"特征",信用卡公司就不需要先识别个体,再为其提供更高的信用额度。因此,无须识别这个个体,就可以把他"挑出来",以能够区别他与其他人的方式将其归类。

跟歧视一样,这样的差异化可能会加剧不公平现状。一个明显的例子就是基于社会经济地位或者这种地位的替代指标进行的差异化。泰勒强调,数据监控最大的负担总是由穷人来承担。例如,已有文件可以证明,数据驱动的执法策略已经导致更贫困的社区制定的政策过多。而且,威斯康星大学学者玛丽·梅登(Mary Madden)等人还论证了,除了受到更多监控和承担更高风险之外,贫穷的美国人更容易受到数据挖掘过程的影响,原因在于他们访问网络所使用的设备以及他们与"隐私相关"的行为。例如,他们强调,家庭年收入低于2万美元的人群中有63%主要使用手机来上网,相比之下,家庭年收入高于10万美元的人群中这个比例只有21%。这是有关联的,因为比起其他设备,例如笔记本电脑或台式计算机,手机更不安全。这种对穷人的差异化对待的实际影响被美国联邦贸易委员会察觉,并提出声明,大数据挖掘"会损害穷人的经济稳定性和公民权利,例如在这些情况下,他们成为掠夺性金融产品的目标对象,线上产品和服务向他们收取更高的价格,或者用户信息简化方式限制他们就业和受教育的机会"。英国竞争和市场管理局（CMA）也认为通过数据挖掘，消费者可能会因为接收的产品和服务的品质或价格差异而受到区别对待：

> 收集消费者数据可能会让这些公司对消费者或相似的消费者群体所需要的最低质量水平做出判断。这可能会让一家公司在品质差异未反映在产品或服务的价格上时进行价格歧视。

平台可以通过限制向消费者展示产品信息，或者在某些情况下改变产品展示的顺序，首先展示质量较差的产品，从而促进这种行为活动。据内梅亨大学计算机学家波尔格赛斯（Borgesius）和阿姆斯特丹大学信息法律研究所学者普尔特（Poort）所说，尽管存在一些个性化定价的高调事件，但是这样的定价做法相对较少。这种做法明确的福利效应有些模棱两可，需要根据具体情况进行评估。不过，单个个体为产品或服务支付超出所需价格的情况是有可能的，这让相关的公司可以从产品中获得更多收益，从而实现"财富从消费者的口袋转移到运营者的口袋"。

波尔格赛斯和普尔特强调了企业不愿采用个性化定价做法的一些因素，最明显的一点就是消费者认为这样的做法不公平，公司害怕消费者如果发现受到这样的差异化对待，就会强烈抵制。宾夕法尼亚大学通信专业教授约瑟夫·图罗（Joseph Turow）在其著作中提供了这种不公平情况的生动例子。比如说，他解释了公司可以使用数据挖掘技术，将个体标示为"目标"或"无用"的类别，并在此基础上向他们提供折扣。与公正分配的想法相反，比起那些对价格敏感或消费能力较低的消费者，提供给那些对产品具有较高消费能力的消费者的折扣会更大，从而诱使目标消费者成为长期客户。正如波尔格赛斯和普尔特指出的，以及上文探讨过的,跟面向老人或学生等特定群体的标志性折扣相比,正是这种定价做法"偷偷摸摸"的性质让公众对其感到不快。

◇创造认知的能力

数据挖掘的歧视性和差异性影响不仅加剧了不平等现状,而且还有可能通过扭曲认知来进一步恶化不平等的现状。实际上,正如阿姆斯特丹大学学者赫尔伯格(Helberger)等人论证的那样,关于平台或"把关者"的大部分担忧都在于,它们对接触个体的途径、把关者与用户之间关系的形成方式的控制,而不是它们对这些方面的信息的控制。这与《智能机器时代:工作与权力的未来》的作者祖波夫(Zuboff)的断言一致:如果"在过去,权力等同于生产资料的所有权的话,那么现在它就等同于行为改变的手段"。这方面的一个很好的例子就是基于数据挖掘的搜索排名机制。哈佛大学教授斯维尼(Sweeney)的研究结果表明,在谷歌搜索高加索人姓名的结果要比搜索典型的非裔美国人姓名的结果更为中立。

"上帝的力量":数字霸权的加重效应

数据驱动的歧视和差异性并不仅限于数字霸权的情况。不过,本章指出,这样的歧视和差异性的影响可能会在数字霸权的情况下加剧,因为支配型公司在数字生态系统中拥有特权地位——它们拥有"上帝的力量"。特别是这种特权地位为其带来了优越的数据挖掘能力,并造成了个体与占霸权地位的数字平台之间出现信息和权力的更大的不对称性。

◇数字霸权平台的"上帝的力量"

对于充当"数字生态价值链的市场创造者或者说指挥者"的数字平台,人们应该予以特别关注。这些市场创造者的规模、商业模式和连接能力意味着，它们在数字生态系统中发挥着关键作用。欧盟委员会指出，在不远的将来，"只有少数一部分经济不会依赖线上平台"。当其他平台或服务依赖它们的时候，平台就拥有这种举足轻重的地位，例如当它们拥有其他实体竞争需要的资产。实际上，欧盟委员会在2017年关于其数字单一市场策略实施的临时报告中指出，在企业中普遍存在这样的担忧：一些平台可能会采取以下做法，例如偏好自己的产品和服务，而不是其他企业的同类产品和服务，限制访问和使用该企业在平台上的活动直接产生的数据。关于这类歧视的指控——系统性地偏好自己的服务，而不是其他企业的服务，是欧盟委员会针对谷歌的反垄断调查的核心，该调查最终对该公司处以24.2亿欧元的罚款。该委员会宣布，谷歌在其搜索引擎结果中系统性地给自己的比价购物服务安排了醒目的位置，并在其通用搜索引擎排名中降级展示了竞争对手的比价购物服务结果。而反对者的依据是该决议决定了公司不能偏好自己的产品，这是没有前例可循的。

先不说这个案件的是非曲直，它的确表明了欧盟委员会对强大的数字公司的一些做法进行制裁的能力以及意愿。不过，通常情况下，只有在涉及的公司享有市场霸权地位，且按照欧盟委员会关于市场定义的指导进行评估，涉及的企业行为将会损害"消费者福利"时，这样的干预才是合乎情理的。而且，消费者定义的有一个支配型公司的市场——例如，脸书处于社交媒体的市场中——通常不能反映出于竞争法目的的市场定义。关于市场权力的研究结果只集中在公司的经济权力方面，这可能不同于其在数据流或者影响观点方面的权力。例如，凭直觉来说，很多消费者可能会认为谷歌在欧洲市场的自然搜索引擎服务方面占据霸权地位。然而，有人会争辩说，这样的市场是不存在的，原因有以下几点：例如，自然搜索结果跟付费搜索结果竞争，或者社交网络服务中的集成搜索工具与谷歌的搜索引擎竞争。如果这些例子可以接受的话，市场就会变得比"自然搜索结果"的市场更广阔，并且可以将脸书这样的公司设想成谷歌的竞争对手。这反过来会让人不太可能发现谷歌的市场权力。同样地，人们还可以认为，即使自然搜索结果的市场存在，并且谷歌在欧洲这样的市场占据超过90%的市场份额，由于该市场的准入障碍很低，再加上技术领域的"竞争就在点击之间"这个预言，谷歌也不算拥有很高的市场地位。当然，这些实证检验都受到了极力反驳。不过，它们表明了一个论点，那就是尽管竞争法是控制过度私有权力和霸权地位唯一可用的法律手段，考虑到它对霸权地位的定义，它可能在处理前文所识别出来的不平等现象方面作用有限。这一声明得到了一个实例的进一步支持，那就是竞争法试图解决的主要是经济损失，并且将消费者福利的典范扩展到非经济损失受到了极大的抵制。因此，虽然基于个性化的"价格歧视"等行为做法是否会引起竞争法的关注，还存在激烈的争论，但是因为存在这些限制（需要存在"霸权地位"和对"消费者福利"的损害），由差异化、歧视和舆论形成方面的权力造成的很多不平等问题并没有引起竞争法的关注。然而，正如下文将要探讨的，这些限制仿佛具有"上帝的力量"，对基础架构和用户所访问的数字平台举足轻重，所以不平等在加剧。

"上帝的力量"的影响

数据挖掘带来的问题并不仅限于线上环境。恰恰相反，当前的商业行为暗示着当谈到创建用户档案时，"线下"和"线上"行为之间难以划清界限。例如"上岗"：数据经纪商将线下数据加到cookie中，使广告商可以利用消费者线下活动的信息来决定向他们递送哪些线上广告。类似这样的行为表明，在管理数字"把关者"时采取独特的方法可能并没有什么价值。实际上，在美国，一个数字权利倡导组织——电子隐私信息中心（EPIC）声称，谷歌正在使用信用卡数据来追踪其提供的线上广告是否会促进线下店内购买行为，而用户并未被提供充足信息，以了解该活动如何运作以及如何取消该活动。考虑到这些模糊的边界，监管机构必须考虑支配型数字公司进行的数据挖掘是否值得特别关注，以及如果是的话，为什么会这样。例如，基于数据挖掘技术，在一天的某个时刻向个体在线展示一种美容产品跟在超市结账处销售巧克力和零食的做法有区别吗？有人可能会认为，二者都是促进销售的心理手段。

　　本文在此建议，考虑到数字生态系统中占霸权地位的公司直接接触的个体数量以及对这些个体数据的处理程度，有必要对它们加以特别关注。因此，无论可接触的个体数量及其数据处理的程度，所有实体都可能会对个体造成负面影响，而较大实体可接触的个体数量更多，数据处理能力也更强，它们的行为就可能会对社会利益和个体权利造成更大的影响。实际上，欧洲法院在其谷歌西班牙案的判决中含蓄地承认了这一点：它强调了，当谷歌的搜索结果可以获得个人数据时，谷歌搜索引擎的普及度及其处理的个人数据的数量都与个人权利被干预的程度存在关联。

　　换句话说，服务涉及的范围越广，处理的个人数据越多，对个人权利的干预程度就越高。这反过来又证明了对在数字领域占据霸权地位的公司加以特别关注的合理性。实际上，在此可以将其与前文探讨过的竞争法条款进行类比。根据欧盟竞争法规，占霸权地位的公司要承担一种"特殊职责"，因此，对于非支配型公司来说合法的行为，诸如对消费者施加专有交易义务的行为，如果由支配型公司来进行，就是不合法的。这种"特殊职责"正当合理的理由是，支配型公司的行为在竞争中的影响比那些非支配型公司更大。

　　在此还要指出，支配型公司的行为也可能比那些非支配型公司的行为对个体的权利和利益造成更大的影响，这也许能解释为什么对支配型公司施加的特定义务不适合对非支配型公司施加。例如，截至2017年6月，脸书拥有超过20亿用户，大约有12亿用户每天都会使用其脸书账户。脸书的数据处理潜力在其与各种数据经纪商形成合作关系后得到进一步增强,其中包括世界上最大的经纪商。例如,脸书的合作伙伴包括声称持有7亿人相关数据的安客诚公司(Acxiom),还有持有价值2万亿美元的基于线下购物的数据的Datalogix公司。脸书与大量用户的直接接触与其数据处理能力,让它成为这些数据经纪商希望合作的伙伴,并且给它带来了简化个体信息的能力,该能力依靠的根基被帕斯夸勒称为"自我强化的数据优势"。尽管很多大型平台声称它们所处理的数据数量对其成功并没有决定性作用,更准确地说,它们对这些数据的应用才更加重要,但是这的确引发了疑问,如为什么这些数据共享的合作关系是必要的,这些关系是否遵从全球众多数据保护法规明文规定的数据最小化原则。

因此,本文担心的不仅仅是"数字",而且是数字与权力的组合。正如前文提出的,这种语境下的权力可能跟竞争法和经济规则中使用的"市场权力"的概念存在重叠,不过它的定义或衡量方式跟市场权力并不相同。实际上,在这方面的重大挑战之一就是,我们甚至无法描述这种私有权力,因此,我们转而求助于经济规则和竞争法的语言和概念。这个问题并没有被完全忽视,并且在某种程度上解释了正在进行的争论:竞争法需要被重新设计来保持适合数字时代的需求,尤其是"市场权力"是否需要一个新的概念。本文将这样的权力称为"上帝的力量",是以下活动的一部分:将权力从反垄断"市场定义"的限制中分离出来,倡导权力的概念重建,以应对私有平台在社会中扮演的准管制者角色。然而,正如接下来的内容所展示的,无论如何称呼这种权力,它的影响和作用都已经切实存在。平台权力直接和间接地加剧了已经存在的不平等情况。直接方式是指,加剧处理个人数据的一方与因此过程而变得透明化的另一方之间的不对称情况,损害后者利益。间接方式是指,强大的平台在行为中决定依赖于它的服务供应商向其用户提供的条款和条件。

◇**加剧信息与权力的不对称性**

前文提到的差异化定价做法就是明显体现个体与平台之间权力与信息不对称性的范例之一。

个体与支配型平台之间的信息不对称性让平台可以尝试影响个体的政治观点，也可以根据预估个体对某种产品或服务可接受的底价来进行差异化定价等。个体会认为这种做法不公平，并且这些做法可能是剥削性的，例如，在定价时，平台在个体渴望或脆弱的时候向他们收取更高的租金①。这些做法不公平的原因之一是，它们的操作是不透明的，但与此同时，个体情况却因此而变得透明。赫尔伯格等人在论及媒体多元化时强调提到了这种情况，他们认为这是有问题的，用户对于隐性个性化过程的选择标准一无所知，而且不可以改变或者"关闭"这些操作。因此，他们无法自己评估或弄清楚他们选择新闻的受限程度。帕斯夸勒也强调了这种不透明性，指出可能"我们的数字档案上饰有耻辱的红字"，而我们也许对此一无所知。不过，这种认识不足并不是唯一的问题。

即使当平台提供给个体更多信息，或给予他们查看、修改可生成其用户信息简化的决定因素，权力不对称依然会存在。平台以这种方式让个体进入这个过程，并不表示个体能够质疑影响特定用户信息简化的因素。如果平台采用个体不赞同的方式来对其分类，例如"适合糖尿病患者的生活方式"或"亲左派"，用户信息简化生成方也许能够争辩说，这种推断只是一种观点，而不是事实。而且，即使个体知道在决定提供商品或服务时需要依据的条款和条件，某些特征会得到重视或惩罚，这也许依然不能帮助他们辨认应该如何行动。例如，据英国竞争与

---

① 例如带有额外利息的发薪日贷款，或者极其常见的在手机电量快耗尽时提高打车费用。

市场管理局称,一些提供汽车保险的杂货零售商购买数据来"得出关于家庭特征的推断,例如,对购物习惯中表现出相对较低风险的家庭提供折扣"。不过,在类似"人造黄油和动物黄油哪个对你更有益"这样无休止的争论中,即使个体试图遵照"理想的"用户信息简化,可能也是无法实现的。

◇**对服务供应商的数据处理行为的实际影响**

占主导地位的数字平台值得特别关注的最后一个原因是,鉴于其他内容提供商对平台的依赖性,平台可以对个人享有的基本权利(例如数据保护权和隐私权)产生决定性的影响。例如,英国竞争与市场管理局承认操作系统对应用程序接口(API)负有责任,"这些接口会决定软件与硬件如何相互作用,包括应用程序可以获取哪些信息"。这些接口通过在操作系统级别的隐私控制,来操纵信息发布。换句话说,操作系统对其存储的应用程序提供的数据处理标准的最低等级拥有最终发言权。这意味着,在理论上来说,操作系统可以将数据使用策略不合标准的应用程序排除在它们的平台之外。不过,平台似乎很少在向应用程序供应商宣传重要的数据保护原则,如数据缩小。例如,全球隐私执法机关网络(GPEN)在2014年进行的一项调查中发现,三分之一的应用程序要求的权限过多,以便获取额外的个人信息。而且,美国联邦贸易委员会近年来对Brightest Flashlight和Snapchat等应用程序在如何使用个人数据方面的误导性言语采取了行动。这并不是说平台在促进隐私和数据保护方面毫无作为。例如,最近的报告表明,安卓用户的应用商店Google Play出于隐私和数据保护,从其平台上剔除了一些应用程序。不过,它们表面上宣称对这些权利采取的"大多数人能接受的最低标准",其实却影响了用户实际能享受这些权利的程度。实际上,Google Play似乎只从应用商店中移除了那些极糟糕的侵权者,例如要求敏感权限——来自摄像头或麦克风的非必需信息——的应用程序,而这些要求并未遵从该应用商店隐私政策的基本原则。

而且，支配型平台让个体难以采取措施来保卫自己的权利，例如阻止用户使用广告屏蔽软件，或者在其平台不提供隐私增强技术（PET）下载服务。实际上，应用程序PET Disconnect声称，该程序在安卓的Google Play应用商店中无法被下载，这是不公平的。作为辩护，谷歌（非正式地）声明说，它对所有应用程序采取一致的政策，并且它"长期以来都禁止干预其他应用程序的应用程序，例如更改它们的功能，或者去除它们的盈利方式"。它还指出，在Google Play应用商店里有很多遵从其政策的隐私增强技术应用程序。尽管考虑到可与之竞争的隐私增强技术应用程序较少，对权利的影响可能很小，但是Google Play应用商店的排除政策缺乏透明性的事实依旧引人注目。这也生动地提醒了人们驱动Google Play应用商店的商业规则：隐私增强技术并不是通过让个体控制自己个人数据被处理的方式，从而确保个体权利有效性的应用程序，而是谷歌底线的一个威胁，因为该应用程序促进了这些权利的行使，从而威胁到了其他依靠数据处理来维持商业可行性的应用程序的收入来源。

考虑到由平台权力造成的这些不断加剧的担忧——对权力不对称造成的直接影响，以及对个体享有权利的实际保护的间接影响，是时候提出疑问：是否应该为强大的平台安排一种"特殊职责"，类似于竞争法为支配型公司安排的那种职责？目前，由于竞争法在规避这些潜在危害方面发挥的作用有限，与数据驱动行为及其后续影响——例如差异化——相关的主要规则体就是数据保护规则。不过，正如下文将要探讨的，虽然数据保护法规提供了一些消除数据挖掘行为负面影响的机制，但它也有自身的局限性。

数据保护法规的作用及局限性

数据保护法规适用于"个人数据"被"处理"的时候。"个人数据"和

"处理"的定义比较宽泛,因此把关者所进行的数据处理的很多潜在危害可能都会反映在数据保护法规中。例如,数据集中在一个强大平台的情况可能会像其他数据集中情况一样,出现数据安全问题的风险会增加。数据保护法规的条款(在理论上)通过要求负责数据处理的那些主体遵守某些保护措施,确保数据操作系统结构坚固,从而减少这样的风险。然而,到目前为止,数据保护法规在约束和制止过度数据挖掘方面作用有限。实际上,尽管其运作原则与数据保护法规的基本原则之间存在表面上的冲突,诸如"大数据"处理的现象已经出现。虽然引进新的法规框架——《通用数据保护条例》毫无疑问将会改善这个法律机制的有效性,但是下文将会进行探讨,对其条款寄予厚望也是错误的。

◇**数据保护法规的适用范围**

在欧盟,一个复杂的监管机制建立了一个制约与平衡框架,数据处理操作必须遵从,以保证其合法性。跟其前身——1995年开始执行的《数据保护指令》一样,欧盟的《通用数据保护条例》适用于对个人数据进行的自动化(或系统化)处理。一旦符合这个法律框架的范围,决定处理个人数据的方式和原因的实体——个人数据处理操作背后的决策者就成了"数据控制者"。正因为此,数据控制者必须确保数据处理操作拥有相关的法律依据,遵从数据处理的原则和保护措施,并且使"数据主体"的个体权利得到尊重。

考虑到商业数据挖掘的普遍程度,以及与这种行为相关的法律体系不完善的情况,由此产生的初步疑问是,强大平台的数据挖掘行为是否属于数据保护法规的范畴? 个人数据可定义为与基于该数据被确认身份或可辨认身份的某人相关的任何信息。因此,"个人数据"即"与被确认身份或可辨认身份的某人相关的任何信息"。欧盟"第29条"工作组(WP29)是一个由国家数据保护机构代表组成的关于数据保护事务的顾问团体,该组织认为,"个人数据"与个体"相关",在其他情况下,

"个人数据"的目的也是"以某种方式评估、处理或者影响个体的状态或行为",或者"可能会对某个体的权利和兴趣造成影响"。因此,该组织避免了对"相关"的更狭隘的理解,这样该信息的重点就在数据主体上,或者说该数据与该个体的私人生活存在明确的联系。根据该组织的定义,通过数据挖掘行为对个体进行的分类,例如他们被算法所认知的消费能力或未来权益,与该个体"相关",因为这种分类决定了个体将会如何被对待(例如,他们会接收哪些广告,或者他们会得到哪些音乐推荐)。不过,欧洲法院对这种宽泛的个人"相关"信息的解读产生了怀疑。在YS一案中,法院被要求考虑,由一位称职的移民官员拟定的"摘要"中,居留证申请人所提供的数据以及与居留证相关的对该申请人状态的法律分析是否属于个人数据。在法庭上,摘要中关于申请人的资料(例如姓名、出生日期、性别、语言等)属于个人数据这一点并未引起争议,法院也确认了这一判决。不过,法院认为摘要中的法律分析,即按照相关法律条款对申请者数据的审查,并不属于个人数据。法院推断,这样的法律分析"是与居留证申请人无关的信息,在不限于对法律纯粹抽象的解读的情况下,它最多算是由该法律的合格权威机构对申请人情况的评估和应用的信息"。法院对该判决的解释是基于它得到了《数据保护指令》的目标和总体方案的证实,即根据《数据保护指令》的目标和总体方案证明了这一发现的合理性。

在转换到支配型数字公司的操作方面时,法院的推断过程引发了深思。其推断似乎表明,"被提供给"这些公司的数据,例如关于个体网页浏览行为的数据,就像居留证申请人提供的数据一样,属于个人数据。不过,这些公司通过数据挖掘操作对那些数据应用了算法——相当于通过法律分析对那些数据应用了法律条款,可能并不属于个人数据。科夫(Korff)确实提出过这样的警告:那些公司可以使用这样的推断过程将用户信息简化移到数据保护法规的适用范围之外。他指出:

　　毕竟,按照定义来说,用户信息简化所基于的数据也并非和主体特别相关的事实和假设的抽象分析,尽管二者的应用都与数据主体相关,并且决定了他或她会受到怎样的对待。

　　实际上,YS一案中的几个申请人、成员国政府以及欧盟委员会都认为,法律分析应该属于个人数据,因为它针对的是一个具体的自然人,并且该分析基于该个人的情况和个体特征。

　　欧洲法院法庭总顾问寇克特(Kokott)在Nowak一案中的观点似乎与YS一案的法院判决相反。在Nowak一案中,法院被要求考虑一份考试试卷是否属于个人数据。这位法律总顾问清楚地发表意见说,这属于个人数据,并推断说,考试试卷将其包含的答案与填写该试卷的单个考生联系在一起。正因为此,"试卷是该个体在一场特定考试中的参与及表现情况的文件记录"。她特别强调,试卷旨在评估一名考生"完全个人的个体表现"。她对此进行补充说,考官在一份试卷上的评语也是个人数据,指出"评语旨在评估考试表现,因此与该考生间接相关"。尽管Nowak一案中的考试纠错内容与YS一案中的法律分析存在明显的相似之处,但是该法庭总顾问并没有尝试将二者协调一致。因此有人提出,即使在《通用数据保护条例》生效之后,用户信息简化本身是否与个体"相关"依然是一个开放性问题。

　　在产生用户信息简化的背景下,进一步争论的焦点是个人数据是否与可辨认的某人相关。在决定某个人是否可辨认时,《通用数据保护条例》第26条明确规定,"应考虑可能的所有合理使用方式,例如挑选出来,不管是由控制者还是另一个人来操作",以直接或间接地识别数据主体。在进行这种评估时,诸如成本、时间投入以及当前的技术可行性等客观因素需要考虑在内。线上行为广告最积极的支持者试图争辩说,广告商对用户的真实身份并没有兴趣,他们只是想要将用户分组,以看出哪些群组比一般用户更可能具有某些兴趣或能力。这个论点甚至得到了那些寻求对用户信息简化进行更有效的监管的人群的认可。实际上，泰勒强调说，数据不公平现象似乎越来越多地出现在集体层面。她指出：

新的技术倾向于基于群体而不是个体特征和行为来分类、简化和通知行动，因此为了贯彻执行任何数据公平性的概念，不可避免地，都有必要展望个体层面以上的情况。

有一个例子也许可以帮助说明这一点。脸书基于用户的个人资料和行为将其用户分类，然后向广告商提供机会，让他们与符合其需求的用户建立联系。例如，脸书估计一个用户的年龄为30多岁，居于伦敦，对自行车运动有兴趣，是一名专业人士，它可能会根据这些信息，向该个体提供伦敦市中心动感单车健身工作室的广告。但脸书不会向广告商提供该用户的详细信息。广告商可能会因此辩称，即使该用户点击链接看了动感单车广告，他们也不可能仅根据用户的IP地址就识别出该用户。而且，考虑到用户信息简化的广泛参数，广告商可能还会辩称，自己即使得到了用户信息简化和IP地址，也不能依据这些来识别单个个体。

然而，在将广告连接到单个用户时，脸书会处理该个人数据，即使脸书是在广义层面上对用户进行分类，它同时也拥有技术能力，可以将这种广泛的用户信息简化链接到单个用户。在Breyer一案中，欧洲法庭采取了可辨认性较为宽泛的解释。法官判决，如果公开的网站或线上媒体服务可以借助法律手段来将该动态IP地址和其他数据建立联系，从而识别个体的话，动态IP地址可能就属于个人数据。欧洲法院在Breyer一案的判决中值得注意的是法庭对于数据控制者在识别数据主体时"可能合理使用"方式的评估。在那种情况下，为了识别一个动态IP地址背后的个体，网站运营商需要联系主管部门（当场联系网络犯罪管理机构),后者接下来需要联系互联网服务供应商,以便获得额外的识别信息。仅仅是平台可以将数据与识别数据联系起来的可能性——尽管这个实施过程耗时费力——就让数据表面上看来变得"可辨认"。因此,这种明确的先例,加上 Nowak 一案中法庭总顾问的观点,就打开了一种可能性,那就是通过数据挖掘在特定个人数据中产生的信息属于个人数据。

本章小结

本章提出,普遍存在的数据挖掘技术在应用中并不是中立的,而且可能会加剧已经存在的社会不平等状况,包括受到法律保护的领域以及社会经济地位等其他领域。受到质疑的技术并不是只有强大的平台在使用。不过,有人认为,数字平台拥有"上帝的力量",这种力量源自它们处理的数据数量和种类,以及它们的接触范围,这意味着这些数据挖掘技术在这种背景下的影响尤其致命。这存在两个方面的原因:第一,这样的做法会扩大个体和数据控制者之间现有的权力与信息不对称的差异(处于弱势的个体与强大的平台之间的权力鸿沟会被进一步拉大)。第二,强大的平台有能力影响供应商在更广阔的互联网生态系统中的数据挖掘行为:这种能力可以推动更高的数据保护标准,并像现在一样,纵容甚至是助长不公平的数据挖掘技术。因此有人提出,正如通过竞争法律法规让拥有强大市场权力的公司承担一种"特殊职责"是适当之举一样,也许让拥有"上帝的力量"的公司承担额外的法律职责也是合适的举措,因为它们处理的数据数量和种类很多,它们的接触范围很大。

数据保护法通常被标榜为用户画像行为的解决方案。但是到目前为止,这套法律体系的执行效果表现平平,部分原因是它让个体承担了维护自身权利的职责。欧盟《通用数据保护条例》的生效的确给这个方面带来了一些希望,不过它并不是灵丹妙药。考虑到数字系统的架构,有人提出,需要制定更富有想象力、更全面的解决方案。比如,泰勒强调:"在建立和增强与数字数据相关的权力不对称方面,市场是一个重要因素,而处理大规模数据收集和监控中涉及的价值链可能是对权力滥用进行管理的一个实用捷径。"如果能更有力地掌握和理解强大的平台和数据商家处理"个人数据"的方式,我们就能迈出驯服这种"上帝的力量"的精彩的第一步。

第七章　数字霸权对议程设置的影响

贾斯丁·施洛斯贝格(Justin Schlosberg)

　　本章探讨平台垄断者①在新闻把关和议程设置中的作用,对人们经常持有的这种假设进行了审问和质疑:谷歌和脸书这样的平台以牺牲主流媒体和广播公司为代价,而拥有了强大的市场支配权;据说随着销量下降,再加上博取关注与吸引广告商的竞争日益激烈,主流媒体和广播公司在公共舆论中的传统支配地位已经衰落。

　　一些研究倾向于强调,平台垄断者在进行新闻编辑时所采取的方

---

① 在本章中,我使用"平台垄断者"来指代那些主要作为新闻渠道的网络中介,也就是说,它们自己并不是新闻消费的终端,而是通过推荐算法来提供引导流量和将用户连接到内容的服务。它们不同于那些生产原创新闻内容或者为供应商生产的内容提供渠道和品牌的新闻平台。它们也不同于那些完整地包装和存储新闻的信息汇总平台。实际上,很多平台都从事一部分这样的活动,然而很明显搜索和社交媒体垄断者——谷歌、脸书、推特——作为新闻通道,就像大部分传统的大型新闻媒体主要生产和发布自己的新闻内容一样。这个术语和分类主要来自Ofcom。

法不是透明的。这种观点与社会学家史蒂文·卢克斯(Steven Lukes)于1974年提出的关于权力的激进观点不谋而合。卢克斯对公共辩论中特定问题被突出或缺位的情况表示担忧,他极力主张对议程的形成进行严格审查。美国学者本·巴格迪肯(Ben Bagdikian)也指出,如果媒体权力的症结包括"小心地避免一些话题,积极追求其他话题",那么面对快速发展的通信技术,谁在背后操纵议程(以及达到什么程度、通过什么方式)的问题就需要不断重新加以审视。

控制的起源

在媒体研究中,要讨论议程背后的权力问题,需要追溯到"把关理论"。自最初形成起,这种理论一直专注于在任何特定时间能决定新闻议程中会包含哪些故事、问题或框架。虽然一开始,关注点集中在新闻选择的主要驱动者——编辑——的主观性上,但是此后的研究经过发展,能够反映更大范围的影响因素,并能说明编辑决策过程的细微差别和复杂性。这也导致了不同分析层面的出现,由此将把关理论用于审查个体机构、通信惯例、组织行为、社会制度或社会系统的整体功能。

把关理论通常专注于考察编辑做出决策的驱动因素,而议程设置的调查研究则探究新闻选择反过来对媒体、公众和政策议程产生的影响。关于议程设置的调查研究大都证实了哈佛大学教授伯纳德·科恩(Bernard Cohe)多年前提出的假说,那就是媒体"大多数时候都不能控制人们思考的内容,却能成功引导读者就某一问题展开思考"。后来的研究更进一步发现媒体不仅能够决定特定主题或问题的显著性,而且能够确定特定故事中的视角或"属性",从而左右人们对问题的思考方式。

但是,即使有了这些不同层面的拓展分析,媒体研究领域的把关和议程设置范例还是无法很好地回答卢克斯提出的议程权力问题。新闻过滤是专业新闻一个必要的特征,在这个前提下,关于精英权力可能会通过这个过程对公共舆论设置限制的忧虑,往往是通过援引共同的新闻价值观、社区关系以及将监察新闻作为"公共警报系统"来解决的。

在数字环境中,把关和议程设置的权力掌握在专业记者和编辑手中的状况引发了一些讨论。对于支持把关惯例的一些人来说,新闻和信息的过滤权力越来越多地分散到日益被赋能和受到鼓励的观众手中是一件好事。"全网化的把关"(networked gatekeeping)现象就展示了权力由专业人士转向大众的过程。一些人认为这是"从把关('看门狗')到'导盲犬'"的转变。其他人则持相反意见,认为专业记者的作用现在仅限于新闻采集,而观众则承担起了决定哪些报道更为重要和突出的责任。

不管是哪种方式,现在专业媒体在议程制定中承担的是支持作用,而不是主导作用,美国媒介研究领域领军人物亨利·詹金斯(Henry Jenkins)强调了这一点:

> 参与权不是由破坏商业文化而来,而是来自对其进行重写、改编、修订、扩展、添加更多不同观点,然后再循环、反馈回到主流媒体中。

加上扩散渠道、消费模式的变化和观众群体的分裂,新闻供应商为了吸引和留住小众观众,正在变得越来越偏向政治党派。福克斯新闻在商业上的成功就证明"党派选择性暴露"已经成为新闻消费的重要驱动力。

因此,跟那些赞成分散把关权力的人相比,耶鲁大学政治学博士班纳特(Bennett)和传播学教授艾扬格(Iyengar)这样的议程怀疑主义者则描绘了更为发人深省的画面。不过双方在一个重要的方面存在共同点:他们都认为,观众不再只是新闻的被动接收者,而是自我议程的积极代理者,观众按照自己的身份与关系,自主选择自己的媒体"菜单"。最重要的是,他们都相信大众媒体的范式正在受到侵蚀,主要的媒体品牌在促进公共辩论和明确其界限方面发挥的作用正逐渐削弱。

"为你定制的"新闻

近些年来，随着议程越来越个性化，学术界对算法在新闻受众两极分化（甚至原子化）中的特殊作用的关注急剧增加。而平台垄断者正是通过其设计和控制的算法过滤器，开始扮演新闻把关和议程设置的角色。

凯斯·桑斯坦（Cass R. Sunstein）是首先发现数字新闻消费中新兴的"回音室"和"个人日报"特征的几个人之一。按桑斯坦所言，这种掌握在用户手中的新闻选择权并不是在复兴公共领域，而是在破坏和削弱它。如果个人只能通过自己的设备选择新闻自由，那他们会逐渐被束缚在私人信息领域中；他们会被驱使着选择熟悉的而不是陌生的信息、人云亦云的而不是批判的声音。有关快速发展的"个性化互联网"，《过滤泡沫》（*The Filter Bubble*）作者埃利·帕雷瑟（Eli Pariser）于 2011 年指出，不仅是广告，我们在线上遇到的所有内容很快都会针对每个个体，不仅能预测人们的选择，还会产生强烈的"封锁"（closing off）效应：

> 新兴互联网的核心代码非常简单。新一代的互联网过滤器将根据你可能会喜欢的东西，比如你做过的事情或者是跟你相似的人喜欢的东西，尝试推测。它们是预测机器，会不断创造和改进关于你是谁、你接下来会做什么、想要什么的理论。这些机器会为每一个人创造一个独特的信息体系，这会从根本上改变我们遇到各种想法和信息的方式。

为了应对批评，平台垄断者往往会援引用户主权来作为它们算法的设计基础。背后的逻辑似乎显而易见：最大化用户的参与度最终有利于公司及其广告商和合作伙伴的利益。而这只有通过考虑到终端用

户的利益来专门开发算法才能实现。这种把用户放在首位的观念在
2011年谷歌董事长埃里克·施密特的一份证词中得到了生动的体现：

> 在谷歌，我们始终专注于将消费者——我们的用户——
> 放在首位。例如，在这个竞争就在鼠标点击之间的世界里，我
> 们的目标是尽快提供相关解答，而且我们的产品创新和工程
> 技术人才会提供我们认为用户会喜欢的搜索结果。

但是这个论点中存在很多概念问题，尤其是它假定用户在掌控搜
索查询的大权，但谷歌的算法设计只是在回应用户，而不是在引导、定
制和审查监管内容。最重要的是，"将用户放在首位"的说辞遮掩了那
些按照商业的急切需要对用户利益进行解读和影响的隐秘方式。在施
密特提供证词之前，谷歌的搜索算法已经在引导用户接触某种类型的
内容方面进行了越来越多的干涉。施密特本人在2010年曾经告诉《华
尔街日报》的记者："其实我觉得大部分人并不想让谷歌回答他们的问
题。他们想让谷歌告诉他们接下来应该做什么。"

这种看法跟施密特在一年后向参议员委员会提供的证词有很大的
不同。尽管更加具有干涉性的搜索功能并不一定与将用户放在首位的
原则有冲突，但是从"回答问题"向"告诉人们接下来做什么"的转变明
显预示着在新闻和信息传递中假定的权力顺序的根本性改变。

跟谷歌的搜索功能一样，脸书的信息流算法按照用户的社交和人
口统计资料来对新闻报道和信息性内容进行过滤和排序。而且跟谷歌
一样，这种过滤过程从用户的角度很难被注意到。当我打开《纽约时
报》的网站主页时，很明显头条新闻的排序和措辞是编辑决策的结果。
但是当我登录脸书时，个人首页向我展示的帖子和分享内容看起来更
像是我所有朋友做出的选择和我"点赞"过的所有页面按照时间顺序排
列的结果，而不是错综复杂的个性化指标排出的优先等级。最近的一

项研究显示,62%的脸书用户并不知道他们的新闻流是脸书采用这种方式"策划"而成的;而另一项研究则指出,多达72%的好友和订阅号发布的帖子在脸书用户的信息流中被隐藏。

聚合的回归

颇为矛盾的是,主要的新闻算法中还有一些关键特征,也许能帮助复兴聚合而不是个性化的议程。首先,平台垄断者对主流新闻品牌设置的编辑优先次序越来越敏感和顺从。这在2016年5月浮出水面。当时有五名揭发者透露,脸书内部存在一个专家"策划"团队,他们在脸书纽约办公室的地下室工作,负责手动编辑热门话题,也就是在用户的个性化新闻流中出现的最流行新闻报道的聚合清单。用新闻术语来说,脸书的热门话题跟推特的一样,能保证任何专题报道的访问量都得到大幅提高,因此有可能对某个主流议程的共识造成巨大的挑战或加强其影响力。

这个真相的揭露激起了对策划过程中存在明显的反保守偏见的争议,尽管这似乎仅反映了大多数策划人员的政治敏锐性,而不是一项自上而下驱动的政策。不过管理层的确提供了明确的指令,对于涉及脸书自身的新闻报道要格外小心,如果在主流媒体和推特上吸引了极高覆盖率的某篇报道在脸书上"按自然方式"并不算热门的话,就要对其热度加以促进。实际上,据说该团队给出了明确的指令,要求按照一份"优选的"传统新闻来源名单的议程来检查脸书上的热门话题。

至于谷歌新闻,容量和规模长期以来都是"优化"的主要驱动力。只要看一下它最近提交的新闻算法的专利申请,就能看出规模有多么重要:受众的规模、编辑部的规模以及输出的规模。也许最有争议的衡量标准是通过比较网站在任何给定主题上的输出量与网站上该主题的总输出量来衡量谷歌所谓的"重要性"。在一定程度上,这既能促进源头层面的议程的集中(通过偏袒那些具有容量和规模的组织),又能促进输出层面的议程的集中（通过偏袒那些生产更多话题的组织）。

很明显，谷歌认为"真正的新闻"的供应商是那些能够持续不断地产出话题多样、具有原创性、爆炸性和综合性新闻的供应商，从表面来看，这样并不算是坏事。在一个充满炒作、谣言和虚假新闻的世界里，毫无疑问人们会被那些表现出一定专业程度的新闻品牌所吸引。尽管公众对作为公共服务业的新闻业的信任跌到了谷底，但是很明显那些主要的新闻品牌依然享有很高的议程权威，还是能压倒噪音的。2013年，一项在九个国家开展的线上新闻消费者调查中，大部分调查对象都表示，他们倾向于从他们知道和信任的网站获取新闻，而这些网站的背后是少得令人吃惊的几个新闻来源。在第二年的相同调查中，同一批研究人员指出："尽管可获得的新闻来源几乎是无穷尽的，但是一般用户倾向于每周接触的来源不超过三个，而英国和日本用户只使用两个来源。"

学者们创造了"把关信任"来描述这种现象，意思是大家都相信"新闻媒体会基于社会问题的相对重要性来选择性地进行报道"。换句话说，这是一种与新闻选择和议程设置权力紧密联系的信任形式。人们也许无法信任记者会准确或公平地讲述一个故事，但是把关信任代表着人们认为至少记者讲出来的故事是值得讲的。

在2014年进行的一个精彩有趣的实验中，一组学生被安排看似无意地接触了一组新闻事件，这些事件经过人工处理，分别被展示为主流新闻品牌、个人博客、公认的非政府组织（NGO）或相关的新闻及游戏网站品牌的报道。研究人员发现，与特定事件作为个人博客或非政府组织报告的形式相比，当该事件与受到认可的报纸品牌（《纽约时报》或《华盛顿邮报》）关联时，参与者更有可能认为这个事件很重要。

很明显，平台垄断者对这种把关信任越来越敏感，对这类批评也愈发敏感：它们的新闻"质量"标准在阻止仇恨言论和虚假信息激增的方面没有任何作为。谷歌在专利申请文件中明确表示："CNN 和 BBC 被广泛认为是报道准确性、写作专业性等方面的高品质新闻来源,而本地新闻来源,则被认为质量较低。"

当然,通过偏袒某些类型的组织(例如那些拥有规模和公认的品牌地位的组织),谷歌在一定程度上支持和巩固了一种主流议程共识(并且潜在支持了一种带有偏见的共识,因为它表示了对BBC和CNN等来源的偏好)。

但是在消费者和平台垄断者对主流新闻品牌展示出的持久的把关信任背后,可能还有其他因素在发挥作用。要想了解问题的核心,我们需要考虑消费者认知的基本特征,既有主要的算法可以帮助传递前所未有的新闻多样性这种乐观的想法,也有认为它们在促进公共领域持续不断解体的悲观说法。

集体消费与个体消费

两种思想流派都依赖同一个设想,那就是人们从根本上来说更喜欢专门定制的小众内容,而不是那些针对大众的内容。对于个性化内容的偏好以及算法能够满足这种偏好的独特能力,也是美国《连线》杂志前主编克里斯·安德森(Chris Anderson)长尾理论的核心,该理论认为,数字经济本质上将会以牺牲主流为代价,促进小众文化的爆发。

但是认为用户更喜欢"定制的"内容这一假设忽略了集体感受能力在新闻、娱乐和文化消费中的重要意义。新闻或娱乐能够令人愉快,或者其他符号性商品具有意义的一部分原因,就是它们构成了共享文化的一部分,在文化消费的集体想象中存在一些深远的东西,这是内容在经过特别挑选时无法实现的,无论这个挑选过程是由用户自己进行的还是由算法代表用户进行的。集体想象不一定跟个人和主观层面的想象存在矛盾,而是恰恰相反,可能会起到支持和增强后者的作用。在关于音乐和自我认同之间的关系的论文中,英国利兹大学教授大卫·赫斯蒙德夫(David Hesmondhalgh)指出,我们在听音乐时所产生的情感,通常会由于与音乐产生共情而变得更加强烈。

> 这种（感觉）可能在现场表演时尤其强烈，但是也有可能
> 发生在独自体验音乐时，这个时候我们会无意识地、短暂地想
> 象其他人——某个特定的人，或者是难以形容的数千人——
> 会具有同样的感受。

似乎有理由推测，我们的消费模式变得越分散，我们就会离那种集体想象越遥远，这也许在一定程度上能够解释为什么有大量的经验证据质疑长尾理论以及把关信任的可靠性。

文化经济的另一个独特点是产品的价值取决于它的新奇和新颖程度，即使该产品与消费者熟悉的产品有密切联系。这跟咖啡的情况不同。如果我有喜欢的咖啡品牌和类型，我很有可能会主动尝试、反复消费，也许是在同一家店，选择同一规格，加同样分量的牛奶或糖，等等。但是我不可能再次购买我最喜欢的书。我可能甚至都不会第二遍阅读我已经买回来的书，尽管我可能会寻找同一作者或相似作者的其他作品。换句话说，消费者从象征性商品中得到的乐趣不一定会转化为（对相同产品的）重复性需求。

当然，个性化的算法会了解这种现实情况以及文化消费中集体想象的"影响力"。正如乔治·华盛顿大学教授尼基·乌舍尔（Nikki Usher）于2015年指出的那样，最好的算法不只是满足消费者之前的品位和兴趣需要，而且会试图对其进行拓宽或延展："逐渐地，一个好的算法不仅会提供你期望的东西，而且还会帮助你发现自己以前不知道自己想要看到的东西。"

这就是为什么社交网络是非常有价值的定向广告工具，因为它不仅能把我们单独作为目标，而且还能不断提醒我们注意我们的朋友以及朋友的朋友做出的选择。至少在理论上来说，这种算法的普遍特点

可以推动用户走出封闭状态，摆脱"回音室"或"过滤网"，这与个性化效应完全相反。

那么完全有可能发生的就是，主要的新闻算法可能对新闻议程同时具有个性化和聚合的影响，而且这种矛盾似乎也得到了经验的证实。一些研究的确证明了，算法具有两极化和分散化的效应，然而其他研究则指出，用户并不会拘泥于兴趣、意识形态或党派社团。皮尤研究中心于2013年进行的一项研究也发现，脸书用户极有可能阅读与他们观点相左的新闻。如果他们没有这样做的话，也有证据表明，在限制接触意识形态多样化的内容方面，用户选择比算法起到的作用更大。实际上，用户在新闻消费选择时有党派偏见这一观点在实证研究中并没有什么证据支持。

有相关研究特别指出，个性化和聚合的实际效果可能会是微不足道的。研究人员审查了5万名美国线上新闻消费者的网络浏览历史，发现虽然平台垄断者在一定程度上与两极分化效应有关，但是它们同时也跟意识形态相反的内容的接触增加有关。也许更重要的是，他们发现大部分线上新闻消费都绕开了平台垄断者。

议程设置效果被重提

当然，算法指标的存在促进了议程和主流新闻来源的聚合，但这并不意味着平台垄断者就是在复制主流媒体议程。主流媒体平台对抗议程的机会以及不和谐的点还是明显存在的。也许最能生动地展示这一点的例子就是近几年欧洲和北美地区的选举。这些选举被广泛认为是自由共识政治的破裂时刻。

不过，最近的实证再次展示了一个复杂的景象。例如，虽然推特在框架或"属性"层面挑战主流媒体的选举议程中发挥了主要作用，但是在优先"问题"层面及主要新闻来源的支配地位方面，情况也许并非如此。

2017年，英国首相特蕾莎·梅（Theresa May）在任的保守派政府"突然"举行的大选①被普遍认为是英国媒体史无前例的惨败。保守党的竞选活动中过时的媒体管理逻辑——重点放在借助主流媒体（如《太阳报》）的力量上，成了他们灾难性投票结果的主要原因。《太阳报》主要支持保守党，在动摇选举动向方面久负盛名。然而他们对工党领袖杰里米·科尔宾（Jeremy Corbyn）持续不断的猛烈攻击却与大量选票转而支持他同时发生。

而同一批专家认为社交媒体平台是议程规则的改变者，尤其是新出现的左派"第五等级"，最佳代表是新闻网站 Canary 和 Evolve Politics。有了脸书和推特的帮助，这些网站在动员和激励年轻人重新参与投票以及在挑战主流媒体对议程设置的影响方面都起到了关键作用。竞选期间收集的证据似乎进一步印证了这一观点，杰里米·科尔宾在主要的社交媒体指标中远远超过了特蕾莎·梅。

但是在页面浏览量方面占据支配地位的新闻来源与在所谓的点击诱饵新闻方面影响特别大的新加入者之间依然存在着巨大的差距。在英国，本文撰写之时，以页面浏览量为基础的前10个新闻网站中有8个都属于传统的报业集团，后者大部分都倾向保守党。现实情况是，以《太阳报》和《每日邮报》为代表的保守派新闻来源的覆盖量依然是 Canary 等左派新加入者的数百倍，而且近期内这种差距缩小的可能性微乎其微。庆祝媒体权力衰落的人也掩盖了一个事实，那就是在整个选举前的阶段，支持科尔宾的网络行动主义和社交媒体支持者大部分都十分活跃，而该党的民意调查结果却仍然处于近期以来的最低点。

那么是什么变了？一方面，在大选开始后没多久，仅有的两家支持工党的传统国家报纸《卫报》和《镜报》很快就放弃了它们对杰里米·科尔宾强硬的反对态度，团结起来支持工党。至于各家广播公司，选举宣言和

---

① 2016年7月，保守党党魁特蕾莎·梅接任卡梅伦成为英国首相。上任9个月后，为了赢得更多保守党席位，特蕾莎宣布提前举行大选，结果反而丢失了13个席位。

关于公平性的特殊选举规则的公布意味着自从科尔宾担任工党领袖以来，关于该党的报道第一次（至少有一瞬间）集中于政策，而不是攻击个人。

本章小结

所有这些都表明，平台垄断者显然在抵制议程设置上发挥了一定的作用，但是认为它们已经取代传统媒体的把关和议程设置权力的看法忽略了权力在新的新闻环境中加以巩固的复杂方式。实际上，在谈到之前的优先事项议程和精英新闻来源的支配地位时，诸多证据都表明传统垄断者与平台垄断者采用了一致的议程筛选程序。

回到卢克斯的观点，事项议程是近代资本主义社会权力动员的核心阵地，是"产生霸权共识"的手段。本章一开始就指出，在这种背景下，"放大"（amplification）是掌握话语权的关键。就其在全球新闻网站"转介"流量中所占的重要比例而言，在决定个人层面和聚合层面新闻议程的"声音"的力量方面，平台垄断者及其复杂精细的算法毫无疑问起到了举足轻重的作用。

不过在这种新的现实情况下，将数字支配地位当作硅谷的专属权力毫无道理，就像将"数字"与"传统"当作是二元对立、不可中和的一样，没有任何意义。证据有力地证明虽然数字议程由少数几个拥有"放大"能力的机构所共同支配，但这些机构中既有平台垄断者、聚合者，也有主要的传统新闻组织。

过去20年里，传统新闻媒体见证了一些重要的新加入者的出现，从BuzzFeed到新的线上媒体《赫芬顿邮报》，还有数字新闻的长尾效应中几乎无限的新闻来源。但是这些只是模糊了在议程设置方面很活跃的几家组织经久不衰的支配地位。也就是说，那些掌控者不只覆盖了碎片化的受众，它们生产内容的规模和速度都能在数字领域内外带来显著影响。

第八章　主流信息媒介与言论自由

本·瓦格纳（Ben Wagner）

公共领域和言论自由始终是紧密交织在一起的。在言论自由这个经典话题里，公共领域仅为其中的一部分。言论自由不仅与审查和言论限制相关，更是关乎自由和开放的话语所能造就的社会。创造言论空间的意义在于，不论大小如何，辩论和叙述等语言模式都能得以蓬勃发展，这也是言论自由思想的核心。在有关自由表达的学术辩论中，人们很大程度上强调的是这种言论空间的边界，即言论自由的界限是什么；但在言论自由的范畴下究竟能够涵盖哪些言语，对于这一核心问题，学术界做得还远远不够。

本章内容聚焦于：如何使自由辩论和拓宽言论空间成为可能，而非狭隘地关注言论所受的具体限制和相关案例。网上大量与言论自由相关的问题源于庞大的准垄断网络媒介的存在，下文将会对此进行探讨。一旦主流网络媒介消失，很多与之相关的问题也将不复存在。由此可见，数字化的言论自由挑战与占据互联网行业主导地位的少数科技巨头(如谷歌、脸书)直接相关。因为这些科技巨头的服务条款与现有法律体系几乎没有任何关联。该现象并非必然,这些企业完全可以选择一个既有法律体系来进行相应决策;但它们没有选择这样做,而是创造了自己的规则。正是这种主导性,使得这些企业的规则在许多占有较大市场份额的地区,成了实际意义上的"法律"。

这些科技巨头带来的重大挑战,并非在于说服它们使用监管框架和法律条例,而是它们已经建立了自己的监管与合同框架。这类组织经过不断发展,如今凭借其巨大的规模和影响力,已完全有能力抵御外部监管部门的"入侵",它们能独立于外界,避免其内部相关内容的规则条例受到外界的影响。虽然这种情况并非一成不变的,但中介者无须对网络内容负责,的确在过去促成了其主导地位,但这无法解释为什么目前它们能在界定语言规范方面占有主导地位,即规定人们可以在互联网上说些什么。而在这种机制下形成的结果是:公司会在成立初期制定具体的言论规范,且后续不会进行大幅调整,这套言论规范会在全球范围内被应用。

后续内容将勾勒出与在线言论自由相关的公共政策挑战,探讨这些挑战与主要网络中介者的联系紧密程度。本文持有的观点是:有相当一部分关于在线言论自由的挑战实际上与网络中介者本身的存在形式无关,而是与利用了网络中介者责任制度的中介者密切相关。通过研究与网络中介者或媒体渠道相关的各种问题,我们发现其中存在较大隐患:监管的职责被赋予行为者,这并不合适。在这种情况下的常态是,所有网络中介者都被视为同类别,而政府监管机构为了制约谷歌内部的监管机制,会将监管的职责交由"德尔菲"(Delfi)这样规模较小的机构。但采用这种方式显然是不够的。

数字霸权与言论自由:我们的立场是什么?

某些机构是如何占据主导地位的,这已超出本章的讨论范围。本章将探讨这种主导地位的确立所产生的后果。事实上，这种主导地位确保了大多数在线言论的发布均依赖于几个大型网络中介者——尤其是脸书和谷歌。2015年，这两家公司所拥有的在线广告收益占市场总值的65%，它们对广告市场的控制能力已非比寻常。人们在网上耗费大量时间浏览媒体内容和搜索结果，而提供这些信息的各个平台也分别由谷歌和脸书所主导。据统计，2017年3月，脸书平均每天会有12.8亿的活跃用户在线，但其中85.8%的活跃用户来自世界各地而不仅是美国和加拿大。据2017年路透社数字新闻报道：脸书18岁至24岁用户人群占该年龄群体的64%，25至34岁用户人群占58%，而35至44岁用户人群则占49%。互联网是主要的新闻来源，考虑到各个年龄组的变化趋势，这些比例在未来只可能会不断增长。此外值得注意的是：对于印刷业或电视行业而言，互联网也是重要的报道素材来源。也就是说，媒体内容在网络平台中所占的比例或许是微不足道的，但线上媒体内容带来的影响却不容小觑。例如，在"阿拉伯之春"[1]期间，线上内容本身并没有对媒体界产生影响，但线上内容、卫星电视以及大规模公众示威之间的相互作用，共同塑造了媒体环境。

这种主导对言论自由的影响十分深远。以一种内容类型为例，脸书表示其平均每周删除约6.6万条涉及"仇恨言论"的帖子，这相当于该平台在全球范围内每月删除28.8万个帖子。从历史上看，脸书和谷歌能够迅速成长，很大程度上要归功于中介者责任的豁免；而两者能够在内容监管领域确立自己的规范也是得益于此。这两家公司是在美国制定了这些规范，因此也可以说，这些规范的制定是基于美国人对言论自由的理解。然而两个平台的目标受众不仅有成年人，还有青少年，因此美国1990年出台的广告法规规定，面向14岁以下儿童的在线广告是非

---

[1] "阿拉伯之春"是阿拉伯世界的一次革命浪潮。2010年发生在突尼斯的自焚事件是导火索。一些国际评估结果显示，此次运动造成的基础设施损失达到9000亿美元，还造成超过140万人死亡，1500多万人沦为难民。

法的。而谷歌和脸书这类平台也调整了言论规范，以迎合14岁以下儿童及其父母较为敏感的需求。

关于这种规范是否适用于美国以外的国家，国际上已经有了相当多的争论，最常见的建议是：削弱网络中介者对言论问题的决策权力。

而挪威首相和脸书之间关于什么才是合适的线上内容的争论，也表明脸书对言论监管恰当与否的问题没有得到根本的解决。谷歌在搜索市场上的地位也面临着类似的处境，在搜索市场上，人们遵守的言论规范主要是在符合美国法律的特定年龄组规定下进行定义的。当然也有些例外情况，比如欧洲法院（ECJ）所谓的"被遗忘权"（Right to be Forgotten）判决的实施。但总体而言，这些规范并没有发生重大变化，至今仍是谷歌言论规范的基础。

2017年6月，泰国军政府说服在线视频网站YouTube停止播放从查理·卓别林的电影《大独裁者》中剪辑出的一段视频，因为此前一个民间社会组织呼吁泰国公民观看这段视频，这段视频的内容是卓别林敦促泰国人民夺回权力。虽然该案例看上去有些荒谬，但却很好地说明了政策压力对于主流社交媒体平台而言，实则是一种短期的、对于特定内容的特殊限制。即使欧盟委员会在监管方面拥有相当大的影响力，也未能说服脸书改变其内部关于言论自由的监管流程。

这里我们也很容易发现问题所在：围绕这些平台规范所展开的管理机制，如透明度、问责制或补救机制，在很大程度上都受到了限制。这两家公司如何使用规范，负责实施这些规范的有多少人，决策过程依靠的是自动化还是人工，关于这些都没有公开的可靠信息。主流平台倒是愿意提供一些声明，用于证明它们在内容审核方面雇用了多少新员工。但即便如此，究竟哪些是人工决策、哪些是自动化决策，人们都无从知晓。因为即使是透明度报告中也未提及此类信息，仅提供了一些请求撤除内容的叙述。

从根本上来讲，这使得互联网决策系统成了一个黑箱，因为我们无从得知网络中介者删除内容的依据。普通公众、学术研究人员，甚至是政策制定者，都只能猜测这些公司在做什么，而无权过问它们最终会做出什么决定。2014年欧洲法院就"被遗忘权"所进行的裁决，针对的是所有在脸书、谷歌或推特等平台上根据"标注机制"而撤除的内容。但相比起撤除内容的决策，这些平台的治理缺失问题反倒更为棘手。

　　更麻烦的是，这一领域典型的自我管理模式意味着，这些私营中介者对其平台出现的问题负有"组织管理职责"。因此，外界对这些平台施加了相当大的政治和社会压力，要求平台自行解决问题。2017年德国政府制定了监管措施，用于推进法规在社交网络上的落实——主要是为了压制仇恨言论的流行。不仅德国如此，2014年的法国、2015年的英国及2016年的欧盟，也做过类似的努力，但最终都以要求平台加强自我监管力度而告终。在包含众多参与者的分散市场中，这一机制是能够起到作用的。因为在分散市场中，参与者们会在产品价格和品质上进行竞争，会促使参与者调整其管理制度。而当市场中仅有一个参与者时，围绕管理制度展开的竞争模式也就不复存在了。

　　因此，政治主体的施压导致了一种"自主监管螺旋式上升"的势态。平台上出现了越来越多的公共问题，针对这些问题而建立的自主监管方案也越来越多。关键是这种情况同样适用于脸书和谷歌。

　　"自主监管螺旋式上升"自然也可以理解为向自我监管平台的转型。但人们更多的表达方式正逐步进入在线平台，如果仅将其简单地描述为一种转型，显然并未意识到一种根本性的社会转变正在发生。这种周期性和系统性的进程，远远超出了新闻媒体或电子通信的监管范畴。我们甚至可以说，它重新确定了社会信息系统的治理方向。在30年前的德国，向公众发布信息是相当困难的，需要在标有"Verantwortlich im Sinne des Presserechts"或V.i.S.d.P的出版物中列出德国新闻法认可的负责人。尽管一直以来也有非法出版物进行信息传播，但电子通信让信息传播到公众的这一过程变得更为简单。此外，网络中介者拥有额外的法律保护条例,如《中介者责任法》。相比于《新闻法》,网络平台在该条例下可以更大程度地免除责任。

不论是1996年《通信管制法案》第230条的拟定方,还是欧盟电子商务指令的制定者,人们没有预料到,当初设定的免责条例对电子通信起到了放松管制的效果。我们假设互联网监管规范将涵盖更多与社会言论相关的内容,那么"自主监管螺旋式上升"则表明,在过去10年已形成一种特定的管理流程:

1. 关注特定类型的网络内容(如儿童性虐待、仇恨言论、恐怖主义宣传等);

2. 确信关于这个问题,唯一有效的改变方法是改变网络平台控制内容的模式;

3. 为了应对这一挑战,他们扬言要采取严厉立法措施,但实际上并不希望执行这些措施,因为政府需调整其财政政策并为此付出大量人力和物力;

4. 这些威胁反而变成了一种手段,用于说服主流网络平台——在范围(更多类型的内容)和过程(更快地筛选)两方面,改变其内容筛选策略;

5. 主流网络平台会同意改变,完全是因为能够在平台内部处理,这样就能将执行相应法规的权力紧握于自己手中。

在网络内容被认定存在问题的每一个新领域中,上述流程都会启动,并循环往复。正因如此,那些主要的大型网络平台,其原有的内容规范和那些在外界胁迫下进行调整的零散内容结合在了一起,如今的规范已变成了奇怪的混合体。正因为立法胁迫与实际法律不同,而且从未在法庭上接受过考验,潜在威胁的范围基本上是无限的。在这些网络内容受到法律保护的前提下,政府这种讨价还价式的政治胁迫能够推动平台的自我监管,使其平台内容不触犯其他法律的底线。与此同时还确保了执行权和责任属于那些主要的私营部门主导者。

　　结合谷歌和脸书这两个主导者的规模和政治权力,"自主监管螺旋式上升"对政府确保有效治理网上言论的能力产生了相当大的影响。但这种治理和实际的言论界限无关,不论界限是偏向受限还是自由,都是如此。这样的模式反倒使这些决策没有透明度,更没有问责机制、补救机制和正当程序可言,因为整个过程和最终决定都是由脸书和谷歌全权控制的。在这样的情况下,即便是国家元首在脸书上发布的动态也不存在任何"禁区",脸书就曾删除挪威首相发布的一张裸体儿童的历史照片。

　　而自那以来脸书调整了其政治言论政策,比如将唐纳德·特朗普这样的政界人物排除在外。特朗普在脸书上的言论已违反平台相关管理条例,但他所发布的违规内容却依旧没有被平台删除。因此平台这样简单的调整显然也并不恰当。据报道,将特朗普排除在脸书通用规则之外的决定,是由马克·扎克伯格做出的。这引发了一个问题,由一家私人公司的执行董事来决定政治言论合法与否,这种决策方式是否具备合法性? 如果脸书的管理程序和流程规范足够稳固,也不会被执行董事凌驾于其之上。

　　平台本身固然存在问题,但由于这些网络中介者处于主导地位,因此言论治理所产生的特定后果也在意料之中。在目前讨论的这些问题中,我特别想知道的是:这些挑战是否与这些网络中介者的主导地位有关? 或者说,在没有以网络中介者为主导的情况下,这些挑战是否还会存在?

主导地位对言论自由的挑战

　　这些网络中介者的庞大规模意味着它们有能力做其他中介者无法做到的事情,例如影响选举结果,由其主导地位带来的"寒蝉效应",以及界定"互联网"的使用范围。

◇**影响选举结果的能力**

　　关于数字霸权的问题,最明显且最为重要的一个观点是:谷歌或脸书等公司有可能左右选举结果。一些实际案例表明,脸书能够显著提高选民投票率。我们暂且不去考虑,这个现象是因为没有征得用户同意,还是因为向政党售卖广告这一行为缺乏透明度。更为严峻的问题是,所有网络中介者其实都有能力改变选民投票率,对选举结果产生重大影响。另外,2015年美国行为研究与技术研究所创始人罗伯特·爱泼斯坦(Robert Epstein)和罗纳德·罗伯逊(Ronald Robertson)的研究还表明,操控谷歌的搜索结果会对选举产生相当大的影响。也有人认为,尽管人们争论的这些影响确实存在,其结果却被过分夸大了。

　　显然,这个问题只存在于数字化主导的市场中。在搜索市场或是社交网络市场上如果存在真正意义上的竞争,那么这种影响到选举层面的力量极有可能无法诞生。因此,这种能够通过影响部分数字环境从而"动摇"选举结果的力量,与某个国家主导者的存在紧密相关。在美国、英国、法国、加拿大、德国、澳大利亚、意大利、西班牙、印度和巴西这些国家,谷歌的搜索市场份额均超过80%。如果从爱泼斯坦和罗伯逊的研究角度来看,这些国家的搜索结果完全可以被转变、影响,甚至被操纵,从而产出特定的政治结果。事实上,如果没有主导地位的话,也就无法达到类似的效果,并且需要不同的私营公司之间进行相当大的协调工作,这样无疑会使影响选举的难度大大增加。

　　此外,还需要各私营公司之间采取协调一致的行动。而这是很难实现的,因为各公司之间往往存在信任问题。所以我们可以肯定地说,如果没有这样强大的主导者,就不会存在影响选举的潜在可能。

　　影响选举公正公平与否的另一个核心方面是:选举前几个月的媒体环境。这一点很重要,却常被人们忽视。事实上选举结果是否会被人为操纵并非取决于投票箱的简单填塞,而是取决于选举时的那些观察员。观察员们负有确保选举自由公正的职责,在选举中要平等地看待媒体环境,平衡媒体对不同候选人的曝光,同时还需要有能力输出他们所获取的信息。而谷歌或脸书等网络中介者对信息环境的控制问题,却变成了选举中一道难以越过的门槛,因为它们显然有能力对世界各地的信息环境产生重大影响。

很多人认为,脸书和谷歌对英国和美国近期的选举结果有很大影响。尽管我们无从得知占主导地位的中介者有多大的影响力,但先前的研究表明,它们的影响力足以对选民产生显著的影响。尤其像剑桥分析公司这样的企业,它扮演的政治角色引发了媒体上的激烈争论。许多评论员强烈谴责这样的行为,认为这样的行为是违法的,这种看似以数据为导向的新型政治,实则非法"绑架"了国家的民主。正如英国约克大学社会学高级讲师大卫·比尔(David Beer)所说,出现这样的争论无关技术本身,而与围绕这些技术建立的期望有关。比尔的观点是,数据驱动型政治赋予其使用者一种全知全能的强大力量,这在政治环境中将极具竞争力。因为数据的有效性表明,数据本身就创造了一种目的性较强的新型政治模式。

既然这种权力不受制约,那么选举当局或观察员应该如何确保选举的自由和公正,就是个值得商榷的问题。就这点而言,最好的方式是对用于主流网络平台的政治广告资金进行更严格的监管审查。然而目前,政府无法对这些形式的广告进行监管审查,甚至连相关内容都无法获取。这种广告现象我们俗称为"暗帖"(dark post),在近年来的政治广告中很常见。在毫无外部监管的情况下,不同的定向广告能以暗帖的形式展现在每个选民面前。这样复杂的定向内容使得针对此类竞选机制的监督变得极为困难,这意味着需要更多额外的监管审查。至少,选举当局需要能够在这些主要的网络平台上查阅所有的竞选材料。

外部监管能起到作用的另一领域是选举当局及党派保管的个人数

据。目前,除《通用数据保护条例》外,外部监管机构仍未建立与此类数据相关的监管条例。事实上,这些竞选所需的个人数据与竞选资金同样重要,因此对于政治捐助和供资的透明化要求也应该用于个人数据。正如下一节将详细探讨的,占主导地位的网络中介者能够获得大量的个人数据。正因如此,政党和各类竞选活动之间的所有动态,都需特定监管机制进行相应的监督与审查。

◇**获取大量个人数据引发"寒蝉效应"**

有关数字霸权的另一核心挑战是——拥有大量个人数据的平台很可能会引发"寒蝉效应"。言论自由问题的特别评论员弗兰克·拉鲁(Frank La Rue)明确指出,个人隐私与言论自由之间存在密切关系,因此如果个人隐私无法受到保护,将会直接对言论自由产生负面影响。当国家安全局的监视行为被公开,并且有充分证据对此进行披露时,带来的寒蝉效应是有目共睹的。再以个人为例,我们极少会搜索与自己相关的敏感信息,如疾病或健康风险等问题。

然而,目前我们尚不清楚这一问题是否由数字化的主导地位造成。由于从事数据交易的主导者越来越多,这种"监视资本主义"的商业模式也被越来越广泛地采用,这也使得许多主导者完全可以在市场上获得个人数据。同时并没有实证表明,如果数字霸权不复存在,这些市场会发生怎样的剧烈变动。这些市场的转变或许会发生在欧洲,因为欧洲于2018年开始实施《通用数据保护条例》。通过更严格地实行条例来限制信息交易,可以让这些平台明确自身收集个人数据的目的及用途,这样的方式可以限制私人公司之间的数据交易范围,但也可能会增加数字霸权所带来的影响。此外,更为严格的隐私保护条例可能会减缓言论自由的寒蝉效应,同时也会强化数字霸权。如果数据市场真的干涸了,那么人们真正担心的会是那些存储于谷歌和脸书上的数据。尽管更好的隐私保护能减缓由缺乏个人隐私而引起的寒蝉效应,但矛盾之处在于强大的主导者又会使该效应加剧。

在这里，我们尤其要注重大量数据集的获取。人们常对主导者(如国家)的等级制度管理能力有所争议。谷歌或脸书等主导者的部分问题在于：它们的存在本身也产生了"企业等级阴影"。这些主导者完全可以凭借自身庞大的规模以及获取大量个人数据的能力，对这片阴影笼罩之下的一切产生影响。这也使得个人在这些主导者面前成了潜在的弱者，即便双方并没有实际交集。由于平台的数据管理方式有意掩盖了它们实际持有的个人数据，因此个人难以了解这些平台究竟拥有什么数据，而实际情况很可能超乎人们想象。

◇限制思想自由和寻求信息的权利

言论自由受限带来的"寒蝉效应"引发的另一挑战是思想自由。思想自由(有时也称为知识隐私权)通常包括寻求言论、接受言论及传授言论。思想自由与传播信息的权利密切相关，是言论自由的核心。毫无疑问，网络中介者提供了能获取大量信息的途径，如果没有这些中介者，人们获取信息的难度会大得多；但中介者的存在却使得信息发现机制变得狭隘。

在网上会被大家关注的仅仅是谷歌搜索量排名前十的结果，或是一些常被引用的社交媒体帖子。这种"数字化内容"的流行机制集中在人类交互的特定领域，而这些领域仅由少数几家公司定义，因此信息发现机制必然会受限。所以，数字霸权限制着信息发现机制，而信息发现机制转而又影响人们对这个世界的所观所感。更确切地说，网上信息发现机制的狭隘现状，正是由少数中介者占据主导地位所导致的。

这一点在免费基础设施——以前称为脸书零(Facebook Zero)——中尤为明显，这是面向那些个人无法联网的国家和地区提供的一项基本服务。重要的是这项服务是无须预付金的。该服务受到多方面的严厉批评，因为它试图建立一个仅脸书可访问的"围墙里的小花园"，并以此来替代真正的互联网。一些政府将这项服务视为"毒瘤",正想办法避免采用,如印度政府就在极力禁止这项服务进入国内。可对世界上多数人而言,脸书和谷歌就代表着整个互联网,他们无法通过输入网址进行浏览或是进入各网络中介者提供的链接,获得网上的全部信息。因此,即使像印度政府颁布的这类禁令也无法改变这一事实。

很多人认为主导者正在扼杀各自领域的创新进展,并对此表示强烈不满。他们认为其他形式的搜索引擎、社交网络,乃至更多的网络工具和信息类型,都不得不依附于这些少数主导者而存在,从而不可避免地限制了互联网上用户的信息发现机制。但也有争论说,某种程度上来讲,这也不是主要中介者的过错,因为这仅是市场调节的功能之一。与此同时,就像规模较小的竞争对手,如方登搜索(Foundem)和许多其他公司经常强调的那样,这些主导者一旦滥用其市场主导地位,无疑会限制竞争和创新。通过切断许多可能的获取途径来限制寻求信息的权利,会直接影响言论自由。

◇制定社会言论规范

与主导地位相关的最后一个挑战是网络中介者制定规范的能力。因为像谷歌和脸书这类位于金字塔尖的大公司,能通过一定的手段来制定社会言论规范。它们在各自的市场中占据主导地位,因此能够制定标准,进而将标准推向整个社会。这种支配权甚至只与如何构建社会言论结构相关,而无关政治话题。

比如对于"母乳喂养"是否是网络平台上适合探讨的内容,脸书或谷歌并没有持某种立场,但这些平台制定的规范让人们对言论做出更广泛的批评。平台已成为人们进行争论的场所,人们争论的问题非常多样。这一点在谷歌搜索栏的提示信息中尤为明显,这些提示信息试图直接向用户展现真实可靠的答案,而不必使用户求助于搜索结果。用户搜索的可能会是一趟航班、一座城市,可能是货币兑换的栈关内容,也可能是极具争议的政治问题。尽管搜索框的许多内容都来自维基百科,但他们试图提供权威答案,不仅针对简单的实质性问题,还针对许多复杂的政治性问题。因此人们也确实该停下步伐,好好思考谷歌搜索系统制定规范的能力了。

很多类似的挑战也和围绕这种内容形式展开的流程相关,个性化内容便是基于这些形式而建立的。人们时常争论,这并非搜索引擎本身创造的过滤后的信息泡沫,而是在大规模制度化下,互联网中一触即发的产物,这对用户喜欢的内容有直接影响。因此,人们对看到的内容产生偏好,通过内在自我肯定价值观来评定喜恶的自然流程,正变得制度化。自然而然,所有内容形式的受欢迎程度都变成了可量化的制度流程。这种交互形式潜移默化地增强了个人自我肯定的倾向,作为个人原有的基本倾向表现之一,这种倾向能为个性化创造可能。

简而言之,对于我们判断网络言论的方式,脸书已制定了相应的规范并创建了评价流程。本质上来说,脸书已对人们进行了教育指导,让他们"学会"在平台上怎样说话。评判规范的好坏无关紧要;重要的是这些规范会对人们的在线互动产生较大影响,并且这种影响也会延伸到网络领域之外的讨论中。像谷歌和脸书这样的主导者拥有主导性是必然,因为这种主导性已是其规范建设能力的组成要素。

对数字霸权的监管对策

前面几节概述了主导地位的相关挑战,下面将更深入地探讨哪些监管模式可能会帮助人们有效应对这些挑战。言论自由方面的监管挑战不同于数字主导领域的其他挑战,因此会分开讨论。以下是应对上述挑战的有效措施。

◇主流平台的透明度要求

目前,公民和监管机构都未得到足够的关于主流平台的运营信息。

因此,选举当局和选举监管机构都无法获取相关信息,以此了解选民获得新闻的来源,也无法确定数字公共服务信息是否会对选民教育和投票结果起到积极作用。媒体监管机构在选举之后也面临着类似的挑战:这些主要的网络中介者使监管机构无法准确理解媒体市场并进行有效监管;同时,有关平台权力核心组成要素的独立学术研究,也几乎无法进行。因为除去少数新闻媒体的披露外,与这些机构运营相关的核心信息,都无法公开获取。

鉴于主要网络中介者的规模及其公众影响,提高其运营核心信息的透明度显得尤为重要。中介者从网站上撤除的内容,由谁撤除及如何管理内容,这些基本信息,公众和相关监管机构都无法获取。尽管增强透明度可能会展开一场外界监管机制与平台内部管理系统之间的博弈,但博弈的风险被过分夸大了。实际上,提高平台透明度符合公众利益的主要需求,而要求平台提供的信息也不需要达到能够操纵该平台系统的程度。

现有的与透明度相关的公司制度已无法确保平台提供核心运营信息,因此我们需要政府监管制度来达到更好的透明度。最有效的监管方式是将透明度报告与定期的独立审计报告相结合。尽管这种监管机制可以在类似于媒体自我监管的框架内制定,但制定出来的只会是一个基本监管框架,而具体运作及相关人员的配置还是交给了私营企业自身。特别像是"全球网络倡议"(Global Network Initiative)和"电信行业对话"(Telecommunications Industry Dialogue)这类组织都试图朝这一方向努力,却因缺乏数字领域的有效治理经验而停滞不前。2017年德国网监局试图提高相关领域的透明度,要求网络平台对在德国获取的内容每年进行两次报告。这一要求是否有效有待观察。

◇**自我管理内容的最低标准**

另一个有效的监管策略是让网络中介者量化自我监管内容。尽管网络上自我管理内容的量化水平参差不齐,但至少不会再出现像少数中介者占主导地位这样重大的监管问题。目前,在谷歌或脸书这类较大的网络平台上,还没有针对内容监管的重大程序性法律标准。虽然平台发现非法内容会立刻撤除,但法律未制定这些做法的最低标准,平台内部的指导方针更是缺乏这类意识。

平台在这方面显然需要进行转变。对于内容被撤除的用户,平台要为其实行类似法律的基本程序机制和保障措施。平台需要做到下述要求:

☐让用户意识到为什么他们的内容会被撤下;

☐让用户了解平台决定撤除其内容的法律或法律外的依据是什么;

☐让用户清楚地了解平台的决策过程;

☐让用户了解做出决策的个人和技术系统;

☐如果用户对决策存在异议,可获得更为公正的上诉机制;

☐如果平台决策失误,可使用补救机制。

上述机制与现有司法机制几乎无异,但平台并未严格执行。目前,内容被撤除的用户无法知道平台做出决策的原因,也无法了解自身在决策中享有的权利。同样,那些被平台标注为"内容违规"的用户,他们也完全不能确定这些服务器是否会响应他们的请求。

事实上,围绕内容删除的升级机制应由独立的第三方授权机构实施,而非平台自身。正如马丁·摩尔(Martin Moore)和戈登·拉姆齐(Gordon Ramsay)提出的:这些机制与莱维森(Leveson)提出的低成本仲裁有一定的相似之处,不仅印刷环境适用,数字环境同样适用。仲裁的目的不是破坏商业模式,而是要确保重要的,尤其是与公众利益密切相关的决策不能全部由私营公司独裁。由政府官员进行决策同样会存在问题,从言论自由的角度看,这些决策已超过其管辖范围。因此在自我管理机制中采用外部低成本仲裁,会是一种涉及独立第三方的不错选择。

国家司法部门可能无法共同参与平台在自我管理机制下进行决策的流程。因为在数字环境中缺乏司法独立性且考虑到成本因素，选择法律途径助力的可能性不大。而提供第三方低成本仲裁却能有效弥补数字环境中法律决策的短板。决策中这样的情况广泛存在于许多未建立起独立法律体系的国家，或者像英国这类诉讼费用（特别是在诽谤等领域）特别高的，诽谤法被认为易导致"寒蝉效应"的国家。提供一种低成本仲裁的选择，使得中介者的职责得以减轻，能更好地鼓励机构参与到该体系中去。

◇让线上内容监管更人性化

目前，线上内容监管中多数工作都是通过自动化系统完成。这些工作包括支持撤除内容的决定，还包括决定采用何种形式（自动化/准自动化）来删除内容。很多平台清楚这会对言论自由构成较大的挑战。因此政府不断施压，要求平台提高自动化程度并督促平台尽快完善内容监管机制，但长时间的施压又会对言论自由产生较大影响。

例如，2014年英国议会情报和安全委员会（ISC）让脸书提供自动化系统中明确恐怖分子身份信息的列表清单；德国的网监局要求平台在收到投诉后24小时内删除明显违法的内容。于网络中介者而言，这些对速度和自动化的持续推进的要求，反倒限制了人类个体对这些内容做出合理决策的能力。

由于外部施压者的势力，主要的网络中介者往往会使用更多的技术来降低内容监管成本。而引人争议的是，人类决策本身就是人权的核心，将决定权交由自动化系统显然无法体现人权。因此平台需要提供一份概述，表明哪些内容涉及自动化决策、决策篇幅占多少（全部/部分），并且以公开透明的形式将决策方式和完整的决策程序呈现给公众。平台应在内容查核方面尽可能优先考虑人工决策，而非自动化决策。对于线上内容监管中核心内容的明确分工，是保证平台上言论自由的重要环节。

本章小结

少数占主导地位的平台已有能力促进言论自由，其角色正发生着本质性转变。很多相关的挑战本可以由市场来进行调节，但由于这些平台拥有集中化的市场力量，市场的正常调解功能受到了限制。因此，我们需要监管机制的干预来保障言论自由，与此同时要确保这种干预不会进一步限制言论自由。在适当的监管干预下，这些完全有可能实现。但如果认为政府在数字领域的额外干预会自然而然形成言论自由的审查和限制，这样的设想未免过分简单了。

通常基本保障或是程序化结构的问责制会替代公共部门。但在没有这些保障，而数字领域又未出现新型监管模式的情况下，当前自主监管的螺旋化上升势态，便会使得平台在外界监管部门的强压下通过限制言论自由来替代合理监管。由于外界监管部门在对平台施压后，无须对其造成的后果负责，因此各国都在积极参与创建限制言论自由的内容监管框架。从德国网监局、欧盟互联网论坛和欧盟行为准则中都可以看到这种内容监管模式。

由于未意识到主导中介者与治理系统内其他主导者之间的差异，这一问题变得更加复杂。现状表明数字领域需要新的监管模式，且这类监管模式会考虑主要平台的内部监管环境。简单地说，谷歌受到的监管应有别于"德尔菲"（Delfi）这类小型新闻网站。

最后，外界媒体针对主要平台无休止的政治讨论，其实并未引导平台找到能够较好应对这些挑战的监管机制，反倒妖魔化了谷歌和脸书在整个网络体系中的角色。我们面临的数字领域相关挑战主要与治理问题的程序相关，而不是特定形式的内容本身。我们的争论，不该是平台应如何改变其管理的内容规则，而是平台内部管理的流程是否充分考虑了保障网络言论自由等重大公共利益问题。这些平台的主导地位意味着它们不再只是私营公司：它们已能够提供重要的公共产品。正因如此，围绕平台的监管框架需进一步发展。

第九章 硅谷对独立新闻业的威胁

艾米丽·贝尔(Emily Bell)

> 新闻业的批判性、独立性和调查性是任何一个民主国家的命脉。新闻业有必要逃离国家的掌控,并且要有足够的经济实力来抵御来自政府官员的诱惑。它必须完全独立于特权阶级,才能大胆地、不偏不倚地提出问题;它必须受到宪法的保护,才能维护好我们作为公民的权利。
>
> ——纳尔逊·曼德拉(Nelson Mandela)

2017年8月,在夏洛茨维尔的"白人至上"主义者集会上发生了一起意外事件。极右翼种族主义者使用的网络平台突然被曝光在公众视野中。该事件在网络上引发了巨大的轰动。

云闪(CloudFlare)是一个为用户提供抵御黑客攻击、"拒绝服务"攻击的特殊服务的平台。云闪解除了与一个名为"每日风暴"(The Daily

Stormer)①的网站的服务合作关系,该网站与种族主义运动关系极为密切,这也是夏洛茨维尔集会上意外事件发生的主要原因。云闪的首席执行官马修·普林斯(Matthew Prince)向员工发布了一则消息,在消息中,他谈到终止与"每日风暴"的合同缔约关系主要是因为他"心情不好",同时也提出了一个观点:他承认自己能对互联网上的言论传播方式产生这样的影响,这实际上是存在问题的。随后,普林斯在一篇博客文章中指出:

> 在不远的将来,如果我们还没能制定一个明确的框架来作为网络内容监管的依据,那么如果你想要把内容放到互联网上,你可能需要使用一家覆盖庞大网络服务系统的公司,比如云闪、谷歌、微软、脸书、亚马逊或阿里巴巴。就互联网的大环境而言,云闪目前所处理的在线请求大约占总量的10%。如果没有一个明确的框架作为内容监管的指南,那么少数公司将在很大程度上可以有权力决定哪些内容可以在线,哪些不能在线。

我们过去认为"新闻自由"对非新闻平台的依赖并不会对其自身构成威胁,可如今这种威胁已成为现实。广义上的"新闻自由"可以理解为出版者不受政府干预及审查,独立发布新闻的能力。在美国,这一权利已载入宪法。宪法第一修正案规定,国会不得制定任何剥夺言论自由或新闻自由权利的法律。但是现在,在政府和法律正当程序之外,我们还拥有了另一种言论调节机制。在这种机制下,我们仅需拨动开关,便可决定某些组织或个人在互联网上的"生死"。

在21世纪最初的二十年里,商业新闻的大环境发生了翻天覆地的

---

① 译者注:"每日风暴"是美国新纳粹主义和白人优越主义的新闻和评论网站。

变化,这在过去是完全无法想象的。这场巨变甚至让人怀疑在庞大的社交网络和搜索引擎之外,是否还有"新闻自由"的容身之所,"新闻自由"又是否能维持其独立性和多元化。这些行业巨头的技术力量是信息经济活跃的原始动力。在很多方面,它们都有能力去大大改善新闻行业的工作环境。然而,它们的运营动力不是为了创造更好的信息社会,而是为了提高用户消费额、增加广告商的机会以及提高股东收入。

如今,新闻受众可以接收各种各样的新闻信息,拥有这么多的新闻选择权,这在历史上从未有过。可与此同时受众对这些新闻信息的来源又所知甚少。同样地,新闻机构和媒体人发现自己吸引的受众远比印刷报纸时代的要多,有时一天的浏览量就高达数百万次。但对于发布的新闻,他们已无法控制其传播和阅读的方式了。

新闻自由和互联网技术之间存在着对立关系:一方面新闻出版有无限的可能性,但另一方面专注于新闻事业的机构却因商业势力的削弱,影响到了未来的可持续发展,它们所面临的危机在某些情况下甚至是毁灭性的。独立新闻出版商的职能,已被极少数不透明的商业技术公司系统地接管。这些公司在主办、融资以及新闻传播方面会起到关键作用,但这些公司不会直接投资新闻媒体人。以"每日风暴"为例,正常情况下没有人会因为它的信息没能传递给更多受众而觉得可惜。但"每日风暴"开创的先例却涉及了一个令人不安的事实:真正需要进行审查和管理的,是那些主要目的并非是维护或是支持"新闻自由"的公司。

2010年,维基解密(WikiLeaks)泄露了美国外交官的机密电报,这一事件引起了轰动。维基解密在一段时间里无法使用贝宝(PayPal)、维萨(Visa)和万事达(Mastercard)的付费服务。因为这三家公司均以泄密为由,拒绝了维基解密的访问。从维基解密事件到2017年的"每日风暴"事件,有越来越多的案例让科技公司坐上了"主编"的位置,它们有权来决定对争议性内容的删减。现在,有关恐怖事件的最新消息经常在社交平台上发布,而且很多内容实际上就是暴力或恐怖行为的现场直播。技术平台影响言论表达的例子比比皆是,从政府支持的重大行动——如谷歌发起的"拼图计划"(Project Jigsaw),再到被禁止访问推特的个人用户。以"拼图计划"为例,其目的是改善网络对话与安全。其中一项名为"重定向方法"(Redirect Method)的实验,通过检查用户搜索词,将潜在的极端恐怖组织招募人员作为目标,并向他们发送搜索结果,强调反对极端恐怖组织的理由。在这种特殊情况下,人们可能会放心,一家大型科技公司正在帮助政府锁定恐怖分子的招募目标。但在抽象层面上,这里使用到的工具——种族定性、搜索结果的替代、政府宣传的秘密传播——则更令人担忧。

技术平台对新闻自由的威胁,不仅源于平台的监管不具备正当程序以及透明度,还源于平台开展的新闻发布模式夺取了独立新闻机构的一部分重要收益。

平台作为发布者的崛起

20世纪90年代消费者互联网时代的迅速崛起引起了传统新闻机构的兴趣。自20世纪80年代初以来,新闻报刊的日均销量一直在下降,消费者互联网时代的出现,为新闻报刊业提供了一种与电视公司和24小时媒体竞争的方式。出版商们的设想是万维网(World Wide Web)将会提供一种方式,让更多的读者在24小时内能够获取比以往更多的新闻资料。同时,在线广告也在新闻报刊收入之外为其增加了一个稳定的收入。

在一段时间里,新闻出版商对未来这种乌托邦式的设想是准确的。在线收益和印刷收益一直持续增长到2006年,皮尤研究中心(Pew Research Center)的数据显示,2006年美国新闻报刊的广告收益高达492亿美元。到了2016年,报刊的广告收益经历了断崖式的跌落,收入仅为180亿美元。21世纪初广告业的一派繁荣景象,掩盖了网络科技以及用户行为正在进行的一些根本性转变。到本世纪末,这些转变甚至会对规模最大的传统新闻机构造成生存威胁。据美国互联网广告署报告,这些广告收入主要流向两家占据绝大部分数字市场份额的公司——脸书和谷歌。

　　摩尔定律①意味着网络出版从只能发布相同图像和文字的报纸这一单向渠道迅速发展到双向渠道的互联网媒介,任何联网的人都可以上传文字、图片、声音和视频,向朋友分享这些内容,甚至于向全世界的人分享。这些进步也为后来出现的第二代互联网(web2.0)产品做了很好的铺垫,催生了一大批以社会发布为核心的新兴公司。维基百科早在2001年就成立了,随后是2003年成立的聚友网(MySpace),于2004年成立的脸书,于2005年成立的YouTube,以及于2006年成立的推特。再往后,每一家寻求风险资本融资的初创企业都以“社交网络”为基础。2007年苹果手机的推出,使得用户消费及发布新闻材料的过程能跳出传统新闻业的框架。社交网络配合谷歌强大的搜索功能,使得任何人都可以使用规模化技术发布新闻,而不再依赖于工业出版繁重的系统。同时,这样的网络组合也创造了一种全新的注意力经济(attention economy),让人们得以摆脱印刷业和广播媒体捆绑式的垄断②。一时间,社交媒体的用户增长速度与新闻报刊收益的下降速度不相上下;2008年脸书全球用户数为1亿,而2017年第一季度脸书全球用户数就达到了19.3亿。尽管这些数据存在不确定性因素(脸书上的某个“活跃用户”可能几乎不使用脸书,而只是将其他账户链接到了脸书平台),但这类通信公司的权力规模及其转移能力毋庸置疑。

　　新闻出版商业务的建立,依靠的不仅是新闻发布上的垄断,还依靠

---

① 英特尔创始人戈登·摩尔的一项观察表明,计算机的处理能力大约每两年翻一番。
② 吴修铭于《注意力商人》一书中提出的观点。

着编辑和塑造新闻的整个过程。由独立出版商发布的新闻往往需要根据特定政治观点进行内容上的编辑。新闻内容在成为官方出版物之前会经过仔细审查。制作成本与新闻报道成本相差无几。负责新闻出版物、新闻章节或是新闻页面的编辑往往会在新闻内容的呈现方面起到核心作用。而社交媒体和科技公司的起步与传统出版商存在本质区别,它们认为每个人都应该拥有平等的话语权,每个人都可以成为出版商,各种信息和社会联系应该尽可能自由地传播出去。社交媒体和科技公司不会对使用其技术网络的发布者以及发布内容设置限定条件,它们会尽量聚集更多的用户,并鼓励用户进行互动。

从2001年开始社交网络就在不断地发展,但传统媒体与新平台之间仍存在矛盾,传统媒体认为双方是"友敌"关系——新平台在促进传统媒体发展的同时,也会对传统媒体的收入来源和权威造成威胁。在涉及评论的接纳以及对于社交媒体的实际应用层面上,新闻机构通常会慢于其他网络出版商。2006年推特出现后,立即成为新闻报道、跟踪报道和寻找信息来源的工具,但当时很少有新闻机构的员工会在新闻报道中用上这款社交媒体。

新闻出版者需要面对的现实

一场革命的出现,让西方新闻媒体开始重视起社交媒体。在2010年至2011年期间,统称为"阿拉伯之春"的抗议和起义浪潮席卷中东。在线活动团体使用在线工具——尤其是脸书和推特组织抗议、传递信息。在突尼斯和埃及,脸书和推特成了一位突尼斯起义青年领袖口中的"革命性的全球定位系统",也成了主流媒体报道的应急之道。该地区的半岛电视台(Al Jazeera)①播放了抗议者和革命者上传至YouTube和脸书的视频,以此来跟进该新闻事件。美国国家公共电台(NPR)记

---

① 译者注:半岛电视台是一家立足于阿拉伯,面向全球的国际性媒体。

者安迪·卡文（Andy Carvin）发现，通过网络社交渠道，他们能在数千英里之外进行实时新闻报道。2011年利比亚起义期间，卡文在48小时内发布了1200条推文，这也直接打破了推特的正常使用上限。

"阿拉伯之春"向我们展现了：在没有新闻自由的地区，社交媒体平台是如何迅速成为人们用于交流和发布信息的默认机制的。起义后的研究表明，由于社交媒体的使用范围有限，因此它在组织活动方面的作用较小，但在对外宣传方面的作用较大。关于"阿拉伯之春"和社交媒体的研究，皮尤研究中心得出如下结论：

> 推特、脸书以及其他新媒体，为阿拉伯新闻媒体提供了接触受众的渠道，但这些新媒体也对规模较小的新闻媒体构成了威胁。除了需要同步大型新闻机构的在线报道之外，当地新闻媒体还不得不与用户发布的"快餐式"内容展开竞争。在一些重要事件中，如阿拉伯起义、埃及议会和总统选举等，社交媒体在获取信息方面起到的作用也越来越明显。

坦白讲，在"阿拉伯之春"以前，西方国家普遍不认为新兴的社交平台能够取代新闻出版商的核心职能，也不认为这些社交平台可以成为21世纪新闻自由的有力后盾。而当这些平台仍愿意向叛乱分子、抗议者和革命者开放服务时，传统媒体对网络社交媒体的看法也发生了转变。它们一度认为这些平台上的交流只是娱乐消遣，但事实并非如此。这些平台置身于扩大恐怖主义信息的险要位置，成了突发新闻的收集中心。这样的新闻扩散规模是新闻界几十年来一直特别想要却又从未能达到的。"阿拉伯之春"是公民通过社交网络收集和发布新闻的一个里程碑，但网络社交平台的商业稳定性尚未得到检验。

这一情况随着脸书首次公开发行股票开始有了变化。2012年，很多人对脸书的广告模式提出了质疑和批评，认为其广告模式未经证实且定价过高。脸书发行价值1000亿美元的股票注定会失败。但脸书创始人马克·扎克伯格在之后的两年里,将脸书打造成了人们生活里必不可少的移动广告平台,他成功地让脸书从一家糟糕的初创企业,转型成为全球最大的媒体科技公司之一,这令批评者们大为震惊。2014年9月,脸书的市值为2000亿美元,到了2017年7月,其市值则一跃达到了4650亿美元。脸书很快加入了谷歌、亚马逊和苹果的行列,它成了纽约大学商业教授斯科特·加洛韦(Scott Galloway)于2017年归纳的互联网"启示录四骑士"[1](the four horsemen of the apocalypse)之一。加洛韦写道:这些近万亿美元估值的公司,重塑了媒体格局,也重塑了从零售业到运输业的许多其他行业。

　　越来越多的人将推特作为新闻和用户生成内容的渠道,随着形势的逐步稳定,早期的本土数字新闻网站赫芬顿邮报(Huffington Post)的创始人之一约拿·帕瑞蒂(Jonah Peretti)宣布,他的病毒式媒体公司BuzzFeed将聘请来自《政客》(Politico)的著名撰稿人、政治博主本·史密斯(Ben Smith)担任主编。帕瑞蒂毕业于麻省理工学院,他的论文重点研究如何为学生创建在线课程。其职业生涯专注于研究社交网络中的病毒式传播内容,BuzzFeed只是赫芬顿邮报的一个附带项目。而BuzzFeed的商业模式——衡量哪个列表或猫咪动图在网络上传播最快,成为了日后新型广告业务的核心。2011年帕瑞蒂聘请史密斯的根本原因在于他看清了社交网络针对信息的工作模式,针对网上的各类新闻和信息。在接受《快公司》(Fast Company)[2]的采访时,帕瑞蒂说:"我们发现网络平台有了较大的转变,并且很可能会出现那种纯社交网站……它能专注于那些人们认为值得分享的内容,并且多数为原创报道。"

---

① 分别是谷歌、亚马逊、脸书和苹果。
② 《快公司》(Fast Company)是美国最具影响力的商业杂志之一。

　　BuzzFeed是第一家宣布自己是社交新闻类媒体的公司,该公司很少关注自己的主页或是网站,它的生存依赖于推特、脸书、Instagram、Snapchat或其他出现在社交渠道上的应用。在打造技术平台的同时,BuzzFeed还聘请了负责编辑和监管的人员,为其制定与社交平台契合的内容版本。这些新平台及其展现模式依靠Instagram和WhatsApp(后来均被脸书兼并)迅速发展壮大。BuzzFeed等快速发展的新服务秉承一种理念,即人们越来越习惯于在社交摘要中创建和共享内容。

　　加速这一发展趋势的不是网站,而是智能手机和应用程序的使用。本质上来讲,BuzzFeed是一种新型的广告代理。它为广告商制作病毒式广告,对成千上万的社交内容、表情、动态图片和条列式文章进行测试与提炼,为其创建分销路径。相比于需要花费数月时间准备的整体高产值的电视广告等大型宣传活动,BuzzFeed等拥有庞大社交足迹的社交新闻机构,反而更能吸引广告商与之合作。

　　BuzzFeed所倡导的功能始于一种观念:与整体性新闻和娱乐性新闻相比,社群摘要会更具竞争力。社交平台将会是人们花费时间和金钱越来越多的地方。由此可见,在这个数字化的世界里取得成功的最佳方式是使用数据分析和创造性编辑模式,去分析并且创造出能够遍布这类公众社交平台的病毒式内容。

　　如《政客》、"Fusion"、"沃克斯"(Vox.com)、"米客"(Mic.com)、"新闻瞬间"(NowThis News)以及其他几十家风险资本融资的初创企业,这些纯数字化出版商的兴起,无疑给传统新闻机构带来了更大的压力。对许多出版商和行业分析师来说,2013年是具有划时代意义的一年。格雷厄姆家族(Graham)将其拥有的《华盛顿邮报》以2.5亿美元的价格出售给了亚马逊创始人杰夫·贝索斯。

　　唐·格雷厄姆(Don Graham)于2013年在《华盛顿邮报》上发表了一封致员工的信,宣布了这笔交易。他在信中写道:

　　所有格雷厄姆家的人都知道,从小时候起,我们就是《华盛顿邮报》家族的一员,并为此自豪。我们热爱这份报纸,热爱它的创作者,热爱它所代表的一切。

　　一直以来,我们都希望《华盛顿邮报》能够得到更好的发展。当新闻业务持续出现问题,而我们又无以应对时,我和凯瑟琳不禁困惑我们的小型上市公司是否还是最适合这份报纸的家?我们的收益已经连续下降7年。为了转亏为盈,我们开始创新。并且在我看来,我们的创意在吸引受众和内容质量上都是相当成功的,但这些并没有阻止收入的下降。于是我们只能艰难地缩减成本,但这始终是有限度的。我们知道邮报可以在我们的手里存活下去,可我们不希望它被局限于此,我们真正想要的是它能成功。

很多报刊的所有权交易表明了一个事实:在持续亏损的状态下,即便是拥有最老牌传统纸媒的商家,都无法支撑起转型成为数字化媒体的巨额成本投入。眼下的现实是,贝索斯成了世界上最富有的人之一。他通过亚马逊发家,这进一步佐证了一种观点:一度曾属于出版商的权力和财富,正转移到一群新的守门人手中。

在2007~2012年这5年间,移动社交网络的兴起为媒体格局的剧变创造了条件。新闻业可能只是整个媒体格局中极小的一部分,但这些变动影响到了它。这也意味着新闻业是媒体格局中最核心也是最脆弱的部分。由于消费者的持续关注加上大量广告资金涌入移动领域,谷歌和脸书分别在搜索广告及展示广告方面占有的主导地位,也变得异常坚固。谷歌的搜索结果显示:即便用户平均下载的应用数量有三四十个,真正用于日常所需的应用不会超过六个,与此同时,40%的应用需要同步使用到社交媒体。

2016年,互联网作为最大的广告媒介,其优势已经全面压倒了电视广告媒体。互联网广告市场里的两大主力军是谷歌和脸书。同年,谷歌控股公司Alphabet的广告收益达到790亿美元,脸书的广告收益则是270亿美元。不论是在哪里进行的广告投入,每花费5美元都将有1美元流入谷歌或是脸书的囊中。将这部分收益放到康卡斯特(Comcast)去看,这些等同于这家美国最大的传统媒体运营商在2016年广告业上的130亿收益。这样的结果令人惊讶,因为对比方是一家负责有线电视的媒体公司。对于一些新闻运营商而言,广告收益的下跌问题甚至更为严峻。《纽约时报》这家传统新闻商的广告收益就从2006年的20多亿美元全面下跌至2016年的5亿美元。这些广告收益的损失或许是不可避免的,因为谷歌、脸书以及其他社交平台拥有的在线用户数据,远远多于传统新闻商所拥有的。而新闻机构在高度依赖社交媒体和搜索引擎的同时,也在努力使用数字内容吸引流量,希望广大的在线受众群能让它们赚到足够的钱来维持自己的新闻事业。

2015年,据网络数据分析公司Parse.ly的报道可知,在其监测的400家在线出版商中,占比例最高的推荐流量(网页的非直接访问者)并非来自谷歌等搜索引擎,而是来自社交媒体平台,尤其是脸书。在所有新闻出版商的推荐流量中,45%是社交流量,32%是搜索流量,脸书和谷歌各主导一个类别的流量。同年,皮尤研究中心称41%的美国成年人通过他们的脸书摘要(Facebook feed)了解新闻。新闻机构对脸书新闻摘要(Facebook Newsfeed)的算法也束手无策。这个强大的算法能够决定每次用户登录网站或打开应用程序时应该显示哪些内容。商业新闻制造商的矛盾之处在于:是该撤回其在社交网络上的分布,从公众的视野中消失,以此更好地控制新闻业及其收益,还是像BuzzFeed那样,与社交平台紧密关联,期待能与平台企业协商出一个更具收益的方案。

这些出版商早在谷歌2002年研发谷歌新闻(Google News)时就怨声载道,多是指责这些信息整合商、搜索公司以及现在的社交媒体公司,没有付出分毫却从他们的新闻报道中获利。有些争论是对的,也有些是不具备说服力的。很多新闻机构已经整合了他人的成果,发布的内容却常常没有署名或是无法链接到原始报道。新闻机构也受益于一条"公平使用"的法律条款,如果新闻机构只是使用了版权作品的一部分去阐释与公共利益相关的问题,那么通过这个合法条款就可以免除机构侵犯版权的责任。从年度媒体组织机构信用测评中可以看出:自20世纪70年代中期以来,媒体的公众信用几乎每年都在下跌。即便一些新闻机构已经达到了相当大的规模和影响力,如英国的"新闻集团"(News Corporation),一旦身陷电话窃听这类丑闻,也会令公众反感。因此,即便媒体权力受到威胁,人们也大多视若无睹。

科技公司的规模及其影响力日益增长,它们甚至重新定义了独立新闻出版模式。然而目前,这些公司也在接受有关部门的审查。尽管在反垄断方面,美国尚未对谷歌和脸书运营商展开任何行动;但其他地区,尤其是欧洲,竞争主管机构和欧洲议会对美国企业或是美控股企业带来的商业和文化影响深感不安,已陆续颁布相应条例进行应对。

2015年1月,瑞士达沃斯(Davos)聚集了来自全世界的商业精英,他们在会议室里展开了一次无记录讨论。会议由科技公司谷歌主持并协同26位出版商,就科技公司能够对新闻出版商提供怎样的实质性帮助,展开了讨论。这场会议看似氛围和谐,但成员之间实则处于相互警惕的状态。这家搜索引擎巨头究竟能提供怎样的帮助,来支持出版商们的新闻业呢? 答案可能会以各种不同的形式呈现,但究其根本则是每个人都最为关心的"财富"。

这是谷歌数字新闻核心团队的首次会议。这场会议的目标人群是欧洲的出版商,会议成本由谷歌的市场预算承担。简而言之,谷歌承办这次会议,是为了获取出版商们的支持。因为在欧洲司法管辖范围内,谷歌正因其市场影响力而承受着来自新闻媒体、政界人士,甚至是监管部门日益高涨的敌意。在过去的18个月里,谷歌面临了三种对立形式:先是新闻出版商呼声高涨并极力阻止谷歌访问其在线网络,他们认为谷歌通过访问其网站,采用一定手段对报刊信息进行整合并从中获取利益,这对他们而言非常不公平。再是美国国家安全局(NSA)前工作人员爱德华·斯诺登(Edward Snowden)对技术公司监控丑闻的揭发进一步恶化了美国技术公司和欧洲权利组织之间本就紧张的关系。最后,2014年关于"被遗忘权"的裁决给谷歌带来了司法上的冲击,欧洲法院在西班牙进行了一项裁决,原告可以要求谷歌从搜索结果中"删除不充分、无关、不再相关的链接,或者删除已经处理过的且不具备时效性的多余链接"。正是在这种鼓动限制谷歌权力的大背景下,谷歌认为有必要与出版商建立桥梁,以便更好地应对来自欧洲的进一步野蛮监管。

"数字新闻倡议"的项目在欧洲展开,这也意味着科技公司正式认可了自身在塑造新闻环境方面发挥的积极作用。将项目资金投入新闻机构和科技公司共同创建的新闻模式中,是将财富从科技公司直接转入新闻业的首次尝试。尽管只是在微观层面:谷歌经过三轮投资,将1900万英镑分别投资在了全欧洲107个不同的数字新闻项目上。

谷歌向新闻业提供直接帮助后,同年其他平台和科技公司也纷纷向出版商和媒体人伸出援手。Snapchat是一款面向青少年的信息服务软件,很少被主流新闻机构关注,但在25岁以下人群中却大受欢迎。在2015年1月27日,这款软件发布了一项名为"发现者"(Discover)的功能。表面上看来这是一个平淡无奇的创造:在这个拥有13个发布"频道"的屏幕上,满是主流新闻媒体的标签,如美国有线电视新闻网(CNN)、异视异色(Vice)、时尚(Cosmo)以及娱乐与体育节目电视网(ESPN)等。这项功能的想法是,每个"频道"都会发布新闻,而Snapchat用户的新闻会优先采纳,再配上生动的图标。同时用户只需使用动画图形和"滑动"动作来改变频道选项,而不需要单击。"发现者"的转变堪称科技公司的一次模范转变,因为这让它们在主导社交媒体的同时,还将整个专业新闻媒体纳入其应用软件中。

这种争先与出版商合作的竞争形势变得越来越激烈,好像一夜之间每家平台公司都推出了新的功能或是产品,用来吸引出版商参与设计并在其他平台上发布。脸书、苹果、推特和谷歌也都纷纷步入该行列。其他像是领英(LinkedIn)这类社交网站,为了让用户看到更多的新闻,也在近期开展平台出版项目,同时重新设计其新闻摘要。

BuzzFeed 在 2010 年率先提出的革命性理念——成为首家社交新闻公司,如今看来也不再新颖。脸书开发的"及时文章"(Instant Articles),这款应用允许将出版商页面即时展现给用户看,同时保留相同的设计和原始发布者的信息,但用户只能通过脸书查看,无法直接链接到出版商页面。苹果公司的苹果新闻(Apple News)是一款报摊类型的产品,它可以根据用户的喜好排列出海量的新闻故事。推特的"推特瞬间"(Twitter Moments)则能够将一天里最优质的推文和相关链接包装成一个崭新的页面,然后展现给所有人。而谷歌研发的加速移动页面(Accelerated Mobile Pages),其内容类似脸书的及时文章,能让出版商的页面更快加载。

出版商们对于一堆新技术应用程序进行的选择,从根本上来说,是利用资源来构建和设计自己的网站及移动应用程序,这也是控制用户阅读新闻的一种途径。因此,出版商能够做到独立获利,同时还能与缺乏新闻出版这一核心能力但实力强劲的大公司更紧密地结合在一起。

哥伦比亚大学新闻学院的数字新闻中心展开了一项研究,从 2016 年 3 月到 2017 年 3 月的这一年间,他们对一个组别中各类新闻机构的内容产出进行了检测,同时对新闻机构使用社交平台的方式进行了观察。研究发现,新闻机构越来越依赖于通过社交平台来寻找新闻受众。最新的标准是在多种平台上将新闻进行全天展示,展示的内容都是原创且为用户"量身定制"的。很多文章中能够返回出版商网站的链接,都被新闻机构直接发布到了科技公司的平台应用上,比如"及时文章"。甚至像是美国有线电视新闻网(CNN)这类传统媒体也有数字团队,他们会将新闻发布在移动社交平台、视频平台或是在新兴平台如增强现实（AR）上。即便出版商已经表明会以谨慎的态度对待第三方出版商，但现有的证据表明出版商和第三方之间已经建立了一种迅速发展且不可逆转的依赖机制。而社交平台正是利用了这种依赖性，用新的服务和工具牢牢套住了出版商的未来。

对于很多科技公司而言，与新闻出版商建立更为紧密的合作关系实际上是一种企业文化的巨大转变。硅谷的科技公司由年轻人组成，其中很多人都有工程类专业背景。一种常见的对科技公司的批判是公司的软件工程设计只是一味追求迅速高效，为用户创造更多内容，却忽视了其他文化价值以及潜在结果。工程师的激励机制完全不同于新闻工作者。在一则信息出版前，传统的新闻机构会经过层层筛选，不断改善内容；而软件工程师将信息发布于平台前的步骤是编写代码，明确内容的使用、整合以及更新。

引爆点：秘密发布与2016年总统选举

当地时间2016年7月6日晚间，在美国明尼苏达州的郊外，两名警官坐在警车里用车拖拉着一辆车，那辆车里有驾驶员费兰多·卡斯提尔（Philando Castile），还有他的未婚妻戴梦德·雷诺兹（Diamond Reynolds）和4岁的女儿，小女孩扣着安全带坐在车后。32岁的卡斯提尔在这一带工作和生活，是一个比较受欢迎的学校食堂主管。

通过警车的行车记录仪我们得知，在车辆停歇时，卡斯提尔曾较为礼貌地提醒警官杰罗尼莫·亚涅斯（Jeronimo Yanez），他的车里放着合法持有的枪械。而亚涅斯听到该提醒立马变得恐慌，直接对卡斯提尔开了七枪，其中有五次都击中了他，有两次直接命中心脏要害。

车里的戴梦德·雷诺兹使用了脸书前不久推出的在线直播服务，用手机直播了整起枪击事件。在雷诺兹试图与警察冷静交谈的这段时间里，人们正疯狂地在社交平台上转播卡斯提尔流血至死的视频。7分钟的直播结束后，脸书花了将近1小时将视频撤下，并在修复视频前将视

频描述为"一起小事故"。第二天，马克·扎克伯格在他的脸书个人账号
里公开谈论了此次事件：

> 我对卡斯提尔一家和所有其他经历过这种悲剧的家庭深
> 表同情。我的想法也与脸书社区所有被这些事件深深困扰的
> 成员一致。
>
> 本周我们看到的影像仍历历在目，令人心痛。这些影像
> 点燃了恐惧的火焰，我们社区里有无数的成员每天都会感到
> 不安。可我仍希望我们以后可以不再看到卡斯提尔这类视
> 频，这件事提醒了我们，共同努力去创建一个更开放的与全世
> 界紧密相连的平台是多么重要，同时也提醒着我们，还有多长
> 的路要走。

这个美国公司研发的视频直播服务引发了人们的深刻反思。在最
初的几个月里，一个名叫坎达丝·佩恩（Candace Payne）的女士在平台
上获得了极高的关注度，她戴上了一款《星球大战》角色"楚巴卡"的面
具并露出了无助的笑容。这正是脸书希望人们发挥创新进行创造的
"用户生成内容"。"楚巴卡妈妈"的脸书直播拥有一亿四千一百万条评
论，她也因此受扎克伯格之邀去了脸书学院。

发生这些事件时脸书的举措也表明了脸书在涉入各种调查案件仲
裁时的恐慌。一时间，脸书没有办法再将矛头引向外部的新闻机构。
以前的脸书只是搬运者，并且加大这些作品的影响力，而现在却不同于
以往。通过推进全世界使用在线直播视频，脸书在这一过程中制造了
无数棘手的难题，使其旗下强大的在线视频团队不得不着力解决。在
枪击事件里，脸书持积极态度，重新发布了卡斯提尔的视频。但脸书又
必须考虑将案件视频片段交由警方处理，而不是重新发布一份重要的
证据。扎克伯格在事件之后公开发表他的看法，向受害者家属表示悼

念,并且提出目击这些行为的重要性,这些往往是一名编辑的工作内容。

单是脸书所做的这些,就远远逾越了一家科技公司的职能。当然,这些行为也完全不同于过去其他类型的信息运输技术本该承担的。正如威瑞森(Verizon)或康卡斯特(Comcast)的执行董事不会认为自己有任何义务去评论晚间新闻发生了什么。有线电视、新闻报纸以及其他形式的新闻,它们会把内容包装确定好并通过渠道进行内容的运输。在这里,我们可以从中清楚地看出内容传输层面上编辑功能的各种分化形式。而发布在脸书上的内容则是充满变化的直播实体,就像所有可写的网络应用程序那样。如果没有机构编辑,也没有第三方记者参与,那么在卡斯提尔的枪杀案件或是"楚巴卡妈妈"走红这类事件中,出版责任就应该由平台承担。

平台本身没有预料到,也不想要做出编辑的决定。但是平台在设计了内容发布的工具之后却无法再置身事外。2014年8月,ISIS处决美国记者James Foley的照片在推特上迅速散播。执行董事迪克·科斯特洛(Dick Costolo)很快宣布:平台会封禁所有分享这些照片的用户。很明显,面对那些会使用户惊恐且易损害广告商利益的内容时,任何一家商业平台都会想要将其撤下。在该恐怖事件发生之前,推特只是从其平台撤下或是阻挡了极少数的内容,部分原因是这个平台本就是基于理想化的言论自由而建立起来的。而硅谷对于言论自由的解释,有时会犯片面化的错误。在它的解释中:善意的言论可以战胜恶意的言论;所有相反的观点,不论多么不友善,都应当被包容;仇恨言论也不应该被指责,除非该言论直接对人构成了威胁或是诱发了暴力行为。这就是平台商用来应对任何复杂言论环境的美国式言论自由标准,不论是在全球化的大环境中,在日益增加的暴行现状中,还是处于整个互联网的两极化言论中,其应对策略都是如此。舆论煽动者,甚至是模仿人类的网络机器人,经常为达个人目的而散播各种谣言、侵犯他人,他们在开放的互联网世界中令人不寒而栗。这一切所带来的直观感受是，社交平台创造的新公共领域对弱势群体而言并不安全。

从2012年美国总统大选再到2016年的选举，媒体的使用和人们的消费习惯都发生了变化。2013年，脸书宣布改变其新闻摘要的算法，表示会在"新闻摘要"中加入更多高质量的文章，减去表情包。一些出版商青睐的"深度新闻资讯"（Up worthy），是一家利用社交网络病毒式传播能力来传播正能量的社会新闻网站。当脸书改变其算法时，人们注意到脸书的流量呈现大幅增长，而"深度新闻资讯"却出现了一次流量上的暴跌。脸书算法对每天数十亿条内容的巨大影响是一个警告信号，表明了该公司实际上可能会打开或者关闭新闻网站的流量。脸书似乎急于让自己看起来是中立的，所以做出声明：流量上的所有变化仅为算法的结果，这个结果也只是受到用户行为的部分影响。

2016年5月，一家名为"科技即讯"（Gizmodo）的技术网站发布了一篇重磅新闻，该新闻素材由脸书的新闻部门前负责人提供，他之前负责的是脸书公司里编辑"主题趋势"的工作。该报道声称，负责人经常抑制右翼报道的发展趋势，并用强化其他报道的方式来推翻这种右翼倾向的算法结果。就此事，扎克伯格举办了一场史无前例的会议，他邀请了右翼评论者们参加，并以倾听他们对平台的诉求为会议核心。这场用来应对揭露风波的特殊会议，最后迎来的结局是，扎克伯格决定不再聘用人工信息管理者，他解聘了所有现行合同里的相关员工，并且声明：有关新闻报道在平台上的发布以及传播的决策，未来将会完全依靠计算机算法完成。

2016年的整个夏天，扎克伯格在接受的采访以及在市政厅会议上都坚称"脸书只是一家科技公司而不是媒体公司……我们也不制造任何内容"。

在外界看来，尤其是站在新闻企业的立场上，他们认为脸书坚持声明自己"不是媒体公司"，这个一再强调的描述不够准确，令人失望。当脸书向出版商提供2500万美元用于制作实时视频时，这是平台对媒体市场的直接干预，它试图为广告商打造出一个涵盖各种内容的市场。2016年夏季，脸书宣布其新闻摘要会减少来自出版商的新闻报道，同时增加更多与朋友和家人相关的报道。这个举措立即让出版商在流量上出现了一个较大的缺漏。事实上，从管理出版风险的角度看，我们能很好地理解脸书，理解为什么扎克伯格会坚持否认脸书作为一家媒体公司的角色。然而脸书也躲开了一场迟迟未开始的辩论，即我们目前的新闻环境究竟应由谁来承担责任。从商业角度来看，当新闻的商业模式因广告调动而受到损害时，在确定责任方对新闻报道进行偿付的问题上，始终难有进展。

虚假新闻

　　随着2016年美国总统选举的到来，脸书这种脆弱却又看似真实可信的自我否认已被人们逐渐淡忘。唐纳德·特朗普的竞选成功震惊了世界。传统新闻媒体对此提出了很多问题：民意调查怎么会错得这么离谱？为什么国家新闻媒体没能预见这个结果？是当地报道的缺失造成了最终结果与部分民意的脱节吗？

　　在2016年，《纽约时报》的作者约翰·赫曼（John Herrman）发布了一篇文章，名为《脸书的本质是疯狂而又异乎寻常强大的超党派政治媒体机器》。作者调查了超党派的新闻工厂，透过工厂看到了特朗普背后的大量支持者。这篇文章精彩地捕捉到了各种网站页面、右翼表情包、新闻报道和各类意见的形成规模及其影响范围，而这些推动特朗普竞选成功的信息均活跃于主流媒体的视线之外。赫曼这样写道：

　　　　单看这些页面，每个页面的受众数量可能并不起眼。但将其累积起来，总共的受众数量无比庞大惊人，竟达数千万。在脸书上，他们和资金雄厚的同行在政治媒体上竞争，不论对方是传统媒体的行业巨头还是公开意识形态的网页运营商，从美国有线电视新闻网（CNN）、《纽约时报》再到布赖特巴特新闻网（Breitbart）、米客（Mic），他们似乎都无所畏惧。同时，他们又不像传统的媒体组织那样，会耗费多年去研究如何将脸书上的用户吸引到自己的网页上来；这些新闻出版商非常愿意栖息于脸书所创造的世界里。

赫曼的文章在发表时产生了一些影响，但直到选举结束后才真正给政治家和媒体人带来了危机感。很快，BuzzFeed的媒体编辑克雷格·西尔弗曼（Craig Silverman）发布了一系列令人震惊的文章。针对那些能够引起人们关注特朗普竞选的新闻，他用自己独特的方法论进行了分析。他发现在推动着此次竞选的，很多是完全错误的新闻报道，比如"据称教皇支持唐纳德·特朗普"。据西尔弗曼爆料，假新闻比脸书上知名新闻媒体的报道表现得更好，这进一步证明脸书这个平台在依靠发布广告迅速收益数十亿美元的同时，还放任那些虚假卑劣又刻意误导他人的信息肆意传播。而脸书坚称，自己是一个中立的平台，一直致力于完善各方面的交流，现在却莫名其妙地被说成是一个故意不作为的平台，助长了反民主的气焰。2016年6月监测英国脱欧运动进程的工作人员注意到，脸书和YouTube对极端内容的参与度也很高。

事实上，2016年的美国总统选举事件是一面棱镜，透过它可以折射出在过去的五年甚至是更多年里，我们的新闻环境究竟发生了多大的变化。主办、融资以及新闻发布，这些原本属于主流出版商的职责开始逐步由社交平台接管。在社交媒体公司内部运作的黑箱算法中，激励发布者创造新闻的体系和通向受众的传播路径都模糊化了。由于不受商业使用条款之外的机制约束，以及对平台用户点赞与分享模式进行的优化设计，平台的新闻创作及传播系统也因此能够独立于外部对信息内容公平性、准确性或问责性的相关查核，从而变得日渐成熟。

独立出版商的未来

自 2016 年美国总统选举以来,脸书建立了一系列名为"脸书新闻项"的首创项目。脸书聘请了著名的美国有线电视前广播员坎贝尔·布朗(Campbell Brown)作为这些项目的负责人,同时投入资金以提升内容的可读性。就像谷歌的数字新闻项目一样,平台做出的很多调整都证明了:这些公司已认可了自己在提供和传播新闻方面发挥的积极作用。

但对于新闻机构而言,是否要更依赖这些新的权力体系,仍是一个两难的抉择。唐纳德·特朗普竞选成功,这一出人意料的结果倒使传统新闻机构的市场形势有所好转。特朗普竞选成功的重磅消息一出,《纽约时报》《华盛顿邮报》以及《卫报》,在订阅量和会员量上都呈现上升趋势。就像记者保护协会那类支持组织一样,美国国家公共电台和公共数据库这类非盈利的新闻机构也在款项捐赠上呈现增长趋势。至少目前已有部分公众意识到了——独立新闻业正在承受着来自政界和商界的双重威胁。

理想化的独立出版机构,是拥有第四方权利或是具备问责职能的机构,独立于商业和政府的利益之外。包括英国、欧盟在内的全世界多数地域,为了达到能够精细管控市场的投票数、把握好市场的平衡性以及公平性,相关权力机构已对新闻媒体进行严格管制,但结果却好坏参半。文化上趋向于成为自由经济市场的美国,对于新闻媒体已经开放管制长达 30 年。从 1959 年开始,美国联邦通信委员会就要求美国的广播站从多个角度来报道国家的重要事件。众所周知,在 1987 年罗纳德·里根(Ronald Reagan)总统任职期间,美国联邦通信委员会废除了公平性原则。1996 年,电信法案首次通过了交叉媒体拥有权。媒体收益能力从那之后变得更加集中,也更富争议。早在脸书、谷歌和推特出现前,这些政策上的整改就已经确立了。

《反垄断法》是为管理市场竞争而设立的。而技术平台公司模式的快速变动更新,也意味着管理员在定义市场这方面就很困难,而管理它们更是一个异常艰巨的难题。

科技公司对于媒体和新闻出版的侵蚀实际上意味着美国新闻监管力度的"一落千丈"。但其他地方,尤其是欧洲地区正在针对科技公司设立监管标准条例,其内容根据这些公司在公民文化生活中充当的角色而定,只是目前还没有迹象能明确表明这种科技公司的侵蚀现象正在美国上演。平台公司无疑与新闻界有着密切的联系,但谷歌和脸书的实力水平显然不会止步于成为一个"出版商"。它们都是大数据公司,投资了很多子活动项目,其中有纤维网络、交通运输(谷歌无人驾驶车)、增强和虚拟现实(AR/VR)平台以及人工智能(AI)这类新型技术。这些公司还与政府代理机构有着紧密而又隐蔽的关系,能够协助监管机构完成反恐及其他活动项目。

新闻业越是依赖于这些科技平台,就越是容易被一套包含知识、力量和财富的体系所摆布,而这套体系显然与联邦国家政府存在竞争关系,所以最后新闻业和新闻出版机构能否健康生存,我们就不得而知了。也就是说,新闻出版机构在得到照顾后,要在报道上怎样回报这些科技公司,或者说,要怎样置身于这种力量体系之外?

这个问题的答案部分取决于新闻业和新闻出版机构本身。还有一部分答案则是来源于科技公司的创造者,因为那些人有权改变支持独立新闻业的公司惯例。提高广告和网络追踪的透明度,开放符合民主利益的公共数据集,以及建立更好的公司治理制度和问责制度,这些都是当前迫切需要改革的方面。此外,还必须有一种集体意愿,愿意将财富返还给独立新闻行业,尤其是在大规模的社交平台和高性价比的广告服务之下,那些让新闻业难以为继的领域。商业新闻机构为保持盈利能力和股价,压缩其资本结构;同时,科技公司利用其优势产品和广告模式进行的大规模干预,给地方新闻业带来了不小的冲击。

　　在政治与商业化的监察机制下，独立出版商的没落出人意料。如果我们想要改善新闻环境，那么商业社交网络的机制就需要进行根本性的整改。硅谷表明自己热衷于解决难题，而当前急待它解决的问题正是：我们该如何向全世界传递独立可靠的新闻？

第十章　社交媒体的力量与选举的合法性

达米安·坦比尼(Damian Tambini)

　　有关互联网和民主的争论存在已久,争论态势从最初的过分乐观,过渡到批判现实,再到后来的令人沮丧。互联网最初的承诺是为人们提供更多的信息及资源,但最近几次选举都让我们不得不对互联网的这一承诺产生怀疑。越来越多的评论者认为,互联网市场已经被垄断的互联网"监视资本主义"所取代,在这种市场中,少数实力强大的平台提供了"一体化服务",在进行定向宣传的同时也传递着错误信息。这些平台拥有独立于现有监管体制的能力,且通过为竞选活动设置丰厚的奖励,破坏了竞选的公平性。在近期的选举中,数据驱动的竞选模式受到了很多批评,因为在一些竞选活动中,平台的监控技术对竞选者及其薄弱项进行了隐私保护。包括爱泼斯坦在内的一些人甚至声称,谷歌和脸书等强大的网络中介者能够影响并且已经影响到了选举结果。

　　与此同时,2016年英国公民投票和美国总统大选震惊外界的投票结果,致使很多人对社交媒体的作用提出了质疑,许多人认为社交媒体是传播虚假新闻的罪魁祸首,因为它使用了可人为操纵的心理测量分析,破坏了新闻机制的权威性,最终还使得投票选举毫无公平性和透明度可言。

本章研究了近几次选举活动中社交媒体所受到的指控,同时将着力探讨其主导性对选举活动产生的影响:在政治竞选中,这类处于强势地位的平台——尤其是脸书,是否真的在破坏选举的合法性?我们将把目光放在脸书在线使用率特别高的英国,这个国家在2016年进行了公民投票,又在2017年进行了大选,这为我们直接提供了近期竞选活动中较好的对比实例。本章会着重探讨2016年英国全民公投期间我们对目标竞选活动参与者的采访内容,以及我们在与"人物锁定"公司(Who Targets Me)的合作中,对2017年英国大选中网络广告使用情况的研究。

媒体与选举的合法性

很多竞选规则是为了防止媒体破坏公民投票和大选的完整性与合法性。从国际层面上来看,政府间组织会负责选举监督项目,以确保选举的公平公正。这类组织有欧洲安全与合作组织(简称欧安组织)、欧洲理事会、欧盟、联合国等。媒体对选举的影响以及媒体笼络政府的问题已经变得越来越严峻,但这些国际组织基本上无法应对这些社交媒体带来的挑战。

欧安组织成员国必须确保选举的自由和公正,特别要注意:确保政治竞争在开放自由的环境下进行,没有行政诉讼,没有恐吓强迫,公民不会因反对候选个人、组织或是与其他投票者对立而害怕遭受其报复;同时要确保人们能够在不受任何歧视的情况下顺利访问媒体渠道。

上述关键点再加上其他要求,都包含在欧安组织的选举准则以及类似于威尼斯委员会指导方针的这类文件中。选举期间这些规则的出现,直接促使技术人员去研发专业工具用以监视庞大的媒体环境。欧安组织的网页内容如下：

> 选举监委会对候选者的监测已经全面覆盖国营及私人媒体平台。于公众而言，除党派和候选者自身外，媒体才是选举相关信息最关键的来源。它们所起到的维系自由和独立的作用是民主选举中必不可少的……监管委还会评估与媒体相关的法律，监管其主体的表现情况，评定与媒体相关的意见是否得到了公正有效的处理。

欧安组织选举媒体分析师拉斯托·库泽尔（Rasto Kuzel）认为："媒体监督为公众提供了一个判断整个选举流程公正与否的基准。甚至对于那些长期保留媒体言论自由传统的国家而言，该监督项目都是必不可少的。"过去有过选举活动因媒体环境存在问题而遭受相关部门严厉批评的情况，例如，针对2015年塔吉克斯坦的选举，欧安组织在报告中批评其国家和私营媒体对各反对党派的报道不足。

2017年，欧安组织像往年一样对英国大选过程进行了监督访问。但是这一次，他们首次增加了特殊的媒体工具用于观察选举中媒体公司所起到的核心作用。在整个选举监察任务中，欧安组织依据的指导方针包括：监察英国媒体并检测其系统性偏差和排斥的情况。监察的核心是确保媒体自由，并为言论自由提供适当的保护，而这份指导方针显然缺乏了自由度：人们必须要确保媒体不会因人为或系统性偏差而被特殊利益组织所利用，同时也要确保这份方针会得到联合国及其民主制度人权办公处、欧洲理事会等国际组织的认可。

为了不受到大众媒体宣传可能带来的干扰，保证选举的透明、公正和廉洁，国家会修改选举法、媒体条例和竞选资金规则。选举法将竞选活动定义为在媒体上进行的大量印刷、发布和制作竞选信息等活动，并对竞选活动的开支和捐赠方面设定了限制。例如，英国为了履行其保证选举自由公正的国际义务,于1983年通过了《人民代表法》。

此外,媒体监管机制在选举的传播、竞争以及多元化方面达到了公正和谐的整体监管效果。以英国广播公司为例,其通用准则要求在涉及"政治、工业等争议性话题"时,新闻广播需要做到公平公正。媒体在选举期间需要承担特定的义务——必须要权衡有关选举报道的内容。即在重视对主要政党进行报道的同时,亦要对其他有重大意见或观点的政党及独立候选人进行适当的报道。[①]英国媒体监管机构——英国通信管理局会基于一个主要政党之前的选举表现对其进行评估,但今后通信管理局很可能会将其中一些决定权委托给广播公司,而那些作为受委托方的公司仍需履行一般公正义务。

尽管在体制较为成熟的民主国家,选举法和监督的总体目标是相似的(即确保选举的自由、公正和透明),但方式不尽相同。很多国家会控制开支或捐款,对电视上播放的自由政治广告设定免费播放额度;对政党及其竞选活动严格进行披露以确保其透明度。在过去50年里,至少在欧洲,作为主流新闻媒介的广播(如今是电视),必须要做到严格履行自身义务,确保其选举影响力不会失控。广播公司具有维持公正的义务,在播放政治广告方面也会受到监管。包括英国、法国、西班牙、丹麦和爱尔兰在内的许多民主国家都完全禁止政治广告在电视上播放,其他国家则是部分禁止。例如,意大利只允许政治广告在当地电视台上播放,而针对社交媒体上的政治广告就不存在类似的国家规定。

选举合法性

除去国内外的各种标准,"选举合法性"其实并不是一个法律概念。国际组织也不会为了确保所有的选举都合乎规则就逐一监察,将那些不合规则的选举都列入黑名单。事实上"合法性"是一种社会建设。选

---

① 英国通信监管局有一套广播执照持有人在选举期间必须遵守的特定行为守则。

举监督员一般会为选举撰写描述性报告,而不是明确地表示支持或谴责某场选举。选举合法性的缺失不仅可以从国际组织的声明和监督中明显看出,也可以通过低投票率、抗议、暴力、系统危机和撤回同意决定等情况中一窥究竟。然而在民众眼中,非民主制度和专制的伪民主也可能是高度合法的,部分原因就在于选举进程中缺乏独立的媒体。在竞争性权威体制中,或许也可以进行公开选举,但由于缺乏真正独立的媒体,公开审议的进程易遭受干扰。因此,本章提出的合法性概念如下:选举或公民投票如果合法,那么其结果必然是国际标准机构和绝大多数公民所能接受的。反之,如果大多数公民或是多数标准机构及选举监督者认为选举不具备合法性,那么我们也可以说选举是不合法的。根本上来讲,选举合法性意味着选举是公平公正的。很多人呼吁对媒体和网络社交媒介进行治理,以保证选举达到这种程度的公平公正。

媒体在选举中的地位日益攀升,有时我们甚至可以称之为政治的媒体化,选举的监察者们很快就在评估中注意到了媒体的系统要求。国际标准机构目前已制定了大致的媒体标准。显然下一步是要明确:在社交媒体正逐步取代印刷品和广播的阶段,这些标准是否需要进行更新调整。

网络竞选战

越来越多的研究人员和评论者开始关注数字化政治竞选以及社交媒体的相关信息,他们关注的问题包括隐私、透明度、竞选资金以及现行选举法维持公平竞争环境和保证选举合法性的能力。研究人员对审议质量的下降表示担忧。自2016年以来,研究人员关注的焦点始终是与竞选活动中其他通信不一致或是相抵触的信息泛滥问题,或者说是有意误导民众、挑衅竞选活动方的第三方信息泛滥问题。研究人员还担心"政治红线"（political redlining）①问题，即社交媒体有能力将信息目标锁定于少数选民，而排除其他选民。这些被排除的选民，通常是指那些不会去投票或是不属于核心人口统计数据范围的群众。另外还有政治审议总体透明度问题。结合这些问题，我们会发现有一点着实令人担忧：向选民传递定向的有效信息可能会破坏选民的自主性。对于那些主要通过社交媒体来获取新闻信息的选民而言，他们可能会被源源不断的信息所淹没，这些信息是刻意扭曲且带有政治色彩的。通过海量信息来淹没对立观点，是一种新的定向政治宣传形式。

2016年英国脱欧公投以及美国总统选举出现令人震惊的结果，这让很多时政评论人士非常担心网络社交媒体影响到了公投或竞选活动的结果。像是《观察家报》的卡罗尔·卡德瓦拉德（Carole Cadwalladr）在内的许多记者，就提出了社交媒体有意发布定向"虚假新闻"所带来的影响，国外政府干预到本国竞选活动的可能性，以及可怕的"用户画像"。

在撰写本章时，针对社交媒体定向宣传功能的几项调查仍在进行。美国特别检察官对俄罗斯牵涉2016年选举的这一事件进行了调查；信息专员办公室（英国信息自由和数据保护监管机构）正在审查竞选活动中的数据使用情况；英国选举监督机构对"英国脱欧"团队进行了调查，调查其提供的数据库和公开的竞选经费报告中的潜在违法情况。尽管欧安组织等负责选举监测和监管的国际机构没有迅速回应网络社交媒体所带来的问题，但欧洲理事会已开展了相关的可行性研究。

这场有关网络竞选的争论风起云涌，然而对于竞选活动的实际运作情况，目前仍缺乏公正有力的信息。对于数字化竞选的调查，我们会更多地借助于访谈、人种论或是法律分析等方式。然而令人惊讶的是，

---

① 译者注：redlining 原本指基于种族、民族或经济地位，拒绝向社区提供财政支持和服务。

很少有人对信息本身进行过分析,对富有争议的新型政治宣传形式开展可行性分析。当然纽约大学教授亨特·阿科特(Hunt Allcott)和斯坦福大学教授马修·根茨科(Matthew Gentzkow)属于特例。他们发表的文章的核心观点是:这些破坏了选举和公民投票合法性的新型竞选工具,还尚未经过检测。而夸大的宣传报道与网络媒体竞选的真实情况之间,目前仍有较大差距。

英国脱欧及2017年大选

与同年的美国选举一样,2016年英国的公民投票结果同样令人大跌眼镜。可想而知,公投后的人们会集中探讨为什么这次的投票结果会和以前的截然相反,同时人们也会将不满意的政治变革结果归咎于互联网。人们会格外担心那些未经过新闻出版机构严格筛选就在网络上传播的错误信息和虚假新闻;另外也会担心那些网上的定向信息。评论员们在被新的网络舆论排挤了一段时间后,正在寻求职责对象,而脸书正合其意。

2017年5月,在一系列简短新闻报道之后,记者卡罗尔·卡德瓦拉德又发布了一篇详细的"披露"文。披露的内容涉及英国公民投票与美国特朗普竞选的相关私密链接、数据分享和交叉供资情况。卡德瓦拉德在文末指出,"2017年的英国看起来越来越像一个'管理民主的国家'。使用的军用技术费用由美国富豪支付。通过脸书传送……开始踏入一个无畏的、崭新的、离民主越来越远的世界"。

卡德瓦拉德在文中称,这两场竞选都使用了较为成熟的网络社交媒体进行定向的数字化竞选,此外竞选中还存在一定的交叉供资(通过数据服务这类条款获得收益)、竞选信息的协调及两场竞选可互相借鉴的地方。对于在政治上竞选失败的人来说,这则披露是有吸引力的,因为它表明了选举结果是不合法的。

英国有非常多活跃的在线人口,尤其是那些使用网络社交媒体的用户。据英国国家数据管理局统计,2016年,英国超过82%的成年人几乎每天都会使用互联网平台,其中27%的人几乎每天都会用到脸书。而英国通信管理局的数据显示:从2013年开始,新闻平台中用户数量呈上升趋势的只有互联网平台,48%的英国人通过互联网获取新闻。通过同类型的报告,我们可以知道27%的英国人从脸书上获取新闻。

从2017年的数据报告中可以看出,各新闻来源中使用率增长速度最快的是网络社交媒体。对比2015年30%的使用率,2017年47%的用户主要通过社交媒体网站接触新闻报道。由于该调查数据源于用户自述,因此与其他的调查相比会存在一定的数据差异。据路透社研究所数字新闻2017年报告显示,41%的英国人通过网络社交媒体获取新闻。

从互联网的转变再到网络社交媒体的转变,尽管国家每年在政治广告上的总预算可能会有差异,但在广告支出比例上仍可清楚地反映出这种变化。从2008年到2016年,数字在线广告在美国政治广告支出中所占的份额从2008年的0上升到2016年的10%。通过竞选者的采访内容,以及英国选举委员会的开支明细①,我们不难发现,目前选举的市场预算超过10%的比例归属于网络媒体。2015年是选举委员会单独报告网络数字支出的第一年,网络数字支出约占总支出的23%,其中大部分用于脸书。在仍以电视广告支出为主的美国,2016年大选期间有将近10亿美元(相当于政治广告支出的10%)用于在线广告。

在线竞选活动迅速转变的原因很简单:因为相比其他智能程度较低的广告形式,在网络社交媒体上投放广告会更具成本效益。政治策

---

① 研究人员检查了选举委员会公布的支出回报情况,并根据其基本功能对收款人进行分类。

略家和竞选者们特别感兴趣的是,数字化竞选能提供更好的定向信息,同时更好地细分受众。竞选团队可以获得很多信息,在可能影响选举结果的重要选区里,这些定向信息对于那些关键选民或是那些投票意向悬而未定的选民而言,都是极具说服力的。最吸引广告商的是,针对竞选中那些关键的选民信息,他们可以使用人类学、政治学,甚至是心理测量分析来动摇这些选民的决策。据竞选负责人的说法,政治策略家正尝试开发出更先进的针对网络受众的在线广告形式。他们一般会尝试将这种广告形式与那些夺人眼球且能让人产生共鸣的共享信息相结合,并以此来控制网络宣传的共享系统。"英国脱欧"团队的竞选负责人安迪·威格莫尔(Andy Wigmore)曾于2016年的一次采访中说道:

> 新闻界说什么并不重要。我们把这些文章发布到网络社交媒体上,受到的批评越多,也就意味着我们拥有的信息受众越多。这也让我们突然意识到,其实特朗普也是做了一些事情的。他越是无赖,获得的广播时间就越多;获得的广播时间越多,他就越发过分……同样的,我们要是耍无赖在普通媒体上占用更多的时间——这种行为虽然多数会被批判,我们也会很容易获得更多的支持……我们越是肆无忌惮,我们就越是明白新闻界会攻击我们,而他们就是这么做的。现在,我们正全力反对建制派。我们只有更"无所畏惧",才能收获更多外界的关注。而一旦受到更多关注,我们就会拥有更多的信息受众。

数据驱动的社交媒体竞选是如何进行的?

为了能更好地理解网络社交媒体上数字化竞选的模式,我们对参与竞选的领导者进行了采访。[1]这些采访是伦敦政治经济学院媒体与传播系讲师安斯特德（Anstead）于2017年和其他人合作完成的。半结构化的七次采访,使用的是一套为受访者量身定制的问题模板。通过这些问题,我们可以了解到他们在数字化网络竞选、选民分析、网络社交媒体信息等方面使用的大致策略。在脱欧公投结束后,我们分别于2016年8月和12月在英国伦敦进行了相关采访。其中三次采访通过座机或网络电话完成,另外几次则是面对面采访。

　　实际上,要将海量的网络媒体竞选内容从"整个"网媒竞选机制中剥离出来是无法办到的;同时我们也无法做到将那些"自发"进行的共享内容以及竞选者使用的数字化商业广告服务分门别类。但成功的竞选会统筹好这些关系。接下来我们讨论的重点是:在选举合法性中有着特殊含义的"有偿因素",这是整个网络竞选体系中最重要的部分,也是推动网络社交媒体竞选前行的原动力。反过来,网络社交媒体也会为此供应大量政治新闻。

　　2015年英国大选和2016年英国脱欧公投之后,我们对相关文献资料进行了审查,同时也采访了一些专业人士。在此基础之上,我们概括

---

[1]　为了能够一览现代政治竞选的目标信息与交流战略的全貌,我们采访了核心的竞选参与者,并在"强势留欧"和"选择脱欧"这两个官方指定的阵营展开研究。我们感兴趣的那些交流对象,他们非常清楚竞选战略具体该怎样去部署,该怎样决定核心政策、停止政策以及怎样细分受众。我们预期这样的采访是需要获得竞选高层授权同意才能顺利进行的,所以首先我们需要接近这些大人物,然后要求他们去建议竞选组织里的人来和我们交流。我们通过邮件的形式向主要负责人、副主管以及竞选管理者们传达了想要进行采访的想法。因此确定了会接受我们采访的人有:"强势留欧"阵营里的主要负责人威尔·斯特劳(Will Straw)、副主管露西·托马斯(Lucy Thomas)以及"选择脱欧"阵营里的主要负责人马修·埃利奥特(Matthew Elliott)。这些采访会公开那些参与到竞选中的个人、顾问或是代理机构,这场我们逐步靠近的竞选也为我们提供了相当有价值的竞选部署细节,特别是有关"强势留欧"阵营方面的。当然我们也采访了英国脱欧责任署的安迪·威格莫尔。所有的访谈都按照意义浓缩的过程进行了转录和分析,重点是为了确定:这些专业人士对于选民的细分以及选民用户画像的看法。访谈对象需要进行内容记录,他们也都配合完成了。下一节是根据其回答进行的专题分析。

出了以下几个网络媒体竞选的常规阶段：

1. 建立受众。竞选者利用各种数据库技术可以打造出契合自身的潜在支持者资料库，然后将其与已经购买并自由对外开放的数据链接到一起。这些数据通常是：选举登记、现存各党派人员、游说名单、电话营销记录以及网上越来越多的调查、竞争、请愿这类选择性加入的数据。

2. 细分受众。将受众进行细分的方式有很多，可以结合以下几种标准类型进行细分。(1)边际法：判断一个选区的投票者是否会赢，换言之，分析该选区是否为目标选区、投票者是否尚未做出决定；(2)了解这些投票者的基本信息(包括性别、年龄、收入、受教育程度)；(3)了解投票者以前的投票记录(包括可能投过的票)；(4)了解投票者对于当前热点问题的个人看法及依据。

3. 分析网络社交媒体活动及其对竞争的影响程度。2016年的每一场竞选在剖析方式上都会略有不同，但每个潜在投票者的分数及个人剖析都依赖着选举的数据分析。在选举中，各党派会在两场不同的竞选中有所收获；但在公民投票过程中，法规要求党派销毁已有的数据，从那些已被除名的名单里重新开始分析。

4. 信息的创造与检测。近年来，我们一直都在致力于寻找能与潜在选民产生共鸣的有效信息。其中包括了广泛的焦点小组测试，以及高级官员对其签署的小范围信息进行重复审查。相比较之下，网络媒体竞选往往更有活力。那些设计好的信息每天都通过竞选专用的A/B测试流程进行检验，通过这种方式筛选出来的信息靠的是其本身产生的共鸣，而非倚赖党派意识或政治因素。

5. 定向信息及其传送。很多候选人在报告中提到，他们将更多的广告经费投入到数字化领域中。因为他们很清楚比起其他形式(如出版、展示或是直接通过邮件营销等)，网络社交媒体平台的经济效益要高得多。定向信息是否就是基于选民细分和剖析技术进行定向的描述？答案就在竞选目标以及网络媒体调查的黑匣子里。竞选者们表明，他们能够从个体信息层面出发，提供针对个体的信息服务，并以此来吸引与人口、教育水平、心理或地域相关的特定群体。

◇选民细分和用户画像变得更智能化

所有竞选者都广泛结合了各种工具来建设受众、进行选民细分并形成用户画像。这涉及对人口特征、以往的观点及投票意图之间复杂的建模。这种分析方式可能会涉及各种数据源里的无数个数据点。正如"强势留欧"阵营里的负责人威尔·斯特劳所解释的：

> 这些都是具有人口学特征的、有思维的群体。所以对于选民的细分，我们会通过让人们回答特定问题的方式来明确共同特征。归类人口学特征的方式也是如此，只是它主要依据个体对提问做出的解答来构建。通过这些方式，我们能够挖掘出不同群体特别有趣的一些特征。因此也可以说，普通人群经过这种选民细分后，可能会变得比平均水平更好或者更差。这些选民可能会比平均年龄更小，使用的媒体可能是英国广播公司、新闻报刊或是互联网。这些选民会对英国留欧与否持一定的态度。而媒体中涉及与欧盟相关的问题可能会吸引到他们。不论是特定群体成员还是其他任何人，这些媒体中很多常规信息都是具备参考价值的。在之后的整个竞选中，我们会利用那些已经大致细分的选民来推动焦点小组的确定工作。确定了一些焦点人群后，我们便离整个竞选流程所需的30个焦点小组更近了一步。由于焦点小组存在规模差异，你可能需要4到8张不同的表格来进行统计分析。在经过这种选民细分之后，我们每个月都会进行针对性的深度民意调查，会看到这些细分的选民在总数上和投票观点上发

生的变化。然后我们就可以深入地剖析人们是怎样回应这些
不同问题的(特别是移民和经济方面的问题),明白怎样能更
好地将我们的信息传达给这些不同的群体。

随后选民细分和用户画像的形成流程会用于确定:向哪些选民发
送信息以及发送什么信息。我们也需要注意这种数据化分析累积后的
效果。举例来说,用户画像的形成过程可能会出现一些意外,比如所有
类型的信息目标受众都变成了通过民族或宗教类别进行划分的这类受
保护的特征人群。用户画像和选民细分常常是基于地理位置进行的。
这些新技术为这些内容提供了一种经济实惠的展现方式,但很多新的问
题也会由此产生。如今,用户画像和选民细分在政治竞选中已变得很常
见,不断出现的新技术也让个人信息的定向传送变得更高效、更完善。

◇**信息的定向与传达**

与英国脱欧相关的许多政治活动中,最让人惊讶的是活动负责人
都做出了将多数资源和精力放在脸书上的战略决定。这种简单的策略
也被公认为是最有效的政治广告宣传形式。所有负责人都认为把握好
脸书至关重要,这在英国脱欧的两个阵营中尤为明显。"强势留欧"一方
的负责人提到,在脱欧公投早期,其团队制定的战略决策就是将所有的
广告预算都投入到脸书上。另一方阵营的负责人马修·埃利奥特在采
访中谈到的内容,也印证了这一点。

埃利奥特:……我们几乎没怎么用传统的广告形式。也
许会有那么一两件事会用到,比方说通过报刊发布新闻报道
这种,但总的来说是没怎么用的。
采访人:在网络社交媒体上很多……
埃利奥特:在网络社交媒体上很多,很多都影响着最终

结果。

采访人：所以，你们在网络社交媒体上投入越来越多的预算，这里的网络社交媒体指的是脸书吗？

埃利奥特：对，是脸书。

英国脱欧公投的亮点：个人投入不足25万英镑

我们审查了选举委员会在公民选投上的投资回报率，以便更好地检验访谈者提及的某些内容，同时深入理解政治活动是如何做到接近网络社交媒体的。以图表为例（见图10.1，表10.1），在2017年年初发布的开支申报表中可以看出：目前主要的党派将多数花费投入到网络社交媒体上。尽管广告耗费金额相对于政府总开支来说是较少的，但是选举委员会的花费达到了广告预算的最高额度，而其中的绝大部分开支流向了脸书，这也说明了网络社交媒体平台成了广告商中最大的受益者。

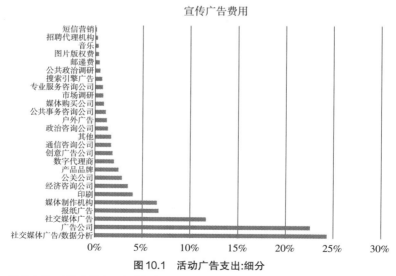

图10.1 活动广告支出：细分

资料来源：选举委员会开支申报表。

表10.1 媒体、营销及市场调查开支[①]

分类	开支(英镑)	占比(%)
合计	3173065.9	100
社交媒体广告/数据分析	775315.18	24
广告公司	715059.35	23
社交媒体广告	368085.52	12
报纸广告	210169.50	7
媒体制作机构	203565.10	6
印刷	125554.95	4
经济咨询公司	109594.80	3
公关公司	90006.22	3
产品品牌	78805.80	2
数字代理商	62371.99	2
创意广告公司	57792.58	2
通信咨询公司	54000.00	2
其他	53318.45	2
政治咨询公司	41730.00	1
户外广告	38723.16	1
公共事务咨询公司	33882.80	1
媒体购买公司	28583.80	1
市场调研	25489.60	1
专业服务咨询公司	24000.00	1
搜索引擎广告	21400.00	1
公共政治调研	16034.10	1
邮递费	13034.00	0
图片版权费	10133.00	0
音乐	9000.00	0
招聘代理机构	5016.00	0
短信营销	2400.00	0

资料来源:选举委员会开支申报表。

---

① 邮递费、图片版权费、音乐、招聘代理机构、短信营销的支出占比低为0.5%,故计为0。

在英国脱欧公投中,竞选负责人对其的资金投入在1万~25万英镑之间。任何个人或团体支出预算超出一万英镑的,都要求登记为"获得许可的参与方",另外需要在选举委达到25万英镑的额度前向其提交开支明细。少数开支超过25万英镑的成员会提前呈交开支明细。这些支出主要用于媒体、营销及市场调查,它们在总支出报告的480万英镑中占了66%;另外报表反映的仅为政治竞选期间的开支情况。

分析这些数据时我们发现,多数广告开支均由广告代理这类中介商产生。事实上,这会增加数据分析的难度,因为广告代理商常活跃于不同媒体之间。这也意味着:通过直接和代理的方式在网络社交媒体上产生的费用,往往会是所有开支中最高的。检验这份开支明细后,我们不难发现,其实大部分网络社交媒体的开支都流向脸书。这也暗示了我们很重要的一点:随着网络社交媒体支出比例的不断增长,这也越来越像是一块诱人却又不成比例的蛋糕,难以消化。久而久之,这部分支出就变成了政治活动中难以监管的黑匣子。

脸书是一站式的政治投票活动场所吗?

2017年英国大选期间,"人物锁定"公司说服了大约11000人下载了一个浏览器插件。插件会过滤掉脸书摘要中的政治广告,另外会同步创建一个大型数据库,收集脸书的广告记录(见图10.2)。选民在政治投选活动中是自发且带有主观因素的,这意味着这些数据不是所有广告披露中最具代表性的。但它仍是一次非常有价值的记录,因为它拥有非常多的广告样本数据,可以展示一些党派政治广告商和脸书用户的常规活动。①

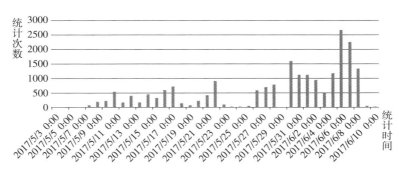

图10.2　脸书每日政治广告曝光次数总计②

　　伦敦证交所与"人物锁定"公司合作项目的初始成果是收获了一份重要的数据。这份数据不仅表明了脸书在定向广告服务中是信息传递机制中不可或缺的一部分,同时也表明脸书上出现了一站式服务:集融资、招聘、用户画像、选民细分、信息定向与传送等服务于一体。在全球各地,这种垂直一体化竞选服务多由国外的运营公司机械地进行流程操作。这种服务假如一直是未经审核的状态,那么对未来的选举合法

---

① 这个数据集收集了脸书上162064份广告,记录了1341004次广告展示。这个数据集是基于2017年5月27日至2017年6月18日期间收集参与了Who Targets Me项目(安装相关的谷歌浏览器插件)的志愿者的浏览器数据而得的。这个项目旨在收集并记录在此期间脸书为参与者们提供的政治广告服务。更多有关插件上的信息,以及开发它的团队在网站(https://whotargets.me/)上有所提及。活动参与者们同意安装插件获取他们在脸书上的浏览信息。调查者们也得以监控参与者们接收到的各类信息。本文展示的图是2017年英国大选期间的基本信息内容。之后的调查将会着力于分析目标战略、目标内容以及目标用户画像。

② 该图是与"人物锁定"公司合作的项目中使用者安装插件后每天收到的广告服务(脸书特有的广告曝光)总数统计。插件于5月30号出现系统问题,致使广告曝光次数重复记录,因此当天数据已从图册删去。该图数据基于"人物锁定"项目数据库中的131004次广告曝光记录完成。通过对广告责任方——广告商们的名字进行筛选,其中有20958份记录被认定为政治性广告。筛选器通过搜索文本匹配*工党*,*保守派*,*自由民主党*,*英国独立党*,*动量党*(其中*是一个通配符,搜索不分大小写)等名称的广告商,从而检测主要政党。

性而言,必然会是严重的隐患。

网络社交媒体在竞选活动中的一些指标

选举进程转向网络社交媒体可能为其合法性埋下了严重的隐患,但部分原因是这些平台缺乏透明度,我们无法得知竞选过程,也就很难通过研究进行评估。从一定意义上来讲,这也助长了阴谋论。

此外,除了在脸书平台上看似巩固垂直整合竞选活动的进程之外,还有人指控平台上存在外来国家各种形式的干涉和来自各方面的偏见。而这些偏见涉及了小党派,新加入者,具有社会多样性支持者的政党,某些竞选信息问题和关键信息传播以及某些特定的选民群体,即"政治红线"。

这样的政治偏见可能是无心之过,也可能是有意为之。我们假设有一个政党或是一次政治活动,假如它在平台上出现后会使网络社交媒体企业支离破碎,那么这些企业很可能会极力阻止这个政党、政治活动出现在人们的视野中。这个例子或许恰到好处,又或许是不着边际的。但是确实存在一些政党,他们提出了激进的、中央集权式的解决方案,这将对平台企业的经济模式产生不利影响。设立选举监管机制是为了确保选举的公平,确保围绕其进行的重要流程严密谨慎。可在面对这些对外不透明的平台时,监管部门却显得越来越无能为力。

选举要变得合理合法,就应当让投票者可以自由民主地进行自己的选择,而非受限于政治宣传或是屈服于某种形式的诱导和摆布。这种选择上的"受限"也是定向政治宣传会产生问题的另一个缘由,同步出现的"过滤气泡"(filter bubble)①也令人担忧。虽然这种"尚无定论"一定程度上是对信息获取途径的增减,但也正是网络社交媒体上的定

① "过滤气泡"(Filter Bubble)这个概念由互联网活动家伊莱·帕里泽(Eli Pariser)在2010年提出,指的是在算法推荐机制下,高度同质化的信息流会阻碍人们认识真实的世界。

向政治信息，为那些想要改变主意的人，或是对事实所知甚少的人提供了一个新的投票机会。

因此，面对选民自主、新形式的人为操纵和政治宣传等模式，人们其实有所顾虑。据英国选举法律师加文·米勒（Gavin Millar）所说：

> 1983 年法案第 115 条规定了"不当影响罪"（undue influence）。在该条例中，严禁他人胁迫或使用任何欺诈手段阻碍公民自由行使选举权。在其漫长的历史进程中，该条例一直被用来对付向信徒说教政治的基督教牧师和穆斯林领拜人，还有那些发布假竞选传单、装作是来自另一政党的人。就作者个人而言，关注最多的是定向信息对选民个人意志的影响。一个选民，容易被说服是一回事，而易受影响或受骗则完全是另一回事。

外来国家干政已经成了公共讨论里的一个特色话题。尤其像是俄罗斯对特朗普竞选的影响，美国和英国脱欧公投的联系，以及俄罗斯在法国、德国等选举中起到的作用。这让一些国家开始有了防备，比如在英国，选举委已经着手调查各种脱欧运动的资金使用状况。

有观点指出，有关网络社交媒体的所有偏见，如它对人的控制，这些纯属猜测。而揣测和阴谋论正在摧毁人们对民主政治的信任。要顺利进行自由公平的选举，其中一个基本前提是竞选内容要保证自由公平，并且人们也应该有这样的意识。所以，选举的简单明了、公开透明特别重要。不论是公有还是私营媒体又或者是其他形式的媒体，在一个庞大的网络媒体系统里，去捕获受众、产生误差，这些都是无法避免的。尽管如此，这些偏差还是应该和所有人"坦诚相见"，以其最自然的状态公开透明地展现在每一个人的眼前。

"脸书党"赢了吗？[①]

一场投票选举如果被私营企业所动摇，那么在公民和国际组委会眼中它很可能已不再具备选举的合法性。而英国的政选活动又不仅仅是这样的，一方面的事实是：2016年公民投票事件表明了网络数字竞选对选举合法性有负面影响，而在那之后，人们对于这些问题开始有了激烈的争论。但也有另一些人谈到，这是典型的"吃不到葡萄说葡萄酸"，只有失败者才会去质疑过程。这两种观点都有些道理，也并不是相互排斥的。对于脸书在这整个信息生态系统中所起到的作用，与之相关的实证数据令人感到矛盾。部分原因是脸书的数据实在难以访问，而收集实证数据也会比较困难。

脸书作为一家社交平台公司（尤其是如果我们把 Instagram 和 WhatsApp 包括在内的话）占据着市场主导地位，但作为一家媒体公司，它却没有这样的地位。从用户使用平台的时长以及人们获取新闻报道的途径来看，脸书确实算不上有优势。但在与选举相关的审议和信息收集方面，它正在成为一些国家的重要平台，它反映了英国政治广告在过去五年里转向网络平台的进程。特别是脸书这个将融资、招聘、数据建设、选民细分、信息定位及信息传送功能进行了纵向整合的一站式服务平台的出现。一个悖论也由此产生：选举周期中复杂的审议和辩论过程、思想的流动、互联网文化和社会舆论的逆转以及政治家个人财富的波动，现在我们能看到的这些信息内容要比以往任何时候都更加清楚。问题在于，国家可能并不希望如此。据加利福尼亚的一家公司透露，大多数国家都不愿意对外分享信息，它们不想被问到诸如"拿这些数据做什么"或是"基于什么建立了这些数据"等问题，除非有人愿意有

---

① 本节标题参考了英国《太阳报》的丑闻头版标题。该报在工党领袖托尼·布莱尔赢得1997年大选后高兴地宣称"太阳党赢了"。

偿购买。

在选举的历史进程中，脸书可以说是"与众不同"的，但这不能说是脸书的错，它已是一个客观的存在。在媒体系统中存在很多外来国家牵涉其中的政治敏感内容。大多数国家都用规则保护本国媒体企业，避免其因自由贸易化而受到外来国家的影响（这也是新闻业大亨鲁伯特·默多克必须入美国籍的原因所在），在美国、英国以及其他体制较为成熟的民主国家都有特定的法律，禁止外来国家为本国政治竞选供资。因此，让一家私营外企（脸书）拥有核心地位，无疑会违背一些国家一贯的法律精神。

为什么数字霸权需要引起重视？

这一章已经着力探讨了建立在网络社交媒体之上，数字化社交媒体竞选的民主合法性。接下来的问题是，主导地位达到何种程度才会出问题？或者与之相反，使网络社交媒体平台之间变得更多元化、拥有更多切换方式，增加的更多选择空间能否消除这些顾虑。

简而言之，主导地位很重要。社交媒体平台的竞争多样化、信息多元化，能够在一定程度上缓解很多我们在探讨的问题。

◇审查效应

一个普通平台撤掉一个帖子，可以称之为进行编辑调整。而一个占主导地位的平台撤帖或是限制某个人或某个主题进入，那就意味着在进行审查。不论这些材料是因为违反规则被人为撤下的，还是被一种复杂的算法出于某种原因撤下的，弄清这些的意义甚微。

◇主导效应

平台也可以利用其主导地位推广信息。最明显的例子是，谷歌和其他公司在美国国会就知识产权和网络中立问题表明了立场，各大平台也就其他问题展开了游说。这些当然是新闻报纸的传统做法,但也正是因为这种主导地位的存在,它们才会服从限制市场过于集中的竞争条例,遵循竞争规则,进行特定部门的合并。

◇政治宣传"泡沫"

假如一家公司掌握了你的信息并把你的用户画像卖给广告商,这是非常危险的一件事。因为用户画像录入相关算法后会决定你接收到的内容,将你局限于特定的信息环境里,即"过滤气泡"中。这些进程相当复杂,至今人们都对其所知甚少。在选举背景下,如果缺乏披露信息的多元化,宣传泡沫效应可能会破坏选举的合法性,从而破坏个人自主和自由意志,破坏审议进程。换言之,在分散的数据生态环境中,处在多元泡沫中的每个公民可能会得到更完善的服务。

◇缺乏竞争纪律

那些转移成本高、锁定用户消费的平台,可能更不会遵守民主式纪律,比如:要求对所有用户的个人数据进行更严格的控制,提高相关性和平台主导方面的透明度,并恢复与内容获取和内容屏蔽相关的权利。越来越多的证据表明,脸书正在成为政治活动的"一站式商店",提供信息收集、用户画像、选民细分和定向信息等服务;而由于缺乏数据的可移植性,消费者被限定在了这些活动中,从而加剧了这种影响。

◇分权与制衡

就像政府的各分支机构一样,网络社交媒体的权利也应均衡分散到各同行手中,彼此间能做到相互制约。

尤其像是脸书这家占据主导地位的公司,为政治选举提供垂直整合的"一站式"服务,在历史上是独一无二的。面对这样一家企业,如果不对其进行审核,任由其发展,那么最终人们的信任感和民主的合法性将会遭受侵蚀。

以上部分,有些仅为我们的猜测,脸书和其他平台甚至会告知我们,有些猜想是完全错误的。但从一定程度上来讲,问题的重点在于平台缺乏了透明度,因此我们的猜测必不可少。由于平台无法做到更具透明性而各种怀疑也无法消除,选举合法性和民主合法性也因此遭到更大的破坏。但平台信息的多样化却能为民主合法性提供一份重要的保障。

网络社交媒体不具备透明性,而竞选向网络平台转移正违背了公开透明的原则。甚至可以说,这直接破坏了现有的监管制度。英国的政党、选举和公民投票法案中有部分与此相关的规定:要求当事人行为中涉及政治竞选融资和治理方面的内容必须对外公开。正是这些规定的设立,公民才得以看清躲在政党竞选背后的人。比如,竞选活动发起方必须要在他们的宣传单或是其他材料上标明这些内容。但在2016年,选举委员会承认,这些透明度要求无法在网上被有效执行。在依靠宣传单的时代,按照规定,所有的竞选活动会在每张宣传单的背面,用印刷小字写明"必要"信息;投票者(或是记者和其他竞选方)也可以在选举委的官方网站上看到竞选融资的细目。而在网络社交媒体上,竞选的广告信息格式简化且不再包含"必要"信息,这直接破坏了政治透明性这一核心原则。

本章小结

这场英国选举和农村聚会有很多相似之处。人们聚集在当地的村民礼堂或是小学里,带着民族自豪感向来这儿的志愿者们大肆吹嘘。选票就像彩票一样被放进破旧的铁盒里,随后被带到当地更大的中学,由更多本地志愿者进行统计。身着正装的计票员会宣布计数结果,而戴着玫瑰型奖章的政治家们会在公民参与氛围达到最高潮时流下眼泪。

　　在大数据和即时人工智能驱动反馈的时代,流程古板、技术陈旧的部分原因是仪式,另外一部分原因是信任。二者并行不悖,都是社会合法性建设的重要因素。

　　但选举合法性的关键是公平。重大的政治变革或是党派重组往往会涉及政治主张的合法性。在这点上,即便是2016年和2017年的政治活动也不例外。近期的选举、公投等政治活动引起了竞选成功者和失败者的担忧。两者之间突然有了共同的联系,他们都开始关注网络社交媒体中涉及颠覆现行选举监管法的话题,如外来国家干政、信息定位、网络数据竞选等。

　　选举变得更复杂,可与选举相关的基本原则和重要流程却没有变得更直观,没有被更多人所理解。信息流程和竞选本身都与选举透明度息息相关。显然,在自由媒体系统中,网络社交媒体这类私营企业如果施加影响,最终产生的选举结果就会很不一样;每个人在这里都可以看到这些媒体的优劣,拥有更多的选择权。特别是读者们可以自由选择新闻报刊,而出现这种偏好的部分原因是:它们代表了市场监管型竞争模式,代表了媒体的多元化。

　　从本章前面的测试来看,英国和一些国际组织将选举流程视为法规,对其进行严格监管,这证明其前期的选举合法性还是完好的。然而,到了英国脱欧公投时期,选举合法性就出现了问题。本章研究了选举合法性是如何被脸书和数字化网络竞选所破坏的。网络社交媒体在理论上能实现更好的民主,但实际从长远角度看:商业的可持续发展、智能化的迅速进步都可能会逐渐侵蚀义务遵守条例、信息对外开放、平等公共审议等重要的民主要求。尤其是持续处在垄断地位的这些企业,极有可能破坏民主的信任、公平以及合法性。但是如果我们能做到将合理的信息提供给公民,使用不同平台的分析工具,同时对平台施加一些竞争压力,网络社交媒体的侵蚀效应将会得到缓解。

本章中提出的很多问题都是网络社交媒体本身的特性，并不是刻意针对某个平台实际拥有的主导地位。这里的中心论点是：平台的主导性加剧了这些问题。这也意味着，要想网络社交媒体变得更多元化，我们还有很长一段路需要走。

第十一章　操纵思想：搜索引擎影响投票意向

罗伯特·爱泼斯坦（Robert Epstein）

> "这个世界很可能存在无形专制，只是仍披着民主政府的表皮。"
>
> ——肯尼思·博尔丁（Kenneth E. Boulding）

1961年1月17日，约翰·肯尼迪（John F. Kennedy）就任美国总统的三天前，即将离任的德怀特·戴维·艾森豪威尔（Dwight D. Eisenhower）举行了一场告别演讲，内容出人意料却又具有启发性。他大胆提出自己看到了"一场权力错位的大灾难"，不同部门的美国军队已经和二战中形成的大量新战争工业部门成了盟友。艾森豪威尔把这种联盟叫作"军工业混合体"，他认为未来的几年里，这种军工业混合体会严重威胁到社会安全和人民自由，只有努力建设"一种敏锐而有远见的公民意识"才能有效避免。

这些并不是左翼门外汉的胡言乱语。艾森豪威尔是一个统率盟军在二战中击败德国纳粹党，最终取得胜利的高级军队将领。他是真正的局内人。他对万千国民袒露心声，希望人民能够应对来自国家乃至整个世界的严峻考验。艾森豪威尔提出的这个警告，也正是我们今天所面临的难题。我们对科技日益增长的依赖成了"科技精英"需汲取的养料，"科技精英"们得以变得越来越强大，强大到可以掌控公共政策，悄无声息地将人们玩弄于股掌之间。

自2013年以来，我进行的研究表明如今这样的"科技精英"已经存在：当人们还迷茫无知的时候，少数科技公司的高管已经有能力转变人们的观点、消费行为，甚至是投票结果。这种力量的存在如今已毋庸置疑。现在越来越多的迹象表明有人在利用这种力量，或许这才更令人担忧。本章将回顾相关研究，并就此提出建议，让人们可以追随艾森豪威尔的真切劝诫，在未来的几年里成为敏锐而有远见的公民，避免受到新兴技术的控制。

控制的新旧形式

正如行为心理学家斯金纳（B. F. Skinner）于1971年出版的《超越自由与尊严》一书中所写：就某种程度而言，人的行为都是被控制的，不论是在过去，还是在将来。控制本身不是件坏事，试想，没有社会政策和警察维持秩序的话，又何来社会治安？若在高速公路上，人们随意变换路线，场面无疑会非常混乱。所以，控制本身并不坏，不过某些控制的方式确实令人反感，尤其是鞭刑、锁链、电击、刑罚、恐吓、虐待等形式。相反，对于一些积极的控制形式，如广告、薪酬、奖金、悬赏、表扬等，我们很少会感到不适。英国和美国已经拥有了自由的新闻业；即便是在这样开放型的社会环境中，人们仍要受到各种形式的控制。各种商贩、专家、领导者、各类网站以及新闻报刊……正是这些数不清的人和事物牵拉着我们走向四面八方，让我们觉得自己的思维被塑造，整个人被控制。在开放型的社会环境里，很多事也没那么简单。我们时常感觉当前的决定是自己做的，可真相却很残酷。以19世纪末的独资企业"西联汇款"（Western Union）为例，"西联汇款"曾独占整个电报通信体系，无形中控制着整个美国的长途通信业务。在1876年的总统选举中，"西联汇款"选择了来自俄亥俄州的政治家拉瑟福德·海斯（Rutherford B. Hayes），一位名不见经传的共和党候选人，并通过电信方面的垄断地位改变了选票结果，最终成功助其上位。"西联汇款"确保向公众传达的新闻报道都是有利于海斯的，也会和海斯的幕僚分享那些由竞选工作人员提供的与竞争对手相关的信息。虽然在"西联汇款"的助力下，海斯也没有赢得很轻松，但最终他确实赢了。而当时的选民也完全没有意识到"西联汇款"在竞选中的干涉。在这个案例中，掌控选票的关键是控制人们得到的信息，而这些信息就包含在通信内容与新闻报道中。乔治·奥威尔（George Orwell）在《1984》中提醒过我们：如果你可以掌控人们拥有的信息，你就可以控制他们的思想。还有一个虚构的例子：一部讲述电脑黑客的电影《运动鞋》在1992年播出，影片由本·金斯利（Ben Kingsley）、罗伯特·雷德福（Robert Redford）和丹·艾克罗伊德（Dan Aykroyd）出演。在影片结尾处，金斯利扮演的角色为黑客艺术辩解，他说：

> 这个世界不再靠武器、能源或金钱来管理。它是由1和0这些小数据运行的，它们仅仅是电子而已。……嘿，我的朋友，外面有战争，是一场全新的世界大战。这不是比谁的子弹最多，而是看谁控制了信息——我们的所见所闻，我们的工作方式，我们的想法。没错，就是这些。

现在时间快进到2012年，这一年的一份研究报告表明，脸书已被证实使用其强大的能力控制了选举投票。研究报告揭露了脸书曾在2010年美国大选当天推送"出去投票吧！"的消息，用于提醒平台的

6000万用户。当天,额外增加了34万选民出来投票。再次快进到2016年12月,这个时候特朗普在美国总统大选中取得了出人意料的胜利。那天,脸书要是选择将"出去投票吧!"发送给希拉里·克林顿的支持者,结果又会怎样? 进一步分析2012年的报告后,我们可以推断出:原本超过45万人会投票给希拉里(鉴于两亿人登记了投票,其中一亿人可能更支持希拉里,而脸书可以推送到百分之八十的支持者)——这些票数很可能会让她竞选成功。可除了公司里的极少数人会清楚脸书的干预情况,其他人对此一无所知。这并非凭空想象,脸书有几次公开表明,自己拥有的信息定位能力逆转了大选结果,而这并非它的本意。《纽约时报》的一项调查结果显示:在选举前的数月里,脸书通过发送定向信息推进了希拉里支持者的投票登记数。

脸书本身并没有在美国大选当天进行干预。也许只是那些平日里谨慎的公司高管过分高估了希拉里的实力,认为即便没有脸书的帮助,她仍能毫无悬念地获胜。但我们仍然可以借此想象一下:存在某种强大的力量,它能决定哪些信息会呈现在无数人的电脑里或手机上,也借此转变了即将接近尾声的国家选举结果。

脸书很可能隐瞒了大选当天将定向信息发送给希拉里支持者的人数,它也很可能无意间将定向信息发送给了那些拥戴特朗普的人。在选举结束前的几天里,大量虚假新闻报道损坏了希拉里的声誉。在脸书成千上万的用户中,这些稀奇古怪的新闻报道很快就得到了广泛的传播……脸书首席执行官扎克伯格最初否认了这一事态,但最终他宣布脸书会推出新算法,以避免用户受到虚假新闻的影响。

我们再重新回到总统选举后的第三天,也就是2016年10月10号。这一天,埃里克·施密特,这位谷歌的首席执行官在纽约的一场会议中进行了演讲。这场会议是由《纽约时报》发起的。施密特在其演讲中讲道:"我认为'人们怎样获取信息','人们相信什么、质疑什么'将会是未来十年内需要讨论的项目。"

　　扎克伯格和施密特提到的这些项目听起来有些莫名其妙。但实际上，这两家科技公司领导讨论的内容不局限于他们最初的业务，他们当下的业务范围也远超过去。表面上看，脸书是一个让我们与亲友保持联络的社交网站，而谷歌则是帮助我们在网上找到所需信息的一个纯粹的搜索引擎。但扎克伯格和施密特都很清楚，在过去的这些年里，经过与各种工具的融合，平台的性质已经完全变了。在本职以外的领域里，这些平台已经变成了令人反感的跟踪装置，变成了操纵工具——能够转变人们的消费观念和思维信念，甚至能不动声色地让数十亿人改变投票倾向。时间慢慢过去，施密特、扎克伯格和他们的下级高管们在决定如何使用他们的新能力，该如何利用这么多的技术。为此，他们曾展开过多次讨论、做出过无数决策……而与此同时，公众和监管机构却对这些一无所知。

　　少数科技巨头是如何迅速从助人为乐的"技术宅"转变成不择手段的"巨型怪物"的？这个话题仅凭一个简单的章节显然是无法阐释清楚的。目前，专家和权力机关正在慢慢醒悟，并打算摆脱窘境。欧盟正以三条垄断罪名起诉谷歌，俄罗斯和印度也采取了类似手段对这类公司进行了罚款。因涉嫌线上内容严重违规，谷歌已面临5亿美元的巨额罚款。同时在特朗普的执政下，美国司法部门很快就会正式调查谷歌。

　　这一章并非要围绕科技巨头的成长过程展开法律和监管层面上的探讨，这些不属于我的专业研究领域。近年来展开的两个系统调查研究表明谷歌凭借其强大的能力已能控制那些毫不知情的用户。另外，已经有人提到了脸书用来改变用户观点的两种方法：一种是让新闻项目出现在用户的新闻摘要页面中，另一种是通过向目标群体发送消息。但脸书的操纵能力与谷歌相比，实在微不足道。而让人困惑的是，一个搜索引擎究竟是如何做到改变人们观点的？

一个搜索引擎做了什么,又是为谁而做?

一个搜索引擎为什么会有能力转变人们的观点?在解决这个疑惑前,我们首先要知道搜索引擎的运作方式。在使用搜索引擎的前期阶段,像谷歌这类公司,一直在进行用于网络信息抓取的"爬虫"项目。这些项目专注的内容包括新近出现的网站、已有网站的变化以及网页间的各种关联。"爬虫"能完成信息索引,这种类似书目的索引形式,能让人们快速找到信息。与实力相近的竞争对手微软相比,谷歌运行的计算机服务器数量至少是其两倍,目前可能超过200万台。因此,谷歌在互联网上的"爬虫"数量也远超其他公司。截至2015年,谷歌涵盖约450亿网页索引,已轻松超过微软,数量达微软的三倍。值得注意的是,由于"爬虫"项目耗资过于高昂,目前多数搜索引擎都无法开展;雅虎这家早于谷歌出现的搜索引擎,在很早之前就停止了网络"爬虫"项目;一个搜索引擎为人们提供搜索结果,这份结果的背后实则是包括谷歌在内的无数科技公司的技术成果。甚至微软的搜索引擎必应(Bing),都很可能为了削减成本而直接从谷歌上抓取搜索结果。当你在谷歌的搜索栏里输入需要搜索的项目时(或是范围略大于搜索项目的文字),谷歌会做这四件事:先是解析,然后选择,再是命令,最后是展示。解析的意思是它会分析输入的文字,并将文字碎化成搜索引擎能用于搜索的若干项目。比如输入的内容是"最好的狗粮",那么谷歌会在其索引里进行项目搜索,比如"狗粮",之后再查找修饰语,比如"最好",缩小其搜索范围。如果你也像世界上大多数人那样,默许谷歌追踪用户的个人日常生活,搜索引擎就会在搜索分析条目中增加你的部分内容,像是你家住哪里、你的狗是什么品种、你在狗粮上的花费是多少、你信任哪些网站哪些新闻渠道等。

接下来搜索引擎会用这些信息去选择网页索引里的相关组别。你的搜索显示"大约38300000条结果",这是搜索引擎在向你展示找到的相关网页数量。之后的这一步对于操作目的来说尤其重要。搜索引擎依据谷歌保密标准，对这些搜索结果按照最好至最坏的顺序进行排列。最后，搜索引擎会以编号组的形式展示这些结果，每页 10 个结果，你会看到第一个页面呈现的是前 10 个结果，第二个页面则是接下来的 10 个结果，并依次类推。

筛选和排序的方式可以有无数种，谷歌又是如何做出选择的呢？如果我们搜寻的是一个既定的事实，比如：尼日利亚的首都是哪里？那么只要最终得到答案，我们就不会在意谷歌的运行流程。但如果是那些没有标准答案的问题呢？当我们输入关键字"最好的狗粮"，这难道不是意味着我们想要为爱犬寻找最好的食物吗？在这种开放型问题之下，谷歌是如何对搜索结果进行选择和排序的？谷歌所理解的"最好"和我们想的一样吗？显示的搜索结果是公正客观的，还是会偏向于谷歌公司的主观看法？另外，某些搜索结果的点击量达到一定数量时，谷歌是否能因此获利更多？假如谷歌与普瑞纳（Purina）宠物食品公司有商务合作，那么在搜索结果中普瑞纳的出现率是否会高于其他宠物食品公司？

同样地，要是我们搜索的是较为敏感的信息呢？我们在搜索栏内输入"希拉里撒谎了吗？""犹太人可怜吗？""英国应该继续待在欧盟吗？"谷歌在面对这些问题时会对搜索结果进行怎样的筛选和排序，其显示结果的背后是否暗含利益关系？

尽管谷歌已经相当出色地完成了工作，向我们提供海量的互联网资源，让我们感觉谷歌特别酷炫，只为我们的利益而存在，可事实却相距甚远。谷歌的盈利能力在全世界数一数二，目前其每年的收益更是超过了 1000 亿美元，其中大部分收益都来自定向广告服务。外界通常很难看清谷歌的基本商业模式。谷歌对外提供的免费服务有搜索引擎、谷歌邮箱、在线视频、安卓操作系统、谷歌浏览器、谷歌地图，以及其他若干项服务。这些服务可以收集我们的信息，然后谷歌会利用这些信息来帮助商家,通过广告向我们展示需要的产品和服务。换句话说,尽管我们觉得搜索引擎和谷歌邮箱是免费的产品,但对谷歌来说,我们就是产品。作为谷歌安卓系统的负责人,安迪·鲁宾(Andy Rubin)说过:"我们不会把我们创造的东西货币化,我们将用户货币化。"

从另一个角度来看,谷歌通过把用户"卖"给供应商的方式来"发家致富"。谷歌的搜索引擎和邮箱根本就不是产品,而是设计精妙的监视工具。

久而久之,谷歌很可能已经为我们建立了一个精心设计且经过不断拓展的个人档案。里面有所有人明确的个人偏好,不论信息是什么样的,谷歌都允许供应商借此来预测我们的需求。谷歌的联合创始人拉里·佩奇在2014年的一次采访中谈到:"或许,你并不想提问;或许你只是想在提问前就得到答案。那样似乎会更好。"慢慢地,谷歌所收集的用户信息的价值,早已赶超其每天免费提供给用户的少量信息的价值。这些信息不仅会影响我们购买什么,影响我们的投票决定,甚至于影响我们如何思考。

搜索引擎的操纵效应

2011年以前,大部分人都认为谷歌是一家非常棒的公司,每天为人们做着那些令人惊叹的神奇之事,而且还是免费提供的。然而,早些时候,一些人已经开始对谷歌这家公司的存在表示深切忧虑。2007年,法律学者奥伦·布拉查(Oren Bracha)和弗兰克·帕斯奎尔(Frank Pasquale)在《康奈尔法律评论》的一篇文章中呼吁谷歌需要被监管。2011年,乔治·布什(George H. W. Bush)总统领导下的美国国务院的官员斯科特·克莱兰(Scott Cleland)出版了一本措辞严厉的书,书名为《搜索与毁灭:为什么你不能相信谷歌》。同年,谷歌高管詹姆斯·惠特克(James Whitaker)离开了公司,后来他指出:

我热爱的谷歌是一家科技公司，它赋予员工创新的能力。
我离开的谷歌是一家广告公司，它只是服务于其他公司的一
个授权集合地。

2012年1月，谷歌多次声称我的网站遭到黑客攻击，并阻止用户访问。我在收到相关通报后，开始对谷歌展开批判。我想知道为什么政府机构和非营利组织不关注此事。谷歌什么时候成了"网络警察"，又是如何通过其搜索引擎，并且以某种方式通过苹果浏览器（Safari）和火狐（非营利组织"摩斯拉"拥有的浏览器）来阻止他人访问其网站的。随后，我在《美国新闻与世界报道》上发表了一篇名为《新审查制度》的调查文章。文中阐明了谷歌为什么要屏蔽数以百万计的网站，而它又是如何做到的。

2012年年末，我发现有关搜索结果是如何影响消费者行为的文章数量不断增长。显然，人们非常信任搜索结果的排名，所以排在前两名的文章点击率占了50%，首页前10的点击率更是超过了90%，而人眼追踪技术和其他研究表明：即便排名较低的内容相当出色，人们也只关注排名高的那些。这样的调查结果让我感到疑惑：人们这样相信排名较高的结果，是否会让那些犹豫的人改变观点，让那些偏袒某一特定观点的结果有了可乘之机？

2013年年初，我和网络科学博士罗纳德·罗伯逊决定验证这些想法。我们使用了2010年澳大利亚总理选举的真实网页及其搜索结果，将102名符合条件的美国选民随机分为三组：

（1）该组选民会接触到很多有利于候选人A（朱莉娅·吉拉德）的搜索结果，也就意味着，排名高的搜索结果让吉拉德看起来要比竞争对手更出色。

（2）该组选民会接触到很多有利于候选人B（托尼·阿博特）的搜索

结果。

（3）该组选民接触到的搜索结果对候选人 A、B 均不支持（对照组）。

我们使用澳大利亚的选举内容进行实验,是为了确保实验里那些美国参与者都是"尚未"做出投票决定的。在开始实验前,研究人员会向参与者提供候选人的基本信息,然后会用五种不同的方式问他们更喜欢哪个候选人;研究人员会问他们如何相信每个候选人,为什么会喜欢每个候选人,诸如此类。在搜索实验开始前,三组人对候选人的偏好在五项询问方式中的任何一项上均无显著差异。

然后,参与者就被放任在"Kadoodle"自定义搜索引擎里。在这里进行搜索,他们在 15 分钟内可以查到 30 条有关候选人的搜索结果,每页 6 条,总共 5 页。就像平时人们在谷歌或是其他引擎上那样,参与者可以自由切换页面,点击任意搜索结果然后看完所有的网络页面。在完成搜索之后,研究人员会再次使用同样的五种形式的问题来确定他们的偏好。

我推测,两组人的偏好在看完搜索结果后会发生 2 ~ 3 个百分点的变化:看了支持吉拉德搜索结果的那组人,偏好会向她靠近一点;而看了支持阿博特搜索结果的另一组人,偏好则会向他靠近一点。

然而现实要可怕得多。

事实上,搜索实验完成后,五个偏好指标的结果发生了巨大的变化,人们在支持候选人的问题上转变率高达 48.4%,而这仅是在完成一次搜索之后的情况。如果最初的偏好是 50/50,你可以让一组中 48% 的人,也就是 50 个人中的 24 人,让其偏好转向你支持的候选人,而现在你就有能力为该候选人创造 48% 的胜算。这相当于,74% 的选民会投票给最受欢迎的候选人,而只有 26% 的选民会投票给竞选的对手方。所以研究人员把上述提到的这些转变叫作操纵选票的力量（vote manipulation power,简称为 VMP）。这可以看作是在一场紧张赛事中人为创造出来的胜算。毫无疑问,尤其是在很多选民尚未做出决定的阶段，这48.4%能带来的变动是不可思议的。

研究人员认为这种影响实在太大，所以他们对此持怀疑态度。另一个令人不安的事实是，只有25%的参与者意识到自己看到了存在偏见的搜索排序结果，尽管在研究人员看来，这些搜索结果的排序存在明显的偏见。在随后的两个实验中，研究人员将支持两位候选人的搜索结果进行了混合处理，以掩盖偏见。即便如此，最后得出的选票倾向仍有较大的变化，分别是63.3%和36.7%。在两个实验里，所有发现搜索结果存在偏差的参与者都会被排除在外，这样做是为了使存在偏见的搜索排序结果转变选民投票倾向的现象变得更为直观。也就是说，这些参与者完全不知道自己处于被操纵的状态。

最初的实验规模很小，仅在加利福尼亚州的一个实验室里进行。而第四次实验是由来自美国50个州的2100名合格选民在网络上进行。这次的实验产生了总体33.5%的变动，由于样本总数足够多，所以已经可以验证人口统计学的影响了。研究表明不同小组在面对这种类型的操作时，所展现的变动情况也有较大差异。其中温和派共和党人的组别有80%转变了投票倾向，这着实令人吃惊。另外，研究人员还发现部分参与者注意到了搜索结果存在偏见。与此同时，还有另一个令人不安的发现：那些知道搜索结果存在偏见的参与者，其投票倾向的转变比率甚至发生了更大的变动——达到了45%。这也意味着，事实并非我们所预料的那样。仅凭参与者意识到搜索结果排序存在偏见，也无法保证其投票倾向不受干扰。

早期实验系列中的最后一个，是2014年印度下议院全国选举，这也是世界上规模最大的一次民主选举。实验人员在全印度招募了2150名尚未投票的合格选民，并将这些选民随机分成三组：每组选民都能获得有利于三位主要总理候选人其中一位的搜索结果。先前的实验中，美国参与者所使用的实验材料均来自2010年澳大利亚选举时的候选人信息。但在印度这场激烈的竞选活动中，其搜索结果和网页会被真实的选民直接使用。我的想法是,存在偏见的搜索结果仍然可以改变选民的投票倾向,但其转变率仅为1%或2%。

我的预测在第一阶段再次被证明是错误的。这一阶段的投票倾向总体变化为10.6%,但当研究人员基于印度文化来优化程序时,投票倾向的转变率上升到了24.5%。在对两组选民的观察中,65%~99.5%的选民都没有意识到自己看到的搜索结果是存在偏见的。而且选民的投票倾向在每一次搜索后都会产生变化。所以如果在选举前的几个月内,网络搜索结果都偏向于一位候选人,那么随着时间的推移,即使选民对候选人信息进行过多次搜索,反复接触这样的偏向型搜索结果也可能会不断地影响其投票倾向。换句话说,我们得出的大量有关选民投票倾向转变的比率数值与实际情况相比可能会偏低。

这些最初的实验结果发表在2015年的《美国国家科学院院报》上,搜索结果排序转变选民投票意向的这种效应,已被命名为搜索引擎操纵效应(SEME)。该报告包含了一些数学知识,通过这些知识,人们在了解互联网普及率和特定人群的其他因素后,利用存在偏见的搜索结果排序,便能预测哪些选举的结果可能会被颠覆。由于很多选举获胜方的获胜优势很小,外加网络搜索的结果往往是一位候选人领先于另一位候选人,所以该报告的预测是,搜索引擎操纵效应目前正在决定全世界25%以上的选举结果。该报告分析中包含了一个数学模型:高搜索排名会增加人们对候选人的兴趣,而人们对候选人的强烈兴趣又会推动该候选人搜索结果的排名。

随着研究人员逐步深入对搜索引擎操纵效应的研究,他们对该效应的认识也逐渐加深了。主要的调查结果包括:

□搜索引擎操纵效应之所以强大,是因为它具有操作性的条件反射。我们日复一日地对简单的事实进行搜索(如尼日利亚的首都在哪里?),而总是处于最高位置的搜索结果告诉我们正确答案,一遍又一遍地告诉我们,在结果页面中排名越高的越好,也越真实。因此人们会错误地认为,计算机算法本质上比人类更客观,尽管那些算法是由人编写的,也没有其他人在意这些算法到底如何运作。搜索引擎操纵效应可以让那些尚未做出抉择的选民产生戏剧性的转变。这种效果不仅体现在投票倾向上,甚至可以是任何其他的事上,像全球变暖、液压破碎法(可能会致使环境污染)。

　　□使用多种方式查询相同话题,让相似且带有偏见的搜索结果反复出现,这样额外的搜索会增强搜索引擎操纵效应。

　　□如果人们被警告他们看到的搜索结果存在偏见,搜索引擎操纵效应在一定程度上会受到抑制。(注意:人们受到警告与个人注意到搜索结果存在偏见的效果完全不同。警告可以抑制搜索引擎操纵效应,而对偏见的注意反而会强化这种操纵效应。)很不幸的是,我们找到的能完全抑制搜索引擎操纵效应的方式是一种等时规则,即通过切换带有偏见的搜索结果来抑制——先搜索一个候选人,然后搜索另一个,再回到第一个,并循环往复。

搜索推荐结果效应[①]

　　2016年6月,一家名叫"趣味视频资讯"(SourceFed)的媒体公司在YouTube上发布了一个7分钟的视频,它声称:谷歌禁止发表与希拉里·克林顿相关的负面搜索推荐结果。换言之,当你在搜索栏内填入"希拉里的健康",必应和雅虎可能会向你显示"希拉里的健康"或"希拉里的健康问题",而谷歌可能会只向你展示积极的内容,如"希拉里的健康计划"。这么说其实没错,"趣味视频资讯"曾表示,甚至谷歌自己的趋势栏数据都表明了人们更多地会搜索"希拉里的健康问题"而不是"希拉里的健康计划"。"趣味视频资讯"还在视频里提到,谷歌通常会显示其他人如唐纳德·特朗普的负面搜索推荐结果;谷歌似乎仅对希拉里女士

---

① Search Suggestion Effect,简称SSE。

"温柔"。这段视频很快就超过了100万的浏览次数，同时，一个上传到脸书的3分钟版本视频，又迅速突破2500万浏览次数。

在2016年的夏天，我和另外8个工作人员系统地调查了"趣味视频资讯"的声明，发现这些声明基本都具备法律效力。

毫无疑问，谷歌屏蔽了那些对希拉里不利的信息。但问题的关键是什么呢？谷歌为什么要在推荐搜索结果中屏蔽一个候选人的负面信息？

这正是谷歌所做的，尤其是对于负面信息的差异化抑制。每个实验都是由来自美国多个州的不同组别的300名参与者在网上进行的，实验中每个人使用的基本都是相同的数据形式。参与者将样本中的搜索项目输入谷歌的搜索栏中，随后对应每个样本会出现相关的搜索推荐结果。

实验的参与者需要选择他们会点击的搜索推荐结果；如果有另外的个人偏好，可以忽略搜索推荐结果而用自己的关键词进行搜索。实验的设计初衷是阐明谷歌搜索推荐结果中那些不可思议的地方。比如：

□为什么谷歌会系统性地抑制某些人和某些话题的负面搜索推荐结果，包括谷歌自身的负面搜索推荐结果？谷歌、必应、雅虎都会显示与必应和雅虎相关的负面搜索推荐结果，但能够显示与谷歌相关的负面搜索推荐结果的却只有必应和雅虎。

□就像谷歌在其谷歌趋势上的数据预测那样，搜索项目在普通群众中的使用频率一目了然，为什么谷歌的搜索推荐结果无法与之对应？

□为什么谷歌一般只为用户推荐四条搜索结果？2004年这家公司首次引入自动完成，那时它显示的推荐结果数是10条，这似乎表明了那些搜索词在一般人群中的使用频率。必应和雅虎也是如此，不过必应的推荐结果数开始变为8条。所以，这些推荐结果在数量上有什么特别之处呢？

这些都是我和同事们仍在研究的问题，但到目前为止，所获取的成果既清晰又令人不安。谷歌是一种自动化的查询方式，它让人们的搜索变得更快速、更高效——至少该公司曾经这么声称。可随着时间的推移,谷歌自动化系统的初衷完全变了。现在它的主要目的更像是操纵人们的搜索,以某种方式推动搜索。这样,人们能够看到的搜索结果和页面就会是谷歌公司想让他们看到的。

负面偏好现象是指比起那些中性或积极的刺激物,负面的刺激物会吸引更多人的关注。这种现象的存在,导致对于一个优选的候选者而言,差异性的抑制负面搜索推荐结果就变成了一种极为有利的操纵搜索的方式。这也是"沙拉里藏蟑螂"效应:一只小蟑螂在沙拉里出现会引来人们过多的关注,最后毁了整盘沙拉。正面积极的刺激物就不存在相关的现象,即便人们把一块诱人的巧克力放到一盘污物的中心,也不会使污物变得开胃。因此,一旦在搜索结果中放点负面的刺激物,带来的效果可能会令人难以置信。

新的研究对我们的搜索推荐结果进行了"唤醒水平"和"字频"的控制,研究结果表明:在一列搜索推荐结果中,单个消极内容受到的关注要远远大于中性或积极的内容。某些情况下,消极内容的点击量甚至会是中性和积极内容的10到15倍。因此,随着时间的推移,不同程度地抑制一个(搜索公司青睐的)候选人的负面信息,可能会促使无数人去看那个候选人的正面信息,同时会促使无数人去看对方候选人的负面信息。显然,这又将我们带回了搜索引擎操纵效应。存在偏见的搜索结果对于投票悬而未决的人们来说效果是惊人的;在人们还一无所知的时候,操纵搜索推荐结果使得人们点击进入积极或是消极的页面,这种方式能简单有力地转变他们的观点。

这种新型的操纵方式叫作搜索推荐结果效应。当前展开的研究中提到了,搜索推荐结果效应以及搜索引擎操纵效应是如何做到相互协同的;同时,一场选举中搜索推荐结果效应的潜在影响又该如何量化。

根据谷歌向我们展示的搜索推荐结果数量,搜索推荐结果效应最新的研究表明：数字"4"拥有一种不可思议的力量，它能让一个搜索引擎将其负面搜索推荐结果的影响推向最大化（当你展示的搜索推荐结果越多，负面搜索推荐结果产生的效果就越差）。同时它也尽可能地降低了人们忽略搜索推荐结果并输入个人关键词的可能性（图11.1）。人们输入自己的关键词进行查询，恐怕是谷歌最不想看到的事情。因为谷歌通过让人们点击该公司提供的建议，来最大限度地控制人们的搜索内容。这些搜索推荐结果与搜索的受欢迎程度关联度越来越低，它们更多的是基于公司对其所搜集的大量用户个人信息，进行算法预测的结果。

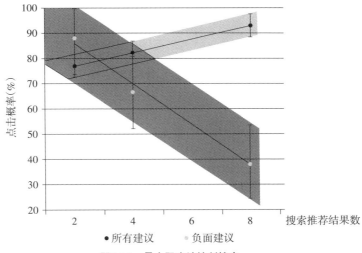

图11.1　最大限度地控制搜索

图中显示了我近期有关搜索推荐结果效应（SSE）的一部分实验结果。图中的正比斜线表明：用户点击一个搜索推荐结果（而不是自己输入的关键词）的概率会随着搜索推荐结果的增加而增加。图中的负比斜线则表明，用户点击一个负面关键词（如低价）的概率会随着关键词数量的增加而减少。从图中勾勒的平行四边形顶角可以看出，提供四条搜索推荐结果能极大地提高用户的点击率，同时如果存在负面搜索推荐结果，那么其点击率将是最高的。换言之，为用户提供四条搜索推荐结果是控制其搜索内容的最佳方式。

目前我们尚不清楚搜索引擎操纵效应和搜索推荐结果效应两者相结合的效果。但这些影响也仅为冰山一角。我和同事近期开始了一系列"应答机器人"的实验，该实验关注着一些微观层面的问题，比如谷歌的系统性操纵。谷歌已经迅速从一个回答问题的搜索引擎转向一个"应答机器人"模式，这可能很难被人察觉。"应答机器人"模式即简单地回答人们的问题。人们只是想要答案，对3800万网页列表并没有多大兴趣。谷歌提供的"精选摘要"越来越多。那些"精选摘要"方框与谷歌的语音助手，频繁出现在搜索结果首页顶部。谷歌的语音助手已经嵌在很多新的安卓驱动里，与此同时，谷歌公司最近更是想将其家庭驱动装进每家每户。

有了家庭驱动和语音助手，你可能会问一些简单的问题，然后谷歌给你答案。这些问题使得这家公司可以高度控制人们购买什么，控制人们的想法。同时作为额外奖励，使用家庭驱动和语音助手还可以让这家公司有能力对人们所说的内容进行24小时的监视、记录和分析。谷歌从2007年开始就一直在对所有人的邮箱（Gmail）进行监控、分析以及存储，内容甚至包括人们认为不适合发送而要删除的那些草稿。与此同时，很多安卓手机可能从2008年开始就能够看到或是听到用户的相关信息。正如我们所知，谷歌永久性地存储着所有的信息。就像一位谷歌高管在《纽约时报》的一篇文章中写的那样，"永远不删除任何内容，一直使用数据——这就是谷歌在做的"。

反监控搜索引擎的方法

在控制组实验中证明了：一家像谷歌这样的公司有能力通过其存在偏见的排名搜索结果，去转变人们的投票倾向，这是一回事；而谷歌确实在利用这一点来达到某种目的，则是另一回事。

2016年年初，我和罗伯逊与两个程序团队进行秘密合作，共同设计了一款系统，用于监视谷歌搜索结果中的排名所存在的偏见。我们特别聘请了尼尔森团队。尼尔森是一个遍布全美的机密领域代理商,也为谷歌和火狐浏览器设计了加载项。至2016年11月8日,选举前的6个月里,尼尔森团队对选举相关的搜索内容进行了全面追踪。

在这期间,尼尔森团队共存储了13207条选举相关搜索,以及98044个与搜索结果关联的网页。选举之后,他们用众包技术来判断:人们看到的搜索排名是否对希拉里·克林顿和唐纳德·特朗普存在偏见。

很多研究仍在分析这些数据,但总的来说,他们发现了明显一致的偏见。在过去的6个月里,希拉里·克林顿在谷歌首页10条的搜索排名,或许已经足够帮希拉里收获200万选票了。

这种偏见,究竟是算法驱动下"按部就班"的搜索流程,还是谷歌高管们的有意为之?我认为这个问题的答案无关紧要,重要的是人们似乎完全没有意识到,搜索结果中的偏见会使他们的投票观点产生巨大变动。如果谷歌高管为了支持某位候选人而故意篡改参数,那么这种行为便是违法的。如果谷歌高管任由平台算法向人们展示存在偏见的搜索结果排名,而自己却置身事外,这样的状况也该尽早改变。这些高管完全可以对算法进行简单的调整,逐渐减少其搜索结果中的偏见;而数据明确表明,谷歌完全有能力去改善这一点。近期,研究人员已经开展了很多方式,用于区分在线搜索的偏见来源。这样的努力值得称赞,但我认为所有存在于重要在线材料来源中的偏见,都应该受到严格的监控和管制。因为很多时候人们常常认为搜索结果是客观无偏见的。因此不论搜索结果的偏见来源是什么,这些偏见的存在都会对人们的观点和行为造成很大的影响,并且往往会作用于人们始料未及的方面[1]。

本章小结

　　谷歌公司于1998年9月7日成立,对于大多数人而言,一扇通往知识海洋的大门便就此敞开了。包括欧盟在内的全世界大多数国家,人们超过90%的搜索都是在谷歌搜索引擎上进行的。该公司称每年有"数万亿"搜索次数,且随着互联网的持续渗透,搜索数量仍在快速增长。在主流英语字典里,"谷歌"一词的意思就是在线搜索,这个动词如今还悄悄进入了各种非英语的字典里。

　　谷歌的网络主导性,不仅体现在网络搜索,还体现在移动设备软件(Android)、浏览器(Chrome)、语言翻译(Transform)、电子邮件(Gmail)、在线视频(YouTube)、谷歌地图(Maps)、DNS路径解析、在线存储和数十个其他重要领域。这意味着,谷歌已经控制了60亿在线用户的五大重要领域:移动设备、浏览器、在线搜索、在线视频、在线地图。脸书的

---

[1]　由爱泼斯坦和罗伯逊在2016年部署的监控系统是一次成功的实验。实验证明了对网络上还没来得及追踪就消失的短期事件,完全可以进行大规模的系统化监控。理论上,爱泼斯坦和罗伯逊开发的这套系统可以用于存储任何一种网上的短期事件,如搜索结果、新闻摘要、网络广告,甚至那些还未出现的事件。这也意味着,他们开发的系统可以进一步发展成全世界范围内的非主动型监控软件体系。监测软件可以安装在大量尼尔森网络团队工作人员的计算机上,并且可以根据需要扩大这一网络。招募这些秘密工作者对重要软件进行开发和更新,对这个系统进行安全维护,对收集到的大量数据进行分析。这些工作内容的开展需要投入大量资金,也许会面临重重困难,但完全是可行的。爱泼斯坦与同事一起工作,这些来自斯坦福大学、普林斯顿大学、麻省理工学院、马里兰大学、弗吉尼亚大学、伦敦国王学院以及其他地方的有志人士,共同建立了一个名为"阳光协会"(The Sunlight Society)的新组织。这个组织所创建的系统还会与相似系统融合,这是为了保护公众不受科技巨头的操纵、不被阴谋所摆布。这个组织致力于"检查、研究并揭露那些会对民主及自由人权造成威胁的技术",正如大法官路易斯·布兰代斯(Louis Brandeis)的一句司法箴言——"阳光是最好的消毒剂"。根据持续增长的需求,阳光协会会将它的发现分享给公众、媒体、监管部门、反垄断调查人员、立法者和执法机构。

社交媒体平台在60亿用户中占有主导地位，谷歌曾两次试图与脸书争夺这一主导地位，但迄今未能成功。但在网络分析这个重要的领域，谷歌的地位遥遥领先于其他科技公司。全世界1500万的网站中，98%的网站都使用谷歌分析（Google Analytics）对网页访问量进行追踪。这说明，谷歌还在追踪用户访问量。与此同时，脸书这个社交媒体平台正迅速成为人们用于获取新闻的主要渠道。

我们有时甚至会感觉到，网络世界里充满了科技巨头们竞争的硝烟味。脸书自2004年成立至今兼并的公司在65家以上，Instagram和WhatsApp这两家受欢迎的社交媒体公司就归脸书所有。谷歌从2010年开始，平均每周收购一家公司，而近几年则收购了很多发展人工智能系统的公司；谷歌拥有了YouTube，近几年还收购了位智（Waze）———一个无处不在的GPS导航应用。推特目前还是独立的，但是不久之后很可能也会被脸书或谷歌收入旗下。

这些是网络创始人都没办法想到的。人们认为互联网是一个公平的竞争平台，在这里每个小企业、每个组织甚至每个人都有平等的发言权。然而现实并非如此，伯纳斯·李爵士①在2016年探讨互联网重建的会议上，难过地谈到："一个搜索引擎、一个社交网，还有一个写迷你博客的推特，我们通通被这些所主导。"在其近期出版的一本书中，以及《纽约时报》的一篇论文里，任职于加利福尼亚大学伯克利分校的公共政治教授罗伯特·赖克和比尔·克林顿总统的下属劳工部长，表露了他们对网络垄断形势的深切担忧。与此同时不少人也有同感，像是南加利福尼亚大学的乔纳森·塔普林、普林斯顿大学的史蒂文·施特劳斯、哥伦比亚大学的托马斯·埃德索尔、斯坦福大学的纳撒尼尔·帕西里、消费者权益负责人拉尔夫·纳德以及其他若干人。

---

① 1989年提出万维网设想的蒂姆·伯纳斯·李爵士（Tim Berners Lee），也是近几年对互联网较为关注的一位先行者。

　　结合多年控制组的科学研究以及协同助手在2016年对选举相关搜索进行的数据存储，我担心我们的互联网环境不仅是被极少数参与者所主导的，另外，这些参与者操纵公众观点的新手段在人类历史上也是前所未有的。我们可以合理地进行假设：存在其他我们未发现的方式，能控制那些我们难以预料的思想和行为，而先进的技术让这一切成为可能。执法部门和监管部门无法解决这些问题，也表明了科技现在肆无忌惮地走在法律和监管体系的前头。这一情况不仅在近期如此，而且可能会持续下去。在未来几年里，为了人类能不被高科技所劫持，建立文中所提及的这类监测系统至关重要。

第十二章　"轻信"时代:假消息危机

法比安娜·佐洛(Fabiana Zollo)

沃尔特·夸特罗乔基(Walter Quattrociocchi)

　　网络技术的发展,彻底改变了新闻行业的固有模式。网络技术慢慢形成新的设想,使得人们在网络上积极参与各种活动的同时,也能创造各种活动内容。过去,新闻的来源屈指可数,无非是官方新闻来源,或是专家学者的媒体采访。而现在,日趋中介化的新闻环境由大量不同种类的新闻来源构成,常用于替代主流媒体。在这样的信息环境下,网络社交媒体成了人们日常生活、公民政治活动的中心,变得至关重要。

　　事实上,我们称为科技巨头的企业经过不断的发展,已掌握了网络数字世界的主导权。但这些企业对数字的主导也产生了另一个严峻的问题:这些企业拥有的权力会带来怎样的影响?

　　人们在工作和社交上,已经越来越依赖于数字化媒体。2017年3月,全球范围内的脸书活跃用户已超过19.4亿。显然,该平台的规模已大到不容忽视。而网络社交媒体也确实成了很多用户获取信息的主要来源。对于绑定了平台的活跃用户而言,平台上有数不清的信息吸引着他们。在脸书上,每60秒人们就会创建330万个帖子,发布51万条评论,更新29.3个状态。

这也意味着,用户在处理一个连续不断的信息流,而这些信息还可能是比较劣质的。尽管人们对这种集体智慧的展现形式极富热情,但社交媒体上也充斥着很多未经证实的虚假信息,这些会对公众舆论产生负面影响。事非偶然,自2013年以来,世界经济论坛(WEF)在技术、地缘政治等核心领域,大规模散布错误的数字化信息。这些全球范围内的危机事件,从恐怖主义到网络攻击,再到全球治理的失败,着实令人震惊。而人们一旦被误导,就会自动忽略事实依据。此外,研究表明,人们很容易抗拒事实。一些事后的纠正措施往往也无法消除误解,反倒容易适得其反。

退一步讲,也正是因为这样,所以我们更想知道:在少数社交媒体(特别是脸书)主导的网络世界中,是如何形成"回音室效应",从而加快错误信息在网络上的传播,并使其愈演愈烈的。为了更好地解决这个问题,我们会对这种现象中涵盖的社会认知因素做出解释。我们需要理解信息消费背后的决定性因素,需要明确网络媒体上的叙述手段,因此我们的研究不能局限于大数据下那些仅为描述性叙述的内容。此外,我们还需要通过贯彻落实方法论,并用跨学科方法[1]来迎接这个挑战。

本章里,我们对一组在网络社交媒体上广泛传播的错误信息进行了研究分析。重点分析了确认性偏见[2],同时分析了用户在这种偏见影响下,对煽动性内容和揭露性信息做出的回应。然后,我们研究了3.76

---

[1] 此处跨学科方法是指社科类学科设定问题框架的方式以及自然科学所使用的实验和计量工具。

[2] 译者注:确认性偏见指当我们在主观上支持某种观点的时候,我们往往倾向于寻找那些能够支持我们原来的观点的信息,而忽视那些可能推翻我们原来的观点的信息。

亿脸书用户对官方新闻的消费情况。最后是我们的研究结论。

网络上错误信息的蔓延

在本节,我们将着力于分析收集到的一组内容,旨在探讨确认性偏见在网络社交媒体传播错误信息的过程中所起到的作用。我们会对用户在不同特定叙述中的行为进行解读,从而进一步研究错误信息和谣言传播背后的认知决定因素。通过区分两种不同的叙述内容,我们定义了分析领域:(1)阴谋论信息来源;(2)科学信息来源。这里要注意的是,我们关注的不是信息的质量或是信息的真实价值,而是信息的可验证性。客观来讲,科学的信息、数据、方法和结果,这些来源都很容易识别获取;而阴谋论的源头却往往无从查起,内容也与社会主流思想严重脱节,与推荐做法大相径庭。

因此,我们首先将地域定位在意大利和美国。在为期5年(2010～2014年)的时间跨度里,我们分析了用户与脸书之间不同的信息互动。之后,针对脸书和YouTube这两种不同的社交媒体,我们对其平台内容的发展情况进行了对比研究。最后,我们评估了用户对三种内容的反应:(1)与自己观点一致的内容;(2)煽动性内容;(3)揭露性信息,即试图揭露真相的信息。

◇数据集

我们确定了两大类别的信息页面:阴谋论信息和科学类信息。第一类是传播阴谋论信息的所有页面,即传播有争议信息的页面——通常缺乏支持证据,有时与官方新闻相矛盾。如"我不信政府"、"觉醒的美国"或"觉醒的公民"这类网页催生的各种各样的内容,从外星人、化学制剂、地域中心主义,再到探索疫苗接种和同性恋之间的因果联系。第二类是传播科学信息的所有页面,包括以传播科学知识为主要任务的科学报刊和组织机构的页面。例如,《自然》《科学》《科学日报》等。

这些网页都在积极传播关于最新科学进步的帖子。最后,我们另外加了两个页面类别:

1. 煽动性内容:信息具有讽刺性且自相矛盾,很像阴谋论(针对意大利数据集);

2. 揭露性信息:此类信息旨在纠正网上流传的虚假阴谋论和谣言(针对美国数据集)。

一些专家致力于揭露虚假新闻和阴谋论。我们正是在这些专家的帮助下,才得以完成对脸书上阴谋论信息和科学类信息的分类,最终形成我们所需的数据集。为了验证列表信息,我们将网页的推广内容和具体内容相结合,共同进行校验。表12.1和表12.2分别列举了脸书上意大利和美国的数据集。我们只使用了脸书图形API(Graph API),用于收集全部数据。因为该图形API可以公开获取数据,且能通过脸书个人账号进行使用。研究过程中我们只使用公共数据(有隐私限制的信息不包含在数据集中),数据均从脸书页面下载,所使用的用户内容也是公开的,因为拥有隐私设置的用户信息无法获取。只有在用户隐私规范允许时,我们才可以访问公开的用户信息。另外,本次研究严格遵守脸书的各项条款和隐私政策,所用的数据也是完全匿名的汇总数据。

表12.1 意大利脸书数据集细分

项目	科学	阴谋论	谣言
页面	34	39	2
帖子	62705	208591	4709
赞	2505399	6659382	40341
评论	180918	836591	58686
粉丝/关注者	332357	864047	15209
评论者	53438	226534	43102

表12.2　美国脸书数据集细分

项目	科学	阴谋论	谣言
页面	83	330	66
帖子	262815	369420	47780
赞	453966494	145388117	3986922
评论	22093692	8304644	429204
粉丝/关注者	39853663	19386131	702122
评论者	7223473	3166726	118996

　　从美国的数据集开始，我们选择了所有链接出自YouTube，并在脸书上发布的视频，之后我们下载了这些视频的元数据。为了构建YouTube数据集，我们通过YouTube数据API下载了脸书上每个动态中共享视频的点赞、评论和描述数据。脸书中的每个视频链接都包含一个唯一的ID，可以作为脸书和YouTube上的标识源，用于分析脸书数据，只需略作调整，便可在后续的YouTube数据中使用。YouTube数据集大约包含1.7万个视频，这些视频均由脸书上支持科学类信息或阴谋论信息的链接组成。在科学网页上通过帖子链接的视频是传播科学知识的视频，而通过阴谋论页面中的帖子链接的视频则是传播有争议信息、支持谬误和类似阴谋论的视频。我们和脸书小组已对这些视频的类别划分进行过验证，并积极致力于阴谋论的监控。数据详情见表12.3和12.4。

表12.3　脸书数据集细分

项目	科学	阴谋论
帖子	4388	16689
赞	925000	1000000
评论	86000	127000
分享/转发	312000	493000

表12.4　YouTube数据集细分

项目	科学	阴谋论
帖子	3803	13649
赞	135000000	31000000
评论	5600000	11200000
分享/转发	2100000	6330000

◇回音室效应

为了调查网络社交媒体上是否存在回音室效应,我们使用大量数据分析了用户与那些和自己观点对立的信息之间的关系,评估了确认性偏见在用户接触不同信息时所产生的影响。

◇关注模式

我们的分析首先集中于美国用户和意大利用户在脸书及YouTube上信息的使用情况。脸书允许用户通过"点赞"、"评论"和"分享"等方式进行内容交互,每种交互方式都有其特定含义:"点赞"表示对帖子的积极反馈,而"分享"表示希望增加该信息的可见性,"评论"则是围绕帖子主题形成辩论的方式。同样,在YouTube上,"点赞"代表对视频的积极反馈,而"评论"则是用户围绕视频推广的话题展开辩论的方式。

结果显示,在美国和意大利的脸书上,不同信息类型(科学、阴谋论)的信息消费模式是类似的。我们发现用户在脸书和YouTube上点赞、评论和分享视频的方式有较强的关联性。尽管两者内容推广的算法不同,但信息却以类似的方式产生了共鸣。在探索用户行为的关联性时,我们发现阴谋论信息页面的用户往往会点赞并分享帖子,这似乎意味着他们对信息更为肯定。持阴谋论观点的用户会热衷于广泛传播他们感兴趣的话题,因为他们认为这些信息是主流媒体有意忽视的内容。

◇**两极分化**

我们现在想了解的是:让用户参与到特定类型的内容中去,是否意味着形成了一种较好的网络代理机制——能够找出具有相同观点和信念的用户群(即回音室)。假设用户 u 分别对科学帖子和阴谋论帖子执行 x 和 y(点赞或评论),让 $p(u)=\dfrac{(y-x)}{(y+x)}$。如果 $p(u)\geqslant0.95$,我们就可以说用户 u 被极化为阴谋论信息支持者,这就意味着他在阴谋论帖子上留下了超过95%的点赞(或评论);同样地,如果 $p(u)\leqslant-0.95$,相当于他在科学帖子上留下了超过95%的点赞(或评论)。

在图12.1中,我们展示了意大利脸书用户极化的概率分布函数。我们观察到明显的双峰分布,以-1和1表示两个主峰。事实上,大多数用户不是倾向于科学,就是倾向于阴谋论。这就形成了两个隔离状态良好的用户群体。此外,我们还发现,一个用户越活跃,身边与之观点相同的朋友就越多。因此,脸书用户之间的交互是由"同质性"驱动的:用户趋于两极化,而偏好类似的用户容易相互关联。我们可以观察到,对于极化用户来说,拥有同样为极化状态的朋友比例很高(>75%),并

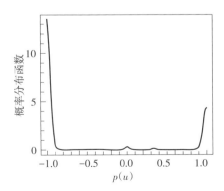

图12.1 意大利脸书用户的极化

来源:贝西、柯尔多等人(2016年);贝西、柯尔多等人(2015年)。

且在他们自己的社群里结伴成长。

我们也可以在美国脸书用户中观察到类似的模式。图12.2中,用户极化分布也是明显的双峰,两个峰值为−1和1,分别对应科学和阴谋论。如果我们不去看点赞,而是根据评论来看待两极分化,也会出现同样的情况。

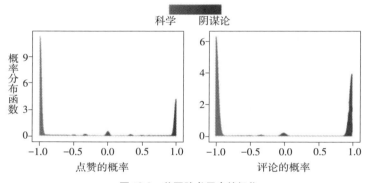

图12.2 美国脸书用户的极化

同样地,在脸书和YouTube上也都表明了这一点,绝大多数用户归属于两种对立说法中的其中一种,即"科学"或"阴谋论"。

因此,我们的结果被证实了,意大利和美国的脸书、YouTube上,确实存在回音室效应。事实上,不同的叙述内容使得用户聚集成了两极分化的社区;而用户在那里与志同道合的人交流,分享他们自己的观点和信念。

◇信息级联

在这一节中,我们会展示确认性偏见是如何让信息进行病毒式扩散的。信息级联的大小可以近似地等同于回音室的大小。我们的实验目的是:依据信息(科学/阴谋论)来描述级联的统计特征。我们首先考虑级联的"生存期",即从第一个帖子到最后一个帖子之间的发布时间间隔(以小时为单位)。我们的研究结果表明:这两种信息类别,第一次出现峰值的时间在1~2小时左右;第二次则是在20小时左右,这表明时间共享模式与信息类别无关。但是,如果我们将级联的生存期看作是级联大小的函数(即分享帖子的用户数),我们会发现,不同类别的信息同化程度不同。就科学相关的内容而言,生存期与级联大小存在联系,级联值更高意味着生存期更长;而相对于阴谋论相关的内容,科学相关的内容的生存期在级联大小方面呈现单向增长。这些结果表明,科学相关的内容通常很快就会同化(即达到较高的扩散水平)。但科学内容的生存期更长却不一定就代表人们对此更感兴趣,也可能与专家在小组内的长时间讨论有关。而阴谋论与科学内容相反,它会同化得更慢,其生存期与规模之间呈正相关,生存期较长的阴谋论帖子往往会在更大的社群内得到讨论。

最后,我们可以观察到共享用户之间的大部分链接是同质的,即两个用户的极化值相同,因此他们属于同一个回音室。另外我们的结果也表明,信息传播主要发生在同质的群体内,且内部所有用户的极化值相同。因此,这些内容往往被限定在回音室里并循环往复。

我们发现尽管科学类页面和阴谋论页面的信息消费情况相似,但在级联动态上是不同的。每个回音室都有各自的级联动态。事实上,用户的选择性接触是信息向外散布的主要驱动因素,并促成了回音室的产生。

◇**情感动态**

现在我们要分析的是,回音室内部和跨回音室的情感动态情况。我们将情感分析技术应用到意大利的脸书数据集的评论中,研究了关于科学类信息和类似阴谋论信息的"聚集情感"(aggregated sentiment)能力。对这两类信息所聚集的情感进行分析是基于一种"监督式机器学习"的方法展开的,我们在对大量的评论样本进行注释后,建立了分类模型,并将每个评论与特定的情感值联系起来,分别是消极、中性或积极。这些脸书用户发表的观点和评论,表明了他们的情感态度。

为了进一步探索用户极化背后的动态,我们研究了用户在各自回音室中的情感变化,得出了一个有趣的结论:极化用户往往比一般用户更消极(图12.3)。

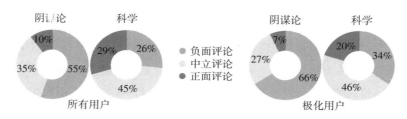

图12.3 意大利脸书用户对"阴谋论"和"科学"帖子的态度
资料来源:佐洛等人(2015年)。

当我们把情绪看成是用户评论数量的函数时便会发现:极化用户越活跃,就越倾向于对"科学"和"阴谋论"产生负面情绪。有趣的现象是,"科学"用户的情绪值比"阴谋论"用户的下降得更快。

因此,我们观察到极化用户倾向于消极地参与社交网络,而且就评论而言,这种负面影响随着他们的活动而增加。那么,当消极情绪的极化用户遇到与他们观念对立的用户时又会发生什么呢?为了解开这个困惑,我们去查找了所有"科学"用户和"阴谋论"用户之间展开辩论的代表性帖子。选定的帖子,其评论中至少同时存在一个"科学"用户和一个"阴谋论"用户的评论。我们在315567个帖子中,找到了7751个符合要求的帖子。并且我们在查找的过程中还发现,这两个社群是被严格区分开来的,相互之间少有交流。随后,我们分析了帖子评论数量增加后的情况,也就是随着讨论时间变长,用户的情绪会如何变化。研究显示,随着评论数量的增加(也就是讨论时间变得更长),用户的情绪往往会变得更加消极。这表明讨论时间的长短,确实会影响到参与辩论的用户情绪的消极程度。在这里,我们应该着重强调的是:网上的辩论时长往往与其激烈程度相关,即用户之间具有攻击性的互动;这些敌对的互动内容通常会超出最初讨论的主题范围。

◇**对矛盾信息的反应**

上述数据已经表明,用户习惯聚焦于个人偏好的内容,从而形成隔离较为明显的两极分化社群。我们的假设是,用户接触到未经证实的声明可能会影响他们选择信息的标准,并增加他们与虚假信息交互的可能性。因此在这一部分中,我们会检测"科学"和"阴谋论"这两个类别的极化用户如何与信息交互,而其中用到的信息是我们有意模仿"阴谋论"编写的内容。包含这些内容的帖子向外散布了一些荒谬的说法,比如终于发现了无穷能量形式,又如一种由锕系元素(如钍和铀)制成的新灯将对环境的影响更小,从而解决能源短缺问题。

图12.4显示了在意大利-脸书上通过评论、点赞与煽动帖交互的极化用户百分比。我们的研究结果表明,经常接触到"阴谋论"主张的用户更有可能落入"轻信"的陷阱;煽动帖的点赞(约81%)和评论(约78%)中"阴谋论"用户占了大多数。因此,即便这些与"阴谋论"内容一致的信息是有意作假,甚至带有讽刺意味,它们也成了"阴谋论"回音室成员的可信内容。

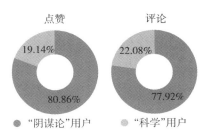

图12.4 意大利脸书用户对煽动帖的点赞和评论向"科学"和"阴谋论"两极分化

资料来源:贝西、柯尔多等人(2015年)。

确认性偏见在内容选择中起着非常重要的作用。这些结果与文献结论相符——表明了"阴谋论"的信仰和认知披露需求之间存在着一定的关系,即希望消除歧义,得出明确的结论。事实上,那些喜欢用启发式方法来评估依据并形成自己观点的人,更有可能最终得到与他们已有观点和信念体系相一致的解释。

对揭露性信息的回应

脸书上的揭露页面提供特定主题的核实信息,力求与散布的错误信息形成对比。如果确认性偏见在选择标准中起着关键作用,那么当信息与用户赞同的内容不同时,揭露真相对"阴谋论"用户来说很可能是明智的。在本节中我们将研究和分析关于美国脸书揭露页面与脸书用户行为之间的关系。

首先,我们展示了在用户两极分化的前提下,揭露页面的点赞和评论分布情况。图 12.5 显示了用户在揭露页面上的活动分布情况:左侧及右侧显示了极化的"科学"用户和"阴谋论"用户以及非极化用户留下的点赞和评论比例。其中大多数点赞和评论都属于"科学"用户,分别为 66.95% 和 52.12%;"阴谋论"用户只有少数的点赞和评论,分别为 6.54% 和 3.88%。我们得出了一个有意思的结论:揭露性信息的主要消费人群是"科学"用户。在 9790906 名极化的"阴谋论"用户中,只有

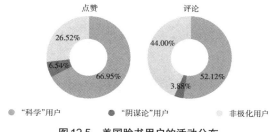

图 12.5　美国脸书用户的活动分布

资料来源:佐洛等人(2017 年)。

117736人与揭露网页进行了互动,也就是说,他们至少对一篇揭露帖发表过一次评论。

只有极少数用户会经常接触未经证实的声明,并积极地参与到纠正错误的互动中去。大部分揭露性信息会被忽略。在我们的实验情境中,"阴谋论"用户很少与揭露性信息交互。但我们现在想知道这种交互的效果。因此,我们对"阴谋论"用户首次在揭露页面中发表评论的前后行为进行了对比分析。图12.6显示了用户第一次与揭露页面接触前后的点赞及评论比率,也就是用户每天在"阴谋论"帖子上的平均点赞和评论数。如果揭露有效,我们预计"阴谋论"用户会承认并改正错误,同时减少他们与"阴谋论"回音室的接触。但我们观察到的实际情况正相反,此类用户在对揭露帖评论后,对"阴谋论"帖子的点击率和评论率反而上升。在"阴谋论"和揭露性信息相互作用后,"阴谋论"回音室的活跃度不减反增。这也意味着,尝试揭露真相会起到反作用。

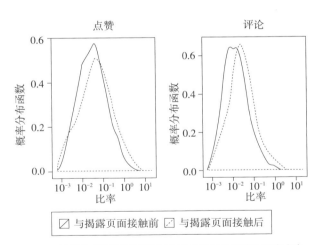

图12.6:美国脸书"阴谋论"用户对揭露页面的点赞及评论比率
资料来源:佐洛等人(2017年)。

对网络社交媒体消费情况的剖析

到目前为止,我们通过分析不同的揭露性信息,测量了确认性偏见所推动的回音室效应。我们看到,用户寻求的信息已依附于自身的信仰体系,因此用户往往会在共享世界观后形成极化群体。在这一节中,我们通过专注于用户对官方新闻媒体信息的消费方式,对之前的分析结果进行了概括。为了解脸书上的信息空间布局并更好地理解其动态,我们分析了3.76亿用户在6年里的新闻消费模式。

◇**数据集**

从欧洲媒体监测组织提供的名单着手,我们选择了所有英语新闻来源及其脸书上的相关页面;从每个页面下载的数据涵盖了从2010年1月1日至2015年12月31日期间所有的帖子,以及帖子所有的点赞和评论。数据详情见表12.5。

表12.5　2010-2015年脸书上英语新闻机构与用户交互的动态数据集

页	920
帖子	12825291
喜欢	3621383495
评论	366406014
用户	376320713
粉丝	360303021
评论者	60115975

◇**选择性接触**

为了量化脸书新闻来源的周转率,也就是用户交互的页面总数,我们测量了在新闻来源的生存期内(帖子第一次与最后一次互动的时间间隔),用户交互的新闻总数以及用户对新闻的参与度(总的点赞数)。

我们可以观察到,用户通常只与少量新闻媒体进行交互,这些新闻来源也因此拥有更高的活跃度和更长的生存期。实际上,浏览周期较短且活跃度较低的用户一年会浏览100种页面,一个月浏览30种,一周则是10种;但对于浏览周期更长的活跃用户来说,其页面浏览类别要少得多,他们一年只浏览10种页面,每月和每周则不到4种。因此,用户自然会倾向于将其活动放在有限的一组页面上。根据我们的调查,脸书上的新闻消费以用户的选择性接触为主。

本章小结

本章我们讨论了一系列的研究内容,旨在揭示网络社交媒体信息消费背后的决定性因素。首先,我们调查了脸书和YouTube上的用户对于两种不同信息内容("科学"和"阴谋论")的相关动态。调查结果表明两种社交媒体上均存在回音室效应。事实上,不同的信息内容使得用户能更快形成极化的社群状态,在同一社群里的用户可以和与之观念相投的人一起交流,并强化他们原本持有的观点和信念。另外,我们也确定了确认性偏见是信息传播的主要推动力,它也促进了回音室的形成。

通过分析这种独立社群内部和各个社群之间的情感动态,我们发现当两个社群的成员在一起讨论时,原本就非常消极的社群环境会恶化。此外,随着讨论时间的延长,争论往往会加剧,对用户的情绪也会产生负面影响。未经证实的观点是否会影响用户的选择标准,从而使其更容易相信错误信息?为了验证这个假设,我们对此进行了测试。结果表明"阴谋论"用户更易掉入"轻信"的陷阱。在实验中,我们提供的信息是十分明显的虚假信息,甚至可以说是充满讽刺意味的,但由于这些虚假信息和"阴谋论"的叙述形式相同,因此同样能够获取"阴谋论"用户的信任。

如果确认性偏见确实对用户的选择标准发挥了关键作用,那么对于"阴谋论"用户而言,"揭露"听起来更像是出现了一种与自己偏好的叙述观念相左的信息。我们的结果显示,揭露页面几乎全出现在"科学"回音室里,仅少数的"阴谋论"用户会赞同、转发这些信息,在这个案例中,"阴谋论"回音室中用户的活跃程度不减反增。因此,"揭露"的尝试在整个过程中产生了反作用(也称为"逆火效应")。

我们先前的研究着重于探究3.76亿脸书用户在6年里对官方新闻机构发布的新闻的消费情况。据调查,脸书用户主要通过选择性接触来消费新闻。用户普遍倾向于将精力与焦点局限于少数几个页面中。而我们的研究结果确实发现,用户存在严重的极化情况,并且他们仅关注单一的社群网页。

我们的研究表明,社交媒体代表了一种新的混合系统。在这种系统中,用户的确认性偏见对信息消费和信息传播起着关键作用。其实,社交媒体的存亡兴衰也依赖于回音室形成并壮大的各个过程以及用户的极化状态。这样的发展势态,对公民的影响是无法避免的,而少数科技公司日益强大的主导性力量也不容忽视。为了缓和用户极化势态,抵制错误信息,理解不同回音室形成背后的内容核心是非常重要的。为了实现这个目标,了解平台背后的运营机制至关重要,因为只有这样我们才能更好地认识平台对在线用户行为的影响。

第十三章　注意力经济中的平台权力与责任

约翰·诺顿(John Naughton)

> 在一个信息非常丰富的世界中，信息以外的东西会变得相对匮乏。信息需要消耗受众的注意力。信息的丰富导致了注意力的匮乏，因此人们需要在众多可消费的信息来源中，有效地分配自己的注意力。
>
> ——赫伯特·西蒙(1971年)

本书前面所讨论的五家拥有支配地位的科技公司——苹果、谷歌、微软、亚马逊和脸书，都展现了其强大的财力和权力。这些公司为监管机构带来了许多挑战，包括那些已经熟知的挑战——垄断权力的滥用（例如谷歌的搜索引擎、微软的操作系统），和新的挑战——那些向用户免费提供服务的市场。该如何证明其危害性？这些数字化企业的支配力，以及特定巨头企业持有的主流平台拥有权，又该如何概念化？这些问题将是本章探讨的重点。

这五家公司中,谷歌和脸书与另外三家不同,它们是纯数字公司。两家纯数字公司提供的服务是免费的,但其商业模式涉及收集用户数据并将其货币化。纯数字公司在收集整合用户的数据后出售给第三方,这样会使得面向用户的广告更具针对性。[①]接下来,我们看一看这两家纯数字运营商所拥有的独特权力和影响力,以及它们的平台和运营所带来的权力转移。

是什么让谷歌和脸书变得不同？

以脸书和能源巨头企业埃克森美孚(Exxon Mobil)为例,在2017年第二季度的市场估值中,两家企业均进入美国最具价值企业排行榜前十。其中脸书的市值为3570亿美元,排名第七;埃克森美孚的市值为3542亿美元,排名第十。目前这两家企业拥有很多美国以外的市场,均属于全球运营企业。

但两家企业的市值排名情况从此不再齐头并进。脸书当时拥有17000名员工,其数量远小于同年员工数达71300人的埃克森美孚。同时,埃克森美孚还拥有更大的全球总收益[②]。但从全球净收益的角度看,脸书则是埃克森美孚的十倍[③]。另外与埃克森美孚相比,脸书的成长速度也要快得多,2017年的年度财报表明脸书员工人数的年总增长率达43%。

这两家企业与使用其产品和服务的用户所建立起来的联系,恰恰能最直观地展现两者的区别。但直接进行对比会相对困难,因为埃克森美孚只有购买其产品和服务的客户;而脸书既拥有使用其免费服务的用户,又有在其平台上购买广告服务的客户。

2017年,脸书每月拥有20.1亿活跃用户,其中13.2亿用户每天都会

---

① 一种被祖博夫描述为"监视资本主义"的商业模式。
② 埃克森美孚为2186亿美元;脸书为276.38亿美元。
③ 脸书与埃克森美孚净收益率对比为36.57%:3.58%。

浏览网站。脸书旗下的 WhatsApp、Messenger 和 Instagram，分别拥有 12 亿、12 亿、7 亿的用户。用户与脸书的每一次信息交互都会被记录下来，脸书会在这个过程中进行算法分析，算法的依据是：用户的点赞、分享、消息、上传的照片、视频以及在其他活动中生成大量的用户数据。

纯数字企业拥有的用户数据量明显多于传统企业，使后者望尘莫及。埃克森美孚当然也能收集到大量客户的数据，但涉及客户的日常活动、交友、爱好、家庭、政治、性取向、个人的强迫倾向等内容时，埃克森美孚显然会束手无策。而脸书正相反，它能轻而易举地了解到用户的这些信息，并将有效信息提供给真正的广告客户，使其精准定位目标用户。正如评论家塔普林谈到的：

> 我要是想知道一些信息，比如想要获取邮编 37206 区域，25~30 岁喜欢听乡村音乐、喝波旁威士忌的女性资料，脸书都能提供。脸书基本能获取这些女性的资料，让她们的朋友在这些女性的信息获取渠道中发布带有"赞助商故事"的内容，甚至给人的感觉不像是广告。扎克伯格在介绍脸书广告时说过，最能影响人们的莫过于贴心密友的推荐，这也是我们的广告执着追求的目标。

脸书积累了大量用户的个人信息，这些信息是资本化监视商业模式下的产物。据称，脸书平均掌握了"每位用户"98 个不同方面的信息点。脸书和谷歌目前是这一行业的领军企业，它们建立了精心设计的技术系统，通过平台的行为动态来了解用户，并为其提供量身定制的广告材料。

概念化的数字权力

权力是个富有争议的概念，在网络世界里尤其明显。德国著名政治经济学家、社会学家马克斯·韦伯（Max Weber）所理解的权力是，"即便人们遇到重重阻碍，在网络世界里也能完全按自己的意愿来"。而英国哲学家伯特兰·罗素（Bertrand Russell）将权力定义为"产生预期效果的能力"。从定义媒介促使事情发生的能力，也就是我们称之为直接力量的角度来看，罗素的定义捕捉到了权力概念的本质。这一点也体现在当代著名政治学家、社会学家卢克斯（Lukes）的"三维权力"的经典表述中：

（1）强迫人们做自己不想做的事情；（2）阻止人们做自己想做的事情；（3）塑造人们的思维方式。

前两种可以解释为国家部门机构的强制性力量，而后一种力量不仅为国家机构拥有，像媒体这类企业也拥有。而近十年来我们了解到的情况是，谷歌和脸书都获得了第三个维度的权力，因为它们已经有能力塑造公共舆论环境。

传统的权力观意味着鲜明的等级安排，意味着命令的下达与执行。互联网的环境诞生了很多错综复杂的网络形式，因此就有必要对反映新闻结构真实性的背后力量进行概念化。如耶鲁法学院法学博士格雷瓦尔（Grewal）对于网络权力给出的概念——网络权力本质上是成功利用网络效应所产生的力量。格雷瓦尔认为，所有的网络都嵌入了标准；在理论上，人们可以自由地采用或者忽视这些标准。但实际上，标准被使用得越多其价值就越高，这会破坏其他合作形式的可行性。这也使得我们的选择范围逐渐变窄，同时还被许多的规则与标准束缚。

直接权力与间接权力

很多关于权力的讨论都集中在媒介上，就像罗素所说的，一个实体"产生预期效果的能力"，就是所谓的直接权力。在我们的观察之下，两家纯数字公司必然拥有这种权力。人们可以从在线终端用户许可协议的片面性中看出这一点，这些强加给用户的协议在线下的世界中很难立足。令人惊讶的是,谷歌和脸书依靠其平台、资源、运营和商业模式,产生了意想不到的额外效果。这意味着谷歌和脸书还拥有新奇而又神秘的间接权力。

脸书创始人兼执行董事马克·扎克伯格在脸书首次公开募股(IPO)后对开发人员说:"快速前进,打破常规。"在硅谷的创业文化中,经济学家约瑟夫·熊彼特(Joseph Alois Schumpeter)提出的"创造性破坏"概念拥有至高无上的地位,所以技术公司打破常规的行为也不足为奇。但2016年英国脱欧公投和美国唐纳德·特朗普当选总统,表明脸书的主导地位使这两个民主活动中出现了一些"瑕疵"。尽管该公司创始人无意"破坏"民主,但该公司的技术确实对民主活动产生了影响,甚至可能是一个重大影响。

另一个间接权力的实例是谷歌的"自动完成"功能。该工具根据过去的查询记录提供建议,如果搜索者认为建议合适,只需按回车键就能完成查询。这项功能在2016年12月引发了广泛的争议,当时一名记者在搜索栏中写了一个开头"犹太人是……",进行查询。结果发现其中一个自动完成的建议选项是"邪恶的"。之后点击回车键,会出现一个10个结果的页面,其中9个页面显示了反犹太内容。第三个结果是链接到新纳粹网站stormfront.org的一篇文章;而第五个结果是YouTube上的一个视频《为什么犹太人这么邪恶;为什么我们反对他们》。

在这场由文章引发的争议中,谷歌表明:

> 平台并不反犹太,自动补全建议仅通过算法生成,而搜索结果只是网络内容的反映。这意味着,有时人们在网上对敏感话题的不适当描述,可能会影响后续查询的搜索结果。谷歌提到,这些结果并没有反映出谷歌本身的观点或信仰,公司非常重视观点、创意以及文化的多样性。

而在文章发布后的几小时里,谷歌修改了平台输出结果的算法,但未对该行为做出解释。谷歌宣扬其在此事件中的无辜,却也掩饰了令人不安的事实:其算法有能力塑造公共舆论环境。网上会出现大量不同的查询内容,而谷歌则是通过管理这些答案选项来完成公共舆论环境的塑造。这种塑造能力已构成了一种权力形式。事实上,虽然谷歌的算法选项源于网站、平台代理或是个人发布的信息资源,但这些不受谷歌控制的信息内容来源也无法分散其权力。

2014年,在欧洲法院那场里程碑式的"谷歌西班牙裁决"中,人们清楚地看到了这一点。考虑到人们在搜索中的要求以及时间的有效性,个人有权禁止谷歌链接到那些无关的、不恰当的、不再相关的或者超出要求的内容。这也产生了所谓的"被遗忘的权利",事实上该词命名得并不恰当,因为被投诉的内容仍可以在网上保留。在欧洲法院的监管下,该项裁决赋予管辖区内所有国家的权力是,决定哪些内容能够不列入谷歌的搜索引擎中。[1]但考虑到谷歌在欧洲市场的主导地位,这实则是一种默许,即互联网公司有权让个人在网络空间中处于隐形状态。因为要是谷歌搜索都无法找到某个人,那么他实际上已经"消失"了。

谷歌声称,其搜索结果不涉及人为干预,仅为算法决策的结果。这样的说法是可信的,因为考虑到谷歌的运营规模[2],依靠算法做出决策显然会更合适。在声明中,谷歌只是对其算法在网络上收集的内容进行了归纳与排序,但与此同时,这并不代表谷歌没有塑造或是破坏公共舆论环境。

关于谷歌和脸书在美国总统选举及英国脱欧公投中所起到的作用,经大致调查后,我们发现很难区分其直接与间接权力之间的界限。

---

① 这些信息仍可以在Google.com(为美国用户提供服务的搜索引擎版本)上找到。
② 平均每秒钟有40000个搜索查询,即每天35亿次搜索。

在脸书的案例中,实验结果表明,该公司可以通过调整用户的新闻摘要来影响其情绪,并鼓动用户在选举中投票。这种尝试证明了其直接权力,即产生预期效果的能力。

我们该如何判断脸书在2016年美国总统选举中起到的作用呢?很多评论者也都提到,越来越多的在线用户从社交媒体——特别是脸书上获取新闻,这一点非常重要。因为这意味着脸书已经拥有了卢克斯理论中第三个维度的权力,即有能力影响人们的思想,也就是传统意义上电视台和新闻报刊所拥有的权力。

另外也有材料表明,参与竞选的唐纳德·特朗普在脸书上密集发布了数字竞选广告。共和党全国委员会广告负责人加里·柯比(Gary Coby)谈到在共和党参与竞选时,脸书为其提供广告工具并用以检测广告版本是否有效,有时一天会发布4万~5万条不同版本的广告。同样地,在英国的脱欧公投中,人们非常信赖数字广告所带来的效果。"英国脱欧"团队的负责人多米尼克·卡明斯(Dominic Cummings)声称,团队里98%的竞选经费用于数字广告。

2016年大选期间,虚假新闻在社交媒体上盛行。一项研究表明,比起主流的新闻报道,那些虚假新闻在脸书反倒更受欢迎,更容易被广泛地传播分享。这引发了很多人的争论,也迫使扎克伯格无奈地做出回应,他在自己的脸书账号中写道:

> 我们在脸书上看到的超过99%的内容都是真实的。只有极少数是带有哄骗性质的虚假新闻。这些恶作剧的存在不会限制党派观点,更不用说政治观点。总之,通过恶作剧来改变选举的结果,使其从一个方向倒向另一个方向,这是绝对不可能的。

就虚假新闻的影响而言,这可能会是一个准确的评估①。但除了作为传播新闻的渠道,且不管内容的真假,脸书还有其他的作用,比如让有偿政治广告能接触到对其有意向的选民。

2017年9月,据脸书的首席安全官透露,他们在一项公司内部的调查中发现,从2015年6月到2017年5月,共有约10万美元的广告支出,约3000条广告,"这些广告与470个不真实的账户和页面相关,已经违反了公司的相应制度"。而后续的分析表明,"这些账户和页面附属于他处,而且很可能由俄罗斯操控"。这些"问题广告"没有提及特定的候选人,只是着力于放大社会分裂问题及相关政治内容,且涉及有关意识形态的话题从LGBT群体(同性恋、双性恋和跨性别者)问题到种族、移民再到枪支问题。目前尚不清楚有多少用户接触过这些广告页面,但根据每1000个页面曝光需6美元的平均成本估算,100000美元将确保这些广告会被浏览近1700万次。

这些揭露信息非常重要,主要有以下三点原因。第一,这向我们展示了仅出于普通的商业目的,一项技术要如何做到设计好内容及流程,并且将用于传达政治信息的定向广告发送给用户。第二,脸书平台被外国主导者利用并干预了美国的总统选举。第三,美国政治广告中的透明度原则是:每个人都应该能直观地看到政治广告,每个人都应该理解它们是政治广告,以及它们从哪里来,而这样的人为干预显然违反了

---

① 这项研究由两位经济学家展开,并对三项数据集进行了分析。第一项数据集是由社交媒体引导的新闻网站的流量。第二项是由BuzzFeed和两个著名的事实检查网站"试诺网"(Snope)和"政治真相"(PolitiFact)确定的重大虚假新闻报道。第三项是研究人员在选举后对1200名选民进行的在线调查。调查显示:对于大多数美国人来说,社交媒体并不是2016年政治新闻的主要来源。只有14%的人将脸书和其他社交媒体网站作为其最重要的电子新闻报道来源,而57%的人从网上或是当地新闻电视台获得选举相关的新闻。因此,对虚假新闻重要性的所有评估都必须基于以下假设:(1)哪些人接触了这些新闻报道;(2)哪些人相信这些新闻报道;(3)哪些人的投票结果真正受到了所接触信息的影响。考虑到这些,要做到准确评估虚假新闻的重要性其实很难。

这一核心原则。

2016年竞选期间的另一个显著特征是：网络上出现了一个另类的链接网站生态系统，这个系统目前仍在持续发展；那一年，YouTube变成了竞选人的工具，成了虚假新闻的主要传播媒介，致力于特朗普的正面宣传，并诋毁特朗普的竞争对手，而当时的人们却始终没能意识到这些。也许单一的要素根本无法解释特朗普的胜利。正如最先绘制出另类右派生态系统图的研究员乔纳森·奥尔布赖特（Jonathan Albright）所言：

> 这个结果它并不是脸书算法的错，不是过滤器泡沫或是专业新闻机构与美国大部分地区脱节的过错。这当然也不是民意调查人员和统计极客的过错，他们使用的数据来源众多却又不可靠……特朗普选举的胜利意味着，不论是人们和亲友讨论话题的时候，还是人们在秘密圈子中分享观点的时候，特朗普都很有可能会是探讨的焦点。由此我们也可以得出一个清晰的结论：赢得一场选举的关键在于，找到那些投票决定会被网络上带有偏见的信息所影响，进而助幕后操纵者达成其预期投票结果的选民。

2016年，在民主进程和社交媒体的相互影响之下，脸书和谷歌在政治上的新地位更加突显。这两家公司也提到，在其平台和商业模式中流转的直接和间接权力，两者的边界很模糊，而这两种权力能让政治家收获到非数字时代中难以取得的成果。从这个层面上来讲，两家公司在民主政治中起到的作用类似于早些时代的媒体，尤其是电视。谷歌和脸书的负责人也许并不打算影响到英国脱欧公投和美国总统竞选的进程。然而，平台所支持的活动却都影响到了这两次政治活动，也许还直接影响了结果。

因此，我们面临的挑战是将直接与间接权力这类新型的混合形式概念化。由于这两种权力最终都来自两家科技公司的平台性质与能力，因此我们将它们称为"平台权力"。

平台权力

平台，名词。

（1）纲领、原则。指一类计划、装置、行动计划或行政政策规划。

（2）平台、（甲）板。指聚会节目、场地、地面高度、露台、供演讲者音乐家等使用的地板；供讨论用的媒介、临时或特殊用途的甲板、为架设/安装枪支准备的位置、火车驶入的轨道、浮动装置（通常停泊在海底进行石油勘采、海洋研究等）。

——钱伯斯20世纪词典（1983年）

一般来说，"平台"是一个涵盖多种用法的复合词。而在数字科技的范畴内，该词在独特的技术启发下获得了一种特殊的解释。安全专家罗斯·安德森（Ross Anderson）将其解释为：成本极低或零成本，具有强大的网络效应，在许多网络市场以及技术锁定中拥有幂律分布的支配地位。为了能够面对这些现实，我们需要做的是增强对所有联网活动的综合监管能力。

这些技术供应决定了自20世纪70年代以来陆续出现的不同类型的技术平台。其中最明显的是互联网，这种网中网的链接模式由TCP/IP协议（传输控制协议/互联网协议）进行定义，它来源于阿帕网（美国国防部高级研究计划署的计算机网ARPA），并于1983年正式启用。第二个主要由个人电脑操作系统定义的平台是微软的DOS系统，在那之后是Windows操作系统，该系统一度占有台式电脑市场90%的份额（与之类似但规模较小的基于操作系统的平台都集中在苹果的OS，以及后来的 OSX、Linux 上）。第三个平台是 MySpace(World Wide Web)，万维网的建立依靠于互联网，它在 20 世纪 80 年代形成，并于 20 世纪 90 年代中期成为主流。

后来出现的平台建立在万维网的基础之上。亚马逊和易贝(eBay)都于 1995 年出现，易贝作为第一家在线中介平台，让买卖双方能匹配彼此，进行交易，并从中收取一定的费用。

技术平台不仅是一个产品或是一次服务，它更是一个规模迅速扩大的强大的生态系统。尽管这些平台占据了主导地位，但它们仍很难被人理解。也许是因为加州大学视觉艺术教授布拉顿(Bratton)观察到的那样，"这些平台都拥有高度技术化的组织形式，它们的技术形式会带来超乎寻常的组织复杂性；这些平台混合了众多的技术，因此传统的研究项目并不适用于它们。事实上，这些平台也可以使用其强大的影响力，创造出更稳固的未来经济文化图景"。谷歌和脸书分别成立于 1998 年和 2004 年。创立之初，它们都不能称之为平台。最初的谷歌只是一个搜索引擎，而脸书则是一个社交网站。但是通过内部创新以及公司兼并后，它们复杂的生态系统也能够获取大量的网络数据路径①，这点足以受到用户的青睐。谷歌和脸书不断地成长，最后也蜕变成了平台。最重要的是，两家公司都提供了应用程序编程接口(API)，即第三方开发商在技术达标且遵守协议的前提下，可以研发与平台服务相匹配的应用软件。比方说，开发商创建的客户网页可以内嵌谷歌地图，显示客户所在的地理位置。

---

① 例如，除一般搜索外，谷歌还提供其他各种服务，包括专门的搜索工具、网络邮件、广告服务、地图、照片存储、在线文档(包括电子表格)、博客、大量可供查询的数字图书档案、语言翻译和安卓移动操作系统。脸书的服务范围虽较窄，但涉及范围仍然很广。除了其核心社交网络服务之外，扩展的服务包括照片和视频存储、电子邮件(信使)、加密聊天、电话和即时通信(WhatsApp)、实时视频流、广告服务和照片共享(Instagram)。

◇**平台再生力及其缺点**

　　网络平台最重要的特征是它的"再生力"。平台无须系统开发者输入，就能自动生成结构或行为方面新的输出内容。再生力的重要性在于，人们借此可以衡量平台促进创新或是破坏创新的能力，也可以评估平台经营者的权力与责任。

　　我们对近几十年来新兴技术平台的再生力进行了调查。结果表明，这些目前涉及大规模业务范围的技术平台，最初基本都是以接近零的再生力开展起来的。这些技术平台拥有专利且不对外开放，平台上也从没发生过未经其运营者明确批准的事情。[①]而之后这些平台走向的极端是平台处于完全对外开放状态，没有专利及可控制权益。像早期由美国信息服务公司（CompuServe）和美国在线（AOL）开发的就是低再生力平台。而与之相对的是早期的互联网和万维网，它们在无须许可的情况下仍然能进行创新，具备很强的再生力。

　　关于再生力，有两点值得我们注意。首先，它可能不只是所有权的一项功能。就像哈佛大学法学院国际法教授季特林（Zittrain）指出的，尽管IBM个人电脑的操作系统是由微软拥有和控制的，但它仍是一个生成能力很强的平台。只要软件符合编程语言的语法，具备软件开发技能的人就可以创建他们想要的任何程序。在所写的代码中，个人电脑会严格执行编码指令，人们也不需要获得微软的许可。但与此同时，该软件可能带来的任何社会或是其他方面的影响，微软也概不负责。

　　其次，一家平台的再生力可能会随时间而改变。早期，人们访问网络的主要设备是个人电脑，并且互联网的设定是友好创新型平台架构，因而互联网具备很强的再生力。但随着2007年智能手机的推出，网络平台的再生力也开始发生变化。由于数字巨头的主导地位在不断地强

---

① 苹果应用商店就是一个很好的例子。

化,因此像智能手机这类"无须用户配置"[1]的信息设备,也会受到开发商的严格管控。

对于谷歌和脸书这样的公司来说,再生力至关重要。原因有很多:再生力能够鼓励用户的参与(以及由此产生的相关用户数据);再生力可以增强网络效应,在维护现有用户的同时吸引新用户使用该平台;再生力还能维持用户生成内容的流动性。但脸书也有相应的缺点,其搜索算法就被很多"恶意"网页玩弄。虚假新闻在脸书新闻摘要上进行传播、可怕的犯罪活动上传到了脸书直播平台……"再生力是平台的基本要素之一,因此平台可能需要对其保持一定的掌控,但同时平台也会依赖于那些未知且无法预测的再生产物。"这意味着谷歌和脸书拥有的平台权力创造了奇怪的"负外部性"[2],类似于传统工厂带来的污染。只是污染的代价不是由污染者承担,而是由整个社会承担。环境污染影响着地球的生态环境,而这两个数字巨头影响着公共领域和注意力经济领域,这也是下文会谈到的。

注意力经济

注意力的匮乏已成为现实。自大众传媒出现以来,广告一直是商业的原动力,吸引着人们的注意力,并影响人们的观念或行为。因而也可以说我们现在生活在"注意力经济时代"。

从信息稀缺的世界转变成信息过剩的世界,这是数字网络技术的一个标志性成就。用编程来打个比方,两者都因功能而受到夸赞,又因漏洞而被弃用。事实上,当下的信息世界在这两方面都有涉及,并以此

---

[1] 2016 年 10 月,通过移动设备(智能手机或平板电脑)上网的互联网用户数量首次超过通过传统电脑上网的人数。这种趋势似乎将继续下去。

[2] 译者注:负外部性,也称外部成本或外部经济,是指一个人的行为或企业的行为影响了其他人或企业,使之支付了额外的成本费用,但后者又无法获得相应补偿的现象。或是对交易双方之外的第三者所带来的未在价格中得以反映的成本费用。

界定了两家纯数字公司的运营市场。

信息过剩引起了人们对搜索引擎的需求;而最终这个市场机遇被谷歌所利用。谷歌拥有比竞争对手更好的技术[1]。谷歌拥有一个极具野心的企业目标——管理全世界所有的信息。1998年谷歌的面世是互联网发展的一个重大时刻,这也使得数字档案学家将网络历史分为两个时代:谷歌前(BG)和谷歌后(AG)。在第一章概述的分析框架中,搜索引擎是一个赢家通吃的市场,而事实上,是谷歌占据了全部市场。

与这场网络世界的胜利相伴而来的是各种强大的权力。其中一些是常见垄断形式的衍生物,但有些却是新生的权力。例如,随着谷歌在市场中的主导性日益增强,许多企业生存的先决条件变成了能否在谷歌搜索结果中占据醒目的位置。这些公司和搜索引擎优化技术之间展开了一场技术竞赛,目的是玩转页面级别算法。为了应对搜索引擎优化带来的挑战,谷歌每年都会对算法进行500~600次定期微调,也会有少数几次重大更新。

"错不在信息过载,而是筛选不到位",出自美国作家克莱·舍基(Clay Shirky)的警句,突显了谷歌在注意力经济中的核心地位。在这个信息广泛而又丰富的网络世界里,用户使用搜索引擎实际上是为了便于管理繁杂的网络信息。谷歌在搜索领域的主导地位意味着,无论是个人还是集体,人们的搜索查询都会对其关注话题的认知产生难以预测的内在影响。从社会的层面上来讲,谷歌控制住"地球脉搏"的这种能力,被这家公司所沿用的"时代精神"理念所捕获。所谓的"时代精神"其实是对谷歌热门搜索内容的总结。这些热门搜索内容有按时间周期来的,如周、月、年;有按主题来的;也有按照国家来的。毕竟,"时代精神"的含义是,由一定时期内的理想信念折射出特定历史时期的反抗精神。谷歌在成立之初便设立这样的理念难免让人觉得骄傲自大。

---

[1] 最初是网页级别算法,后来被大量用户数据和全球计算基础设施所扩充。

但综合考虑之下这样的理念又是合乎情理的：因为谷歌当前在搜索市场占有主导地位，而人们在任何时候头脑中一闪而过的问题，似乎也都能在谷歌上得到最佳答案，特别是一些专家所主张的，比起他们进行社会调查得出的答案，用户进行谷歌搜索反倒更能不偏不倚地看清事件的本质。前所未有的是，谷歌在过去15年里获得了高度密集的用户在线活动数据库，这份数据库也成了该公司最有价值的资产。另一家拥有类似资产的公司是脸书。

◇注意力的三个维度

通常，在注意力经济的讨论中人们都会把注意力视为"统一商品"。从宏观经济学的角度来看这或许是可行的，但注意力经济在网络上的主导性对谷歌和脸书而言意义非凡，也可以说它就是两家公司权力的来源。如果我们想要了解这些，"统一商品"的定义未免过于笼统。神经生理学有大量与注意力相关的实证研究。但科学研究与我们实际在网络行为中所观察到的，这两者之间目前仍存在一个空白，主要靠见闻和猜测来填补。

经济学家詹姆斯·威廉姆斯（James Williams）在其一篇文章中指出，由注意力衍生的含义极其广泛，远远超出了认知科学家所说的"聚光灯式的注意力或每一刻的意识"，它最终会是人类意愿的汇聚。威廉姆斯指出，大多数关于社交媒体影响力的公众讨论基本集中在聚光灯阶段。他提出了一个能够有效区分三种不同注意力的分类方式，并将它们命名为聚光灯、星光和日光。第一类注意力决定了我们对实际任务的直接认识及实践能力；第二类注意力决定了我们更广泛的能力，引导我们的生活，"让我们拥有更高的价值观和目标"；第三类注意力涉及基本能力，如思考、元认知、理性和智力，这些能力让我们能够明确目标并判定其价值。

在这场争夺注意力的激烈竞争中，监视资本主义的商业模式牵涉其中。公司收入及利润的多少取决于捕获到人们注意力的多少。因此很多公司为获取更多收益,都致力于创造使人沉迷其中的项目,最大限度地提高用户的参与度;换句话说,该行业里的绝大多数公司都将精力投入在聚光灯权限范围内的产品和服务上。既然每个人的注意力都是有限的,那么公司对个人注意力的竞争就是一场零和博弈。人们对一个区域关注得越多,对另外的区域就关注得越少。

威廉姆斯对此展开了研究。研究表明,目前在线社交媒体的泛滥使得"我们的意志冲动凌驾于真正的意图之上",而这对自由民主构成了严重威胁。

在我们的生活中,信息技术已经无所不在,新奇的注意力奖励源源不断地涌入我们的世界里。这些随处可见的奖励即时而又灵活,为我们的技术注入了一剂有力的多巴胺,它简直就是把技术变成了信息"老虎机"。就像普通的老虎机那样,程序预先设定、收益(即免费的产品和服务)即时可得,而注意力成本随游戏时长的增加会分配到小的面额款项。事实上,我们很少意识到自己手中免费的东西到底有多昂贵。

这让人不禁想起了20世纪的两位英国作家乔治·奥威尔(George Orwell)和奥尔德斯·赫胥黎(Aldous Huxley)有关反乌托邦主义的观点。奥威尔警告说,人类将被外界强加的压迫所淹没。而赫胥黎认为即便没有外界霸道的"老大哥",人们也会分散注意力,因为天性如此。对此,文化评论家尼尔·波兹曼(Neil Postman)的理解是:奥威尔担心的是那些会禁止读书的人;而赫胥黎担心的是,不必禁止读书,因为根本没人想去读。

威廉姆斯的论证隐含着一种协商式民主,在这种模式下,公民会认识到无形价值的重要性,如容忍度、同理心、合议性、公民性、明确性和理性。他认为,互联网公司及其网络技术越来越疯狂地试图吸引人们的注意力,这已经破坏了无形价值中的许多要素。

反对者也许会回应说,这种协商式民主只是一种理想形态,在实践中仍未实现。但威廉姆斯的论证不无道理,因为近年来一些由"注意力"引发的社会问题已不容忽视。人们追捧娱乐消遣和标题党,沉迷于智能手机里的各种应用程序。人们的注意力跨度不断缩小,而政治观点两极化势态却日益严峻。网络世界里,煽动、仇视女性、网络暴力和仇恨言论等泛滥成灾……数字技术并不是这些罪恶的根源,但它在社会文化变革中确实能发挥推波助澜的作用。正因如此,主导网络世界的公司才更应该承担起它们一直在推脱的责任。

公司的责任

公司推脱责任的原因是多方面的。原因之一是出于担忧,因为公司如果接手平台上传播内容的编辑任务,那么公司需对内容承担法律责任,与此同时其中介者的地位也会动摇。1996年,美国《通信规范法案》中加入了一项条款,规定了"互动计算机服务的任何提供者或用户,不得被视为另一信息内容提供者所提供的任何信息的发布者或发言人"。该法律条款一经生效,科技巨头公司和其他互联网公司一样,都免除了其平台责任。

这些公司不愿承担起平台影响民主进程的责任,原因之二是这样做可能会破坏公司的商业模式,这个理由也更具信服力。上文提到,谷歌和脸书都是监视资本主义的践行者:它们用提供免费服务的方式换取采集、加工并利用这些用户数据的权力,以此来达到其他目的。这样的"数据资源"完全由用户生成,因此平台会产生一种迫切的需要,去不断提高"用户参与度",即不断抓取用户的"注意力"。这一迫切需要与"负外部性"之间的紧张关系是显而易见的。

在企业社会责任的理解层面上,这两家公司似乎都未成熟。公司提出的"不要作恶"这类口号以及像"建立一个全球社区"这类远大志向,创始人似乎相信这些就足以表明自己公司的友善。这些公司在已速扩张后获取巨大的商业成功,创始人相对年轻,且崇尚硅谷"创造性破坏"的主要理念,这或许可以解释他们那份天真。公司遵循股东利益最大化的首要原则无疑也起到了一定作用。但现在的谷歌和脸书已是全球化的大公司,因此我们理应对其拥有的社会影响力重新进行深入的评估,让公司享有权力的同时明确自身应该承担的责任。

什么样的责任是需要承担的?伦理学家会看到两种不同的责任,一种是结果型的,另一种是义务型的。首先是伴随着有意行使直接权力后的"结果责任"。就我们正在讨论的数字巨头而言,将涉及以下问题:滥用其市场主导权;差别对待算法驱动的价格或客户歧视;设立不合理的终端用户许可协议(EULA);对用户数据的使用情况缺乏透明度;无法确定是否在切实推动性别和种族的多元化;无法得知公司与安全机构的合作程度等。

任何一家现代公司的董事会都会对这些问题了如指掌,更不会有任何概念上的理解困难。因此谷歌和脸书还有第二种责任,即伦理学家所说的"义务责任"。①这是身处特殊位置所需承担的责任。在这种情况下,平台不仅要对自己的行为后果负责,还要避免他人在平台上受到伤害(与是否由平台行为直接致使无关)。举例来说,医生遇到交通事故的受害者,即使事故不是由他造成的,他也有义务提供帮助。平台的义务责任与之类似。

就公司而言,上述这些表明了它们需要转变观点。结果责任侧重于平台自身行为带来的伤害,而义务责任侧重于保护在平台占据特殊地位的环境中存在的弱势群体。履行义务责任可能需要平台的行动具备前瞻性。谷歌和脸书可能不需要承担其平台对民主影响的结果责任,问题是它们是否应该承担政治制度中的某些义务或责任(就像许多公司现在对社会承担起的"企业社会责任"那样)。如果它们不愿承担

---

① 在英国的司法体系中这通常被称为"注意义务"。

责任,那么其行为便如一位英国首相①曾经描述的"古来娼妓之特性——有权无责"。

本章小结

也可以说,这一章讲述的是一个陈旧的故事。新通信技术会对民主产生一定的影响,这也使得人们一直对此心存道德恐慌。19世纪廉价报纸的出现,使得党派出版物大量发行,人们对事实往往只有一知半解。这可能会使得一些不和谐的新闻观点削弱出版者的解释权。

在20世纪,占据主导地位的先是广播,再到后来的电视。人们担心政治内容会被缩减为人物及其声音片段,与外在普通但能力出众的候选人相比,那些外在条件好的候选人会更具优势,这样一来政治权力也会逐渐落到广播台拥有者的手中。

21世纪初,人们开始担忧不受管制的网络博客,无差别的同一性导致人们陷入了网络过滤器泡沫和回音室中,这让他们与多样化的思考方式和生活方式相隔离,政治两极化势态加剧,致使了"飞地极端主义"②。我写下本章的时候,公众正在关注社交媒体的政治影响,以及"注意力大赢家"在政治中的权力。

蒂姆·吴对20世纪主要通信技术进行了历史时期的划分——从电话、电影、广播电台再到电视,他发现了一个"循环规律":最初,每一项主要通信技术都没有政府参与并且充满了创造力,每一项都散发着理想主义的光芒,但最终这些通信技术都被产业利益所摆布。吴在书末提到,他很担心互联网是否也会发生同样的情况。

事实上,通信技术的"循环规律"已经重演了。互联网的核心技术已被五家公司完全掌握,针对这些公司的探讨也是本书的主题。现在,

---

① 指的是斯坦利·鲍德温。
② 译者注:飞地,一种特殊的人文地理现象,指隶属于某一行政区管辖但不与本区毗连的土地。

我们面临的挑战是：需要理解这一结果对政治、经济、社会以及文化的意义。

特别讽刺的是，互联网网络架构中具有促进"无许可要求创新"的内在能力——我们本应轻易地捕捉到这一点。但从某种意义上来讲，它什么都没有改变：这项技术保留了最初赋予用户的权力，解放了人们的创造力潜能。哈佛法学院教授约查·本克勒（Yochai Benkler）也在他那本跨时代著作中提到了，自己为互联网同行"爆炸式生产"的成功而欣喜。然而互联网仍然无法做到激发所有的创造潜能。目前，许多互联网涉及流媒体内容的被动消费、对各种智能手机应用的成瘾性使用，另外还有批评家尼古拉斯·卡尔（Nicholas Carr）谈到的"数字时代的收益分成制"问题。

这两家公司从互联网的这些使用中汲取了大部分的价值"养分"，如今已拥有了巨大的市场力量。我们甚至（如第一章所述）很难想象它们在未来会被取代，至少很难被同行的竞争力量所取代。它们在某些方面的权力——如市场主导权——还是较为传统的。因此与此类权力相关的问题已经可以尝试使用《反垄断法》等既定的法律工具去解决。但正如我们所看到的，两家公司在其他方面的权力是很难界定的。关于谷歌和脸书的规模及其市场主导地位，最重要的是随之而来的附属品，即在多数情况下独一无二且前所未有的权力。谷歌和脸书并没有明确寻求过这样的权力，也许它们和外界一样对此不知所措，对于这种"失控"的权力目前也没有"特效药"可以加以控制。这主要是因为其他具有政治意识形态、存在地缘政治动机的主导者在一旁虎视眈眈，而平台的现有形式恰恰赋予了它们一定的权力，形成了意料之外的权力转移。

过去的经验告诉我们，谷歌和脸书为开展定向广告这一核心业务而开发的工具，不仅可以用于社会生产，还可以造成破坏性影响——例如，"污染"公共舆论领域。目前，我们仍处于这一发展的早期阶段，与电视在上个世纪作为竞选工具的阶段有明显的相似之处。正如法洛斯、波兹曼等评论员谈到过的，从1960年美国总统竞选开始，电视对大多数民主国家的政治行为和性质都产生了极大的影响。而在21世纪的今天，我们面临的问题是——技术平台是否会对我们的政体产生类似的影响。

数字霸权、公民权益和消费者权益

达米安·坦比尼（Damian Tambini）

马丁·摩尔（Martin Moore）

　　本书探讨了一些影响深远的问题，这些探讨试图揭示"数字霸权"这一权力形式的含义。书中还涉及市场资本主义。从竞争和反垄断法的角度来看，少数大型科技公司的主导地位本身并不一定是个问题。根据目前的《竞争法》范式，本书中讨论的科技巨头这类公司受到绝大多数消费者的认可，它们不应该因为成功而受到惩罚。《竞争法》确实试图阻止这些公司通过兼并而产生主导地位，试图阻止其滥用主导地位而损害消费者权益的行为。但是针对主导地位本身及其广泛的社会与政治影响，人们相应的深入探讨以及实际监管，一直以来都比较懈怠。

　　本书各个章节的分析着力从经济学中的福利分析和竞争监管机制角度，来阐释数字平台市场的多边性及其多边性平台市场的其他经济特征。如伦敦商学院名誉教授帕特里克·巴韦斯等人指出的，运营商可能会容忍市场中某一领域的低回报，以便凸显并利用其在另一领域的主导地位,这给传统的竞争分析带来了挑战。但近几年对社交媒体的分析表明,就连数字霸权的分析师也应该承认,这根本不是传统意义上的市场。消费者是这些平台服务(如免费数字劳动力)的主要提供者,并与平台共同创造这个数字市场。多边市场建立的基础是消费者提供的信息。事实上,消费者在用这些信息有意或无意地换取免费服务,而反过来这些信息又使得交换出现阻碍——缺乏可强制执行的数据可移植性。在这样的情况下,平台面临着将数据货币化以及控制数据的强大压力,进而也面临着控制这些数据当事人的压力。这些平台依靠提供基本服务获得了强大的地位。可是出于种种原因,以往商业主导时期常见的竞争压力和"创造性破坏",都无法影响到它们。这种"监视资本主义"代表了一种新的资本主义形式,因此需要一套新的监督管理办法。

《竞争法》及相关政策不包括数字霸权所涉及的范围更广的社会问题和政治问题,例如与民主、自由及人权相关的问题。而目前的情况并不是我们所期望的。如果是一些数字平台新的主导地位导致了新的政治问题和社会问题,那么我们就需要制定新的公共政策和法律来解决这些问题。

权力

我们把对平台主导地位的批评意见与一个富有争议的概念(如权力)联系起来,其结果就会具有迷惑性。爱泼斯坦的分析表明,谷歌能够左右选举结果,但这并不意味着谷歌高管或算法实际上行使了这一能力。正如约翰·诺顿所概述的:我们需要根据其部署情况,来及时检查分析这一新功能所需的概念。不论决策权是在机器还是人类的手里,不论决策的实行是有意的、自私的还是其他,这些问题都需要更进一步的调查研究。而且显然,比起人们的行为选择甚至是原始动机所受到的外力限制,如官僚机制或是林斯基(Lynskey)所描述的平台至高无上的"神权"，人们反倒更易排斥人类对其施加的影响。在竞争分析中，市场权力的概念具有更精确、更具操作性的含义，主导行为者有能力决定不同产品或服务的价格及其质量，从而损害消费者的利益。这是以价格弹性来衡量的"权力"，而不是参照人类的自主权或民主政府的完整性及合法性来衡量的。目前，"价格弹性"的权力概念为监管机构提供了较为明确的努力方向，但它不应与初具雏形的概念或是影响深远的概念混淆，因此中介者的社会和政治权力也需要受到制约与核查。

　　本书所关注的远不止市场支配力这一块。对于数字霸权，公众与执政者的关注点不应该局限于某个特定市场的主导地位，而还要关注用户自主性、用户代理，关注平台通过用户画像、信息控制和用户行为推进等方式，影响消费者和公民决策的力量。政策难以应对这种权力形式的原因之一是：在新型网络技术下，数据化的用户画像与新型的社交媒体定向政治宣传相结合，并且体现在媒体、竞选支出或是媒体多元性方面，这些以我们现有的核查与制衡手段都很难应对。权力本身很少成为正式政策的对象：与权力相关的较大的建设性问题，例如教会和国家的分离，以及艾米丽·贝尔在本书提到的新闻界（第四种权力）的分离，这些问题都是无形且难以应对的，往往需要在长期的历史进程中才能得到解决。因此，对于平台权力我们的政策可以结合多个层面进行治理，如《竞争法》与《反垄断法》的改革、平台自身的自我约束与管制及维护公众利益的特殊部门监管。施洛斯贝格和诺顿都采用了卢克斯提出的"三维权力"理论。该理论主要用于评判大众媒体，也可应用于社交媒体。这是一种值得人们关注的媒体权力，通过媒体能够改变用户的偏好，推动用户进行特定行为（例如投票与否或者买卖与否）。此外，正如诺顿所论述的，数字世界中影响个人行为及其决策的主导力量，全然不同于以市场为主导的力量，不同于传统企业的游说力量。卢克斯指出：作用于偏好的这种力量——能够塑造行为者自身观点与意图，实际上是一种给定偏好的无形手段（如公众选票）。对于贯穿整个社会的信息、思想和观点，数字平台拥有控制和塑造它们的能力。这些能力包括筛选或是传播某些声音、信息，正如我们在平台上看到的——用来消除仇恨言论的自我监管方法。目前，这些能力的行使似乎受到限制，但其仍是一种重要的力量来源。在某些情况下（例如在网络中立及其版权改革方面），平台已使用这种能力并以此来满足自身利益。

危害与对角一体化

从经济、法律以及基本权利角度来看，平台的主导地位是一个真正意义上的难题。其中部分挑战在于，公共政策一直以来使用的机制都是为另一个时代构建的概念与法律条目。正如本书谈到的，这些机构具有网络的外部拓展性，其多边市场具有锁定用户和福利经济以及促进竞争等作用。人们无法对此进行标准用户画像，目前的监管框架也无法控制它们。特别是大型平台利用其市场支配力获取的个人数据，在以前未曾涉及的市场中发挥着关键作用，这也给竞争分析带来了挑战。传统经济学家分析的是类似收购竞争对手公司这样的横向整合过程，以及沿价值链进行的纵向整合过程；但正如欧拉·林斯基等人指出的那样，由于各种个人数据垄断形式带来的竞争，目前已出现了新的对角一体化形式和市场圈定形式，因此也出现了"数据保护"这个新的竞争问题，这是我们特别要注意的。

对于新的竞争问题，使用现有的监管制度只能是零敲碎打。在反对以数字为主导的越界行为的过程中，一些基本权利尤其是隐私权和言论自由，确实为人们提供了某些帮助。《竞争法》虽然已被狭隘地简化为以消费者为主的公共利益概念，但它确实有进一步发展的潜力。《欧洲人权公约》第8条和第10条的设立有利于发展数据管理模式（《通用数据保护条例》）。很多人认为，如果这两项条例实施得当，将会给新兴的数据生态环境带来变革性的影响。

言论自由权也有助于发展互联网内容的"一次性解决方案",即美国《通信规范法案》第230条,以及欧盟《电子商务指令》中对应的中介责任条款。这种解决方案的设立是为了让萌芽状态的互联网行业达到最大程度的开放与创新。解决方案坚持的是一种由市场驱动的消极言论自由概念,与《欧洲人权公约》正在建立的保护言论自由的法律异曲同工。因此,将监管职能委托给包括平台在内的私营主导者,会被视为遵守"公约";而公共权力机构对互联网职能的监管,可能被视为违背了"公约"第10条规定。因此,自主监管会促发一种动态不对称的、螺旋式上升的趋势,甚至是棘轮效应[①]。经授权后,平台已拥有内容监管的权限。但即使这些私营主导者没有实行正当程序权利进行决策,没有透明度,公共权力机构也无法重新行使这些已授权的监管职能,因为这样做会侵犯言论自由。对言论自由的控制是沿着一个方向进行的,依据哈贝马斯的论述:这会使得言论向平台流动,而平台会拥有前所未有的权力——能够控制并塑造思想与审议模式。

维护言论自由的传统方式往往更关注言论空间里的国家及其公共权力机构的控制力,而很少考虑到私人主导者对言论自由施加的影响。人们普遍认知里的自由,是推动"追寻真理"的一种方式。但这种认知忽视了一个重要的观点,也就是佐洛和夸特罗乔基的研究结果。正如英国哲学家奥诺拉·奥尼尔所指出的:不论在任何时候,消极的自由(缺乏国家对言论的控制)都无法保证真理会出现。佐洛和夸特罗乔基的研究结果表明,社交媒体平台似乎在促进错误信息的传播,但少数平台的主导地位可能会加剧这一问题。

对平台主导地位的充分有效的回应,需要的不是以隐私、言论自由和不平等作为单独风险领域的零散应对措施;充分有效的回应需要的

---

① 译者注:棘轮效应(Ratchet Effect)是指一个行为在经过了一个阶段之后,就很难返回从前,就像在机械上的棘轮,可以将弹簧锁住而不能返回从前一样。

是以综合权力概念为基础的整体分析方法。数据，尤其是个人数据，是我们这个新型"监控社会"一个重要的力量来源。仅将个人数据视为《竞争法》问题，是无法很好地应对这个挑战的。个人数据需要一个全新的概念与之相匹配，这个概念与个人信息控制涵盖的公共政策问题相关，更与消费者以及公民自主决策相关。迪亚科普洛斯、爱泼斯坦和坦比尼对主流社交媒体在选举中的作用进行了研究，发现了一种新的重要潜在力量。即在体制相对完善的自由民主国家，竞选纲领可能具有影响选举结果的潜在力量。同时意味着，这种可能性会改变一切，因为自由民主国家合法性的根本来源会受其直接影响。事实上，是否行使了这种潜在的权力反倒成为次要问题，不透明的权力把关和定向政治宣传本就是对合法性的致命一击。

　　显然，竞争分析与社会科学和政治哲学相结合的力量，确实需要提出更完整的"伤害理论"来阐释数字霸权的含义。这些"伤害"的对象将包括：(1)基本权利，包括人的自由自主，人思想观念的自由；(2)社会产品，如民主自治的合法性；(3)"消费者福利"概念中所包含的狭义经济利益，传统上受《反垄断法》的保护。这种广义的伤害理论，应该被用于建立一套更完整的新型公共政治体系，以此来处理由科技巨头引起的一些重要问题。同时也应该纳入传统《竞争法》及相关政策中，方便其调查公司滥用主导权的情况。

　　正如桑斯坦反复强调的，以及莉娜·可汗在本书中以亚马逊为例进行的探讨，当前形式的《竞争法》《反垄断法》中未曾提及这些广义的社会产品及其利益的自主性、观点的形成或其民主合法性。它们未曾受法律保护，消费者的个人利益也因此被"削减"。人们尤其应该注意，这些主流网络平台的出现，就同广播刚出现时那样，也需要建立以前未曾出现的特定部门来对它们进行管控。简单地期望《竞争法》能够处理数字霸权带来的政治和社会影响，其实是对这些影响的低估，更是对《竞争法》本意及其内容的误解。就像赫尔伯格在媒体多元化方面和林斯基在个人数据方面所指出的那样，当前的《竞争法》范式未能解决与隐私、数据和网络定向宣传相关的政策问题。

应对方法

正如黛安娜·科伊尔提到的，平台监管的某些方面理应由平台自主进行。事实上，平台本身才是最有可能做到有效保护消费者的主导者。但本书提出的许多广义的政治与社会问题，由于在经济层面上的外部性，无法对各平台起到特定刺激的效果，也无法促使平台奉行开明的利己主义来管理这些问题。因此，平台通过新闻制度和"思想市场"的概念在社会上广泛传播所谓的"真相"，这样的影响力引发了越来越多的争议，艾米丽·贝尔和娜塔莉·赫尔伯格在本书中对此进行了探讨。与此同时，就像帕特里克·巴韦斯和里奥·沃特金斯阐释的：有关主流平台的出现而引发广义上的政治与社会问题，能否依靠平台自身以及整个市场来解决，仍有较大的不确定性。主导地位本身就是公共政策密切关注的一类问题，因此各国政府需要尽快建立应对措施。

近年来，世界各国以及国际组织已经开始认真着手解决数字霸权的问题。许多议会和公众调查都试图去解决：平台主导地位带来的竞争问题以及它对政治与社会的影响。法国最高行政法院的总结是："平台中介者的角色赋予了平台经济权力和影响力，而这会严重影响到第三方的自由，它们为公共权力机构提出了一道前所未有的难题。"随后卢苏尔·拉努梅利克号预测人们会着手处理这些问题的一部分，但实际上仅限于社交媒体、版权和网络中立等较为狭隘的问题。

平台权力所带来的这些"前所未有"的挑战也正是本书各章节产生共鸣的核心。到目前为止，许多公共组织的应对措施都涉及该问题的某一方面。如联合国言论自由问题特别报告员于2013年开始处理瓦格纳提到的危险私人审查；而作为负责维护基本权利的组织——欧洲理事会，现在已经发布了多个通信建议：各国应制定新的标准，以解决平台对言论自由等基本权利的影响。本书多个章节提及，数字霸权问题必须经过全面的政治经济学分析。平台的权力不仅包含了它们对言论自由、司法、隐私、监视及市场支配力的实际影响和潜在影响，还蕴含了一种将所有问题联系起来的独特力量。

这就是在这些不同的问题上，有些零散的政策应对措施效果甚微的部分原因。公共权力机构通过征税，迫使谷歌为新闻业提供资金，或是让道德压力确保平台在仇恨言论或"被遗忘权"（这一做法现在显然已被搁置）这些方面制定公开透明的道德准则，然而这些显然无法有效处理主导地位和权力这两个相互关联的问题。虽然平台在商业模式危机期间表现出了帮助新闻行业的友好意愿，但像谷歌数字新闻倡议的项目，以及试图从"脸书和其他平台"为新闻媒体提供其他各种"面包屑式利益分享"的项目，只不过是将一个捕获和依赖问题换成了另一个问题。过去新闻业赖以生存的双边市场，其本身就建立在国家对媒体市场集中的寡头垄断倾向的容忍之上，然而现在这已被另一种市场所取代。在这种新市场下，面向公众的媒体道德底线被压迫扭曲了。

本书中，很多作者都提到了《反垄断法》的历史：一些人将《反垄断法》视为广义上竞争保护的典范，认为它能解决那些因主流平台行使了"上帝"权力而引起的公民问题。该法律未能解决数字霸权问题，是消费者福利这一狭隘经济主义兴起的结果。莉娜·可汗最后总结说："为了解除这些反竞争的担忧，我们应该使用一种能够维持竞争的市场结构来取代消费者福利框架。"

有关数字霸权引起的一系列复杂问题，使公共政策面临着多重挑战。20世纪的通信及信息基础设施通过一种混合体系进行管理：在经济学视角下的基础设施投资中，自然垄断可以对服务价格及其质量进行严格的监管。这种混合体系结合了法律标准、自主管理媒体、信息市场以及实体商业。目前尚不清楚什么组合会适用于平台经济，但如果监管机构没有了数据可移植性、网络效应以及先发制人的优势，没有这些组合形式来巩固其主导地位，监管机构将在一定程度上不得不容忍这种主导地位。不论是理论上"在国家掌控之下"的形式，还是在实际中对市场激励机制的理性集体行动响应，平台都将以某种形式继续完成自我监管。但是通过自我监管，究竟可以缓和多少由平台主导地位给社会与政治带来的深远影响，仍有待考察。这些影响造成的某些问题只能通过法律进行审查与制约。

法律改革可以采取一种经过修订和扩大后的《反垄断法》或《竞争法》的框架形式，将一些非经济损害纳入修订和扩大后的公共利益框架中。在许多分析师看来，这样的做法无疑是回到了20世纪初反垄断的初始阶段。正如朱莉·科恩和欧拉·林斯基指出的，新的监管制度将需要一个"平台权力"的新定义，其中将包括格拉夫提出的因数据整合而出现的市场支配力形式。但《竞争法》的改革或许还不够彻底：本书中回顾的公共政策与基本权利问题超出了法律文本的可纳入范围，例如加入兼并制度或是加入占主导地位的公司应承担的义务。林斯基认为，政策还必须对平台本身行使的准监管职能有所回应。这不仅需要瓦格纳和其他人在本书中讨论的政府把关能力，另外政府还需有能力制定出针对平台所连接的应用程序的相关条款和协议。

什么是我们知道的，什么是我们需要知道的

毫无疑问，我们的作者提出的一些观点以及我们作为编辑得出的结论会引起相关公司激烈的争论。在研究人员、政策制定者和利益相关方之间，这样的交流是不可避免的，我们也非常乐意展开这样的交流。本书的各章节充分证明了，数字霸权现象亟待人们在未来进行更协调、更大胆的研究。有些说法是无可争议的，例如，谷歌、亚马逊、脸书、苹果和微软的规模及其市场主导地位。以人们的日常经验来看，在广告、搜索、音乐或电子商务等更清晰的可衡量市场中，正如帕特里克·巴韦斯和里奥·沃特金斯所说的——这些平台的地位也相对清晰。这

种支配力在多大程度上才会受到挑战，受到正常竞争的限制，这一点我们尚不清楚。网络效应和多边市场是经济学中公认的理论概念，但目前我们还无法获知这些概念会与自由的数字劳动力、个人数据中的影子经济①产生怎样的相互作用。本书若干章节在有关平台形式的政治探讨中，表达了一种担忧：这些平台特征混合之后，会像弗兰肯斯坦通过拼凑创造出怪物那样，也创造出一个"怪物"。这个"怪物"可以完全不受限于现有的《竞争法》，然后进一步发展到动用其强大的公众影响力，阻止具备有效约束力的相关平台规范出现在人们的视野中。为了解是否存在这种可能，研究人员需要与政策制定者进行跨领域协作。

　　本书各章节的作者对人们讨论的不同领域进行了研究，并提出了一些核心问题。例如，搜索引擎操纵效应的实验研究需要解决的是有效性问题，即在控制实验中的显著效果放到实际竞选活动中效果究竟如何。作为一种可能性，搜索引擎的操纵效果或许是可信的，但这种假设的效果与其实际情况是否相匹配，以及这些操纵是有意的还是无意的，目前仍然未知。

　　这些也引发了更深层次的哲学理论探讨，即在人工智能日益渗透的政治社会体系中，出现的代理与权力之间的各种问题。在什么情况下，算法权力机构对于对民主自治至关重要的审议以及偏好衡量过程所产生的影响，应该被判定为对这些过程的合法性造成了威胁？如果有人透露，一家主流社交媒体公司所有者故意设计算法，使其主要政治对手处于不利地位，无疑会是一桩丑闻；但如果同一家社交媒体公司贬低纳粹党，可能就不值一提了。事实上，越来越多的国家要求这些公司这样做。

---

① 影子经济的范畴主要包括偷税漏税、走私、贩毒、黑工、盗版等行为。

接受或毁灭

对于主要的网络中介者，我们正接近或者说已经处于一个根本性的抉择时刻。简而言之，这是"接受或毁灭"的时刻。许多与平台有关的社会与政治的新问题并非人们转向社交媒体或是互联网2.0服务的过错。正如本·瓦格纳等人指出的，这些问题是少数几个玩家的主导地位造成的结果。正是这种主导地位破坏了现有的《竞争保护条例》和《消费者保护条例》，使消费者和公民的利益无法获得有效的保障。

现在非常清楚的是，需要向监管机构和决策制定者提出更完善的"伤害理论"、新的竞争模式以及范围更广的社会监管模式，而这是需要跨领域协作完成的紧迫任务。将人工智能更广泛地应用于机构发展，平台会成为广义上社会变革的先驱。在现代国家官僚体制发展的漫长过程中，显而易见的是，一些现在能有效进行身份验证以及服务交付等关键功能的平台，最终会发现自己能与国家相匹敌。

正如本·瓦格纳在本书中指出的，平台在制定规则时，实际上是在制定法律。事实上，它们与国家合作修改国家法律的风险可能是次要的，因为平台的自身实力可能会使它们能与国家机构平行发展。其他评论员，如蒂莫西·加顿·阿什于2016年指出，平台展现了许多现代国家的特征。

但平台终究不是国家。这也是为什么选举——这一民主国家合法性的根本来源——会如此重要。自由公正的选举代表着一个自由民主社会的权威制度，削弱该制度及这个过程无疑威胁到了其存在的根本。而我们能做些什么呢？法律和选举的监督标准自然都需要进一步完善。但这还不够，因为大型平台正在发展各种形式的市场力量，似乎不受反垄断执法的影响，它们对选举也起着至关重要的作用。但主导地位这一核心问题的答案却相对简单——不是接受就是毁灭。在这场战争中，如果一方是社交媒体公司，另一方是构成政府合法性基础的决定性特征——民主与选举，那么脸书和其他主流平台必将败北。